序にかえて
（自治労中央本部元副委…）

昔島　一宇
（…03年〜2007年在職）

著書「非正規は正規を規定する」は、事実に基づいて書かれている。それは、私も含めて自治労幹部、また、官民問わず労働組合の幹部が、覆い隠したくなるような反省点について、歴史的、経済的、法的、そしてグローバル的視点にたって、理論的に解明している。

　グローバル化による規制緩和問題については、早稲田大学の清水敏先生はじめ、多くの学者、研究家が取り組んでおり、それらをもとに、私自身2006年4月衆議院「行政改革特別委員会」で意見陳述した経験もある。

　石田さんは、労働者側の立場から、特にPFI（民間資金等の活用による公共施設等の整備等促進法）、アウトソーシング（外部化）、事業譲渡と雇用保護等々の問題に対置して、全国で初めて、日本版TUPE（事業譲渡と雇用保護法案）を1999年から具体的に提起している。

　アウトソーシングは、アメリカ型のグローバル化によって、非正規労働者を増大し、間もなく正規労働者を上回ることになる。結果として、非正規労働者の雇用条件は、正規労働者の条件を「規定」（拘束）し、労働条件が低下する。

　また、正規、非正規が混在するため、不満や要求が多様化する。このこともあって使用者側と交渉する立場の労働組合は、影響力や解決力も低下し、その組織率も低減、10％程度まで下がる可能性があると指摘されている。さらに、そのことが、「労働組合は、職場の労働者を代表しているのか」という問題に発展している。このため、本書は、フランスを例に、労働組合と労働者代表制の併存のための具体案を提起している。

　根本的な資本主義の分析として、グローバリズムについてのアメリカ型とEU型との相違点と共通性を明記したうえで、竹中平蔵氏らが主張するアメリカ型へと完全にシフトする「新自由主義」的理論が、経済・金融の次元で終わることなく、憲法改正をにらんだ政治運動にどのように発展するのかということも、体系だって説明されている。

戦後の労働運動は、労働者階級という意識をもって、官民の違いや産業・企業の違いを超えて、経験交流をし、民主主義・平和運動を積み重ねてきた。
　しかし、今日の労働運動は、アウトソーシングをはじめとするグローバル化社会の中で、どう理論的整理をして、リーダーシップを発揮するかが求められており、私も責任の一担を感ずるが、応えられているとは言えない。
　こうした意味で、石田さんの先進的で独創的な理論と運動は、日本の労働運動全般にわたる理論的支柱にもなって、これからの労働運動の方向性を示唆している。特に公務に関しては、運動論としても活用されるべきだが、残念ながら、公務員労働者にとって、非正規労働者問題は、まだ、ヨソノ問題意識が強いのではないか。本書「非正規は正規を規定する」を連合や自治労、公務労協、民間の労働組合にも訴えて欲しい。

はじめに

　2013年12月に、内紛に明け暮れた民主党連立政権が崩壊し、第2次安倍政権が発足した。そして、2014年12月の解散総選挙で与党は圧勝し、3分の2議席を確保して、第3次安倍政権は盤石な体制でスタートした。
　この約3年間、アベノミクスという言葉が踊っていたが、当初意味する「経済」の範囲を超えて、政治、法制度、文化など全般にわたり、日本の戦後史を塗り替えようとしている。
　政治・法律の面では、安保関連法の強行を経て、最終的に憲法改正をめざしながら、自治体の再編、「道州制」を取り入れ、「国と地方のカタチ」を変えようとしている。
　経済の面では、竹中平蔵氏、堺屋太一氏など小泉政権時のシンクタンクが全開し、特に1980年代後半から進んだ日本型グローバリズム、特に規制緩和、M&A（合併と買収）、事業譲渡、民営化が極限まで進められている。
　このことにより、雇用の在り方が根本的に変えられ、正規社員になれない「派遣社員」「限定社員」など「雇用の流動化」が進み、非正規雇用がさらに増大し、労働者全体の雇用制度が不安定化している。
　結果として、非正規雇用のあり方が、非正規の分野にとどまらず、正規社員や公務員の雇用のあり方をも根底から変えようとしている。
　このことは、これまでの日本社会の仕組みにおいて、私たちの見方・考え方が変わる（パラダイムの転換）ことを意味している。大企業の使用者は、すでに日常的に進んでいるM&A（吸収・合併＝企業買収）、事業譲渡、出向・派遣などを通じて、経験を積み熟知し、グローバル化に向けて全面展開をしている。
　一方、こうした使用者側の動向に対して、多くの労働組合と民間労働者、公務員は、体系的な認識の遅れもあって、なおその受け止めに戸惑っている。
　使用者と労働者・労働組合との間と同様に、正規労働者と非正規労働者との間において、知識・情報の非対称性（情報の格差・偏り・差別的扱い）があることについて、労働組合側がどのように対応しているのかが問われてい

る。

　非正規労働者が労働組合に入っても、非正規労働者が、労働契約、労働条件について、自身が受ける情報が正規労働者と「同格」でないことを前提とされている。このことを非正規労働者のほとんどが感じていることに労働組合は謙虚に耳を傾けるべきである。

　非正規労働者に対する「知識と情報の非対称性」（差別性）の暗雲の下で、アベノミクスが捨てるように投げた、非正規雇用という名のブーメランは、「雇用の流動化」という風に乗って、「勝ち組」の大企業の正社員や公務員に向かっているのではないか。

　そのブーメランは、天魔の化身となって剣を振りかざしながら「生まれながらに運命づけられる、格差の社会に落ち込んでよいのか」「差別のない、誰もが幸福を求められる社会を諦めてよいのか」「非正規雇用問題は、その労働者とその家族に留まらない。勝ち組と呼ばれる民にも必ず及ぶ。共に立ち上がれ、今こそ反転攻勢に出でよ」と叫んでいる気がする。拙著が、そのための一助になればと願っている。

石田　誠

目　次

序にかえて　　　君島一宇
　　　　　　　　自治労中央本部元副委員長・同規制改革対策委員長……（ⅰ）
はじめに…………………………………………………………………………（ⅲ）

第1章　アベノミクスはどこへ向かうのか
　　　　安倍政権は、戦後最大の歴史的転換点となる

1. アベノミクスの意味…（1）
2. 三つの矢　金融政策、財政政策、成長戦略…（2）
3. 規制緩和・改革は、構造改革　事業再編と民営化の徹底…（3）
4. アベノミクスは「戦後史」を清算する…（3）
5. 安保関連法案を強行し、憲法改正へ…（4）
6. 「地方創生」「道州制」は、「国と地方のカタチ」を変える…（7）
7. アベノミクスと景気…（9）
   (1) 日銀の金融緩和と株の値上がり…（9）
   (2) マネーサプライ（通貨供給量）、GDP国内総生産…（9）
   (3) 郵政民営化と2015年11月郵政3社上場…（11）
   (4) GPIF（年金積立金管理運用独立行政法人）の投資比率拡大は危険…（15）
   (5) コーポレートガバナンス（企業統治）、東芝不正会計・利益水増し…（16）
8. 規制緩和（改革）は、安倍内閣の1丁目1番地…（17）
9. 国家戦略特区（略称「特区」）…（19）
10. 税財政再建、基礎的財政収支（プライマリーバランス）…（21）
11. アベノミクスは、小泉・竹中路線の規制緩和を継承している…（23）
12. 幸福度ランキングで日本は43位に…（24）
    竹中平蔵氏の非正規雇用についての問題発言…（25）

第2章　グローバリズムはアメリカに向かうしかないのか

1. グローバリズムの定義…（28）
   資料　「フラット化する世界」T.フリードマン…（28）
2. グローバリズムは、国内法よりも国際法が優先する…（29）
   資料　日米構造協議…（30）
3. グローバリゼーションの歴史的経過…（31）
4. TPPは日本のグローバル化の最大の具体化…（31）
5. グローバル化によるあらたなルール・スタンダード（基準）…（35）
6. グローバリズムとナショナリズム…（42）

7. グローバル化による経済学界の理論的混乱…(46)
　　資料　(1)　トマ・ピケティについて　　伊藤光晴　京都大学・復旦大学名誉教授…(50)
　　　　　(2)　投機目的の金融取引に課税するには…(50)
　　　　　(3)　仏ジャン・ティロール教授「規制の経済学」ノーベル経済学賞…(51)
8. ヘッジファンド…(51)
9. 超高速取引（HFT）　グローバリズムの非情さを象徴…(52)
10. 競争力…(53)
11. EU（ヨーロッパ連合）のグローバル化への対応…(54)
12. ギリシャの過去・現在・未来…(56)

第3章　非正規は正規を規定する
アベノミクスの非正規に対する雇用政策は、正規社員と公務員を巻き込み、超格差社会を導く

賃金・雇用制度

1. 賃金について…(64)
　　(1)　GNP（国民総生産）、GDP（国内総生産）、GNI（国民総所得）と賃金…(64)
　　(2)　80年代、90年代の春闘、賃上げ…(65)
　　(3)　14春闘と第2次安倍内閣…(65)
　　(4)　労働生産性と賃金の推移…(68)
　　(5)　15春闘と第3次安倍内閣　政労使協議合意…(69)
2. アベノミクスの「雇用の流動化」と法整備…(71)
　　(1)　厚生労働省労働政策審議会　報告書…(72)
　　(2)　ジョブ型正社員（欧米型）とメンバーシップ型（日本型雇用システム）…(74)
　　　　資料　ジョブ型社員と思われる労働者の心情　JILPT研究員　西村　純…(76)
　　(3)　限定正社員…(78)
　　(4)　2015年労働者派遣法改正法案が成立、人を代えれば無限に派遣労働者で…(81)
　　(5)　「残業代ゼロ法案」等労働基準法関連改正法案は継続審議…(84)
　　(6)　自民党の差別を助長する外国人労働者・移民政策…(88)
　　　　資料　技能実習生、突然姿を消す…(89)
3. 厚生労働省、規制改革会議などの雇用に関する対応…(91)
4. 官製ワーキングプア…(93)
　　総務省の「臨時・非常勤職員及び任期付職員の任用等」新通知についての問題点…(94)
　　(1)　総務省の「臨時・非常勤職員及び任期付職員の任用等」についての「新通知」…(94)
　　(2)　新通知の主たる目的は何か…(95)
　　(3)　地方公務員法の認識について…(95)
　　　　資料　ある町役場の臨時職員の実態…(96)
　　　　資料　都内の公立保育所職員　半数が「非正規」…(97)

5. アベノミクスの雇用政策の特徴…(98)
      シンクタンクの竹中平蔵氏と八代尚宏氏をみる…(98)
    (1) 竹中平蔵氏
       「ワーキングプアといい、可哀想な人たちという価値判断が含まれている」…(98)
    (2) 八代尚宏氏
       「正社員の待遇を非正規社員の水準に合わせる」「労・労対立」…(99)
  6. EU（ヨーロッパ連合）の特徴…(101)
    (1) EU の雇用政策…(101)
    (2) 欧州会社法と日本との比較…(102)
    (3) 日本の雇用制度と EU との比較…(104)
  7. 連合「企業組織再編にともなう労働者保護法案要綱案」（2010 年 6 月）と日本版 TUPE
     （事業譲渡と雇用保護法案）との比較…(107)
  8. 非正規雇用こそ「政労使」ですぐに確認すべき課題…(117)
    資料 (1) 正社員との格差是正を求め、日本郵政を相手取り東京地裁に提訴…(118)
        (2) 〝正社員〟と〝非正規〟何が違う？…(119)
        (3) 総務省の「労働力調査 2013 年 1～3 月期平均」…(120)
        (4) 東京都、非正規労働者処遇改善促進のため助成金…(120)
        (5) "超高齢社会・日本"の格差問題の留意点　国民年金未加入者 1,800 万人…(121)
        (6) 関根秀一郎派遣ユニオン書記長に聞く…(121)
        (7) 景気と雇用は 15 年でどうなったか…(123)

第 4 章　官から民へ
　　公務員の非公務員化はどのように進むのか
　　PFI の特異性、事業譲渡のかたち

  1. 官から民へのねらい…(124)
    (1) 官から民へは日本的グローバル化の推進役…(124)
    (2) 「日米構造協議」の積み重ねで民営化のメニューが決まっていた…(124)
  2. PFI 法の特異性とは
     国と地方の民営化のこれまでの手法と違う…(125)
    (1) PFI 法成立（1999 年）　サッチャー政権の行政改革手法を導入…(125)
    (2) PFI と PPP（官民連携）…(126)
    (3) PFI の特異性とは何か…(126)
  3. 2011 年 PFI 法改正の重大性　コンセッション、公務員出向・派遣の問題…(128)
    (1) 菅直人政権「新成長戦略 2011」の中で PFI 法改正を明記…(128)
    (2) コンセッション（公共施設等運営権）…(129)
    (3) 当面のコンセッション　空港 6 件、上下水道 12 件、道路 1 件…(129)
    (4) コンセッション、最初の事業　仙台空港の場合…(132)

4. PFIによる公務員の出向、派遣は広がる　非公務員化、退職、解雇はどうなるのか？…(136)
  (1)　民営化は公営企業会計事業分野から一般会計事業分野へ広がる…(136)
    資料　諸外国における官民の役割分担の状況に関する調査研究…(137)
        三菱 UFJ リサーチ＆コンサルティング
  (2)　在籍出向と退職出向　非公務員化との関係…(138)
  (3)　民間では事業譲渡する時、譲渡元の社員の身分保障がないのが一般的…(140)
  (4)　銚子市立病院の事業譲渡の場合、全員解雇（分限免職）…(141)
  (5)　事業譲渡の際の「退職」と「解雇」（分限免職）とはどのように違うか…(141)
  (6)　「官から民へ」が進むと、公務員の退職手当と年金も削減される…(142)
    資料　(1)　構造改革特区法改正案を閣議決定／公社管理有料道路でコンセッション…
              (143)
        (2)　「PFI 事業に対する自治労都庁職見解」…(143)
        (3)　東京都 PPP・PFI 活用…(143)
        (4)　小泉進次郎政務官、岩手県紫波町 PFI 調査…(144)
        (5)　PFI 事業者への国家公務員の派遣について…(144)
        (6)　東京オリンピック、PFI 導入を…(145)
 5. 安倍政権は、民間研究機関とも連携して規制緩和・民営化を推進している…(145)
  (1)　民間資金等活用事業推進機構　発足…(145)
  (2)　民営化に向けた民間研究調査機関の動向…(146)
  (3)　PFI と金融システム・プロジェクトファイナンス…(146)
  (4)　社会保険庁から年金機構へ
      あらたに有期雇用職員を 6,000 人削減提案の懸念…(148)
  (5)　ポーツマス市道路・修繕管理 PFI 事業と TUPE 適用…(152)
  (6)　包括的道路修繕・維持管理 PFI に関する 調査研究報告書（中間報告）…(153)
  (7)　上下水道の民営化構想…(155)
  (8)　20 万人以上都市へ PFI 導入原則　財政支援　政府、骨太方針盛り込みへ…(157)
    資料　民間研究機関の PFI への公務員派遣等調査研究…(159)
        直営事業・外郭団体の「民営化」可能性検討調査
        三菱 UFJ リサーチ＆コンサルティング
 6. 平成合併、自治体再編…(160)
  (1)　平成合併した半分の 308 自治体が赤字…(160)
  (2)　市町村合併に伴う職員の分限免職　米内沢総合病院…(160)
  (3)　デトロイト市にみる財政破たんと再建への道…(162)
  (4)　銚子市、水道事業会計から 4 億円借り入れで赤字転落回避…(162)
 7. 債務残高　2060 年度 8,000 兆円余に…(163)
 8. 公務員制度改革原案…(164)
 9. 当局版の「自治研」「日本公共サービス研究会」足立区が呼びかけて　総務省も参画…(165)
    資料　「特別区の 2014 年度組織・職員数　基幹業務で委託化が進む」など…(168)

10. アウトソーシング（外部化）は、官民全分野でどのように進むのか…(169)
　　　アベノミクスはNTTを日本の雇用制度のモデルにする…(169)
11. 公務員の非公務員化はどのように進むのか…(172)
　　資料　(1)　地方公共団体における指定管理者制度・市場化テストと地方公務員の処遇
　　　　　　　　　　　　　　　　　　小川正（自治労法律事務所弁護士）…(173)
　　　　　(2)　「強制的権力行使と公務員」　　　　　　　PHP政策研究所…(174)
　　　　　(3)　PFIと関連労働者の雇用・労働条件　　早稲田大学　清水敏教授…(174)
12. ルーズな公務員の出向・派遣の扱い　関係省庁への質疑応答…(174)
　　質問1.　指定管理者制度「原則3年、最高5年を限度」は、有名無実ではないか…(174)
　　質問2.　「在籍出向」と「退職出向」があるが統一基準はあるの？…(175)
　　　　　　「退職出向」の後、出向先で「余剰人員」となればクビになるのか
　　質問3.　業務請負と公権力の行使と守秘義務との関係は？…(177)
　　質問4.　全面的なアウトソーシングによって、公務員を派遣すると起きる問題は？…(178)
　　質問5.　「委託率」のアップを要求と同様に「公務員の占める割合」を表にして
　　　　　　「公務員ゼロ」に近い数値を求めることはないのか…(179)
　　質問6.　2011年PFI法改正によって、「公務員の派遣のあり方」と関係法の改正は？…(180)
　　資料　(1)　北九州市病院給食職員分限免職事件…(181)
　　　　　(2)　氷見市、指定管理者への「移籍」で労組幹部を狙い撃ちか…(182)
　　　　　(3)　銚子市、指定管理者移行で、ほぼ全員「分限免職」…(183)
　　　　　(4)　社会保険庁から年金機構への移行で525人分限免職…(184)
13. 公務員の雇用保護TUPEの必要性と今後の課題…(184)
　　(1)　森下正之広島国際大学教授…(185)
　　(2)　美原融三井物産戦略研究所長…(188)
　　(3)　TUPEに関係する日本の関係法…(189)
　　　①　民法625条1項（使用者の権利の譲渡等）「労働者の承諾」とTUPE…(189)
　　　②　労働契約承継法とTUPE…(190)
14. 郵政民営化問題はまだ続いている…(191)
　　(1)　揺れる郵政民営化のねらい…(191)
　　(2)　金融のユニバーサルサービス確保とそのための政府の諸施策の検討…(192)
　　(3)　郵政事業のグローバル化の今後の課題…(193)

第5章　現行の労働組合と新たな労働者代表制の併存の法制化を
　　　　　グローバル化時代に労働組合の組織率の低下は何を意味しているか

1. 日本の労働組合のあり方、連合評価委員会の問題提起…(194)
　　(1)　日本の労働組合組織率の低下について…(194)
　　(2)　非正規雇用が増え、賃金と雇用はどのように改悪されたのか…(195)
　　(3)　連合は組織化と格差是正のためどのように取り組むのか…(195)

2. 労働組合として日本のグローバル化に対する理論的整理を…(197)
3. 4割まで増大した非正規労働者の声を反映できるように…(201)
4. 労働組合は新たな労働者代表制併存の具体的提起を急げ…(202)
5. 進まぬ連合の労働者代表制討議、あいまいな非正規労働者の位置づけ…(205)
6. フランス型をモデルにした日本版の労働者代表制・労使協議制を…(211)
   (1) 新たな労働者代表制の進め方…(212)
   (2) 非正規労働者にも選挙権・被選挙権を…(212)
   (3) 正規と非正規の定義について…(213)
   (4) 「代表的な労働組合」等による代表委員の選出方法…(213)
   (5) 非正規労働者の選挙権算出方法…(214)
   (6) 労働者代表委員選出のイメージ…(214)
   (7) 労働者代表委員の主な任務と権限…(216)
7. グローバル化は労働組合もアウトソーシング（外部化）している…(217)
8. 現状の「過半数労働組合・過半数労働者代表」と新たな労働者代表制併存の法制化…(218)
9. 労働組合は、組合員だけの私物ではない…(220)

資料 (1) 総務省平成24年就業構造基本調査結果（2013年7月公表）…(223)
   (2) 厚労省、若者の「使い捨て」全体の82.0%　2013年12月17日発表…(224)
   (3) 「連合評価委員会」…(225)
   (4) 労働者の代表性　JILPT（労働政策研究・研修機構）報告書No.51　1994年2月…(227)
   (5) 「連合2014～2015年度 運動方針」…(228)
   (6) 労働組合は「組合員」のため？「労働者」のため？　JILPT　細川良 2013年6月…(228)
   (7) フランスの労働者代表制と労使協議制　JILPT　2010年3月…(229)
   (8) 労組と労使協議機関の併存の現実　JILPT　立道信吾　discussion Paper…(229)
   (9) フランス代表委員選挙（民間企業及び公務員関係）自治労訪仏調査団報告書等…(230)
   (10) 「フランスにおける企業内従業員代表制度」　シルヴェーヌ・ロロム…(233)
   (11) 企業内労働者代表制度の現状と課題　竹内（奥野）寿日本労働研究雑誌 13年1月…(235)
   (12) 2014年労働組合組織率減少3年連続過去最低17.5%　厚労省2014年…(236)
   (13) 会社分割に伴う労働契約の承継等に関する法律（平成12年法律第103号）厚生労働省…(236)
   (14) フランス銀行理事会に労働者代表等が1936年から加わる　伊東光晴「世界」2015年3月…(237)
   (15) フランスにおける集団的労使関係ジュリアン・ムレ日本労働研究雑誌 13年1月…(237)
   (16) 集団的労使関係システムの再検討　濱口桂一郎 JILPT　2014年1月31日

...(238)

Q&A
労働組合と労働者代表制とは何が違うの？…(239)
「労・労対決」とはどのような意味？…(241)

むすびにかえて……………………………………………………………………(245)

非正規雇用が正規雇用を規定する
アベノミクス・竹中平蔵路線のグローバル観

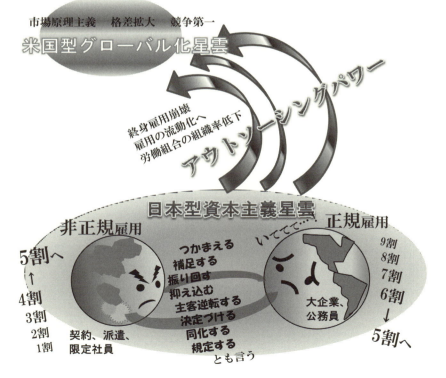

アベノミクスはどこへ向かうのか

安倍政権は、戦後最大の歴史的転換点となる

　第2次安倍内閣は、民主党、自由民主党、公明党の3党による、消費税の税率を引き上げる合意に基づき、2014年4月から5％から8％に引き上げを実施した。

　しかし、安倍内閣は2015年10月の消費税率再引き上げの予定を、2017年4月へ先送りし、同時にこの判断の是非について国民の信を問うためとして突然解散を行った。

　2014年12月14日の総選挙の結果、与党の自由民主党が単独で絶対安定多数の266を超える291議席、公明党は選挙区で全員が当選するなど現行制度下で最多の35議席を獲得し、合わせて議席総数の3分の2以上を占めた。

　第3次安倍内閣は、閣僚1人を交代させたものの事実上第2次内閣を継続してスタートした。これまでのアベノミクスに加え、2015年9月19日安保関連法案を可決・成立させ、10月7日内閣改造したが、憲法改正まで視野に入れた歴史的転換を目指している。

　なお、14年12月の総選挙で、敗れた野党については、民主党も含めて、その評価についてあえて触れないが、2016年夏の参議院選挙に向けてあらたな野党再編が活発化し混乱する状況にあることだけは述べておく。

1. アベノミクスの意味

　安倍政権以前の日本経済の特徴として、バブル経済の崩壊がある。
　そして、バブル崩壊後の政治状況は、1992年の東京佐川急便事件に端を発した金丸信の議員辞職、経世会分裂、小沢一郎の新生党旗揚げなどの政界再編。細川政権誕生による55年体制の崩壊、政治改革。細川首相の電撃辞任の後の羽田孜短期政権。さらに、自社さによる村山富市政権交代など、大

混乱そのものであった。

このため、時の政権、政治体制は、バブル崩壊後の急激な経済状況の変化に対応ができなかった。

2002年9月30日小泉内閣の第1次改造において、小泉総理は金融担当大臣の柳澤伯夫氏を罷免し、経済財政政策担当大臣であった竹中平蔵氏を兼務させ、竹中氏の手により不良債権処理プログラムが作成された。

繰り返すが、日本経済は、1990年代初頭のバブル崩壊を直接の発端とし、1997年の消費税増税を契機にデフレーションによる停滞、年率1％以下の低成長が20年間続いていた。アベノミクスは、このような長期にわたる経済停滞を打破しようとして生まれたと自負している。

アベノミクスという言葉は、本来経済政策として使われているが、政治・文化などグローバル化に合わせて全面的に広がっている。恐らく日本の歴史に残る言葉となると思われる。

アベノミクスとは、安倍とエコノミクス（経済学）をかけ合わせた造語で、2012年の総選挙の時から特に注目されている。ただし、この造語そのものは、第一次内閣（2006年・平成18年9月26日～2007年・平成19年8月27日）から使われていた。

2. 三つの矢

アベノミクスは、三つの基本政策を「三つの矢」としている。
① 大胆な金融政策、
② 機動的な財政政策、
③ 民間投資を喚起する成長戦略を掲げている。

個別の政策としては、2％のインフレを目標としている。また円安、無制限の量的緩和、大規模な公共投資と国土強靭化などを柱としている。
・経済財政諮問会議は、骨太方針。
・産業競争力会議は、成長戦略。
・規制改革会議は、規制改革。
という、それぞれの方針を2013年6月14日に閣議決定した。

なお、甘利経済財政政策担当相は、日本経済再生本部を設置して、その下に経済財政諮問会議と産業競争力会議を設置した。

3. 規制緩和・改革は、構造改革　事業再編と民営化の徹底

規制緩和・改革とは、構造改革のことを意味する。竹中平蔵氏などの小泉元政権シンクタンクが再スタートし、小泉政権下で進めた規制緩和・改革、構造改革が「不徹底に終わった」ために、あらためて安倍政権下で事業再編、民営化を徹底することを大きな目的としている。

歯止めのない無原則的な規制緩和は、国民、労働者に対して、競争を生まれてから死ぬまで強制する。そのことによって、国民、労働者個人がバラバラにされ、使用者・企業のみならず、国家に対して沈黙して従うしかないと思わせる構造・社会に変える。

つまり、事業の再編・事業譲渡、子会社化等のアウトソーシング（外部化）と民営化により、いっそう雇用の流動化を極限まで進める。そして、雇用の流動化は国のカタチを変える。

民営化については、詳しくは4章の「官から民へ」で述べる。

4. アベノミクスは「戦後史」を清算する

アベノミクスは「戦後史」（＝政治・経済）を清算し、憲法改正を目指している。

中国、韓国、北朝鮮等との領土問題や人権問題などは、安倍政権の保守化を正当化する外的、政治的要因に利用されている。

加えて、アベノミクスは、経済の範囲を超えて、グローバル化とはまるで正反対の意味を持つナショナリズムに傾斜し、憲法改正を含む政治体制の全体主義化を進めている。

グローバル化は、時の政権にとって、正反対の意味を持つナショナリズムに向かうが、それは、自らの国家に対するガヴァナンス（統治力・指導・監督性）が問われるからでもある。

このグローバル化とナショナリズムというコインの表裏の関係のような問題について、日米だけでなく、中国、韓国、ロシアなどにおいても、極端な形で進んでいる。

資本主義は、いつでも市場経済を通して、社会のシステムを変えてきた。

このために、権力（政治的、法的、システム）が、日本では自民党・政府、世界的にはアメリカに集中し、米国型グローバリズムとして、前例がないレベルまでに進んでいる。

5. 安保関連法案を強行し、憲法改正へ

アベノミクスは、本来、経済政策として使われているが、政治課題にも踏み込む必然性と目的性がある。

実体経済とかけ離れた、株の上昇を意味する「好景気」風を吹かして、2013年7月の参議院選挙、2014年12月総選挙で勝利して、改憲派が3分の2以上の議席を得た。当初、この段階で、憲法9条を含む改正の条件としての96条改正（国会議員の3分の2条項を2分の1に変えること）から着手しようとした。

しかし、この姑息な憲法改正のための手段とした96条改正については、あまりにも世間の風当たりが強いため、早々にこれをあきらめ、安全保障関連法案に切り換えた。

主な経過と問題点については、次の通り。

(1) 2014年12月1日、2日の総選挙公示前に「憲法改正」を前面に

2014年12月1日、2日の総選挙公示を前に、記者クラブ主催の党首討論で、安倍総理は「憲法改正に向けて渡っていく橋をつくることができた」と述べた。

この重大な発言は、国会の中で討議・審議を尽くさない形で行われ、国民に直接訴える形をとっていることに大きな特徴がある。

さらに、自民党は、欧米においては、数十回憲法改正していることを、96条改正の理由にしている。しかし、憲法改正のためには、ドイツ、イタリア、

アメリカ、韓国では、「3分2以上」、フランスでは、「5分の3以上」の賛成が必要である。自民党は国民にこのことでも「世論操作」している。

(2) 「国民の自由と権利」にも規制

自民党は「国民の権利と義務」に関して、第12条「自由及び権利は、これを濫用してはならない」について、これを「公益及び公の秩序に反してはならない」（改正案）と変え、第21条の「表現の自由」については、「公益及び公の秩序を害する目的とした活動、結社は認められない」（改正案）と変えると強調している。

つまり、国民・市民を、国家（ネイション・nation）の下に置き、「検閲」を復活させ、公（パブリック・public）の意味と役割を従属させようとしている。

このように「アベノミクス効果」は、経済を超えて、戦後政治を強権的に「清算」することになる。

つまり、2013年の参議院選挙、2014年の総選挙、2015年の統一地方選挙の結果によって、アベノミクスは、国のカタチを3〜4年という単位ではなく、100年以上先まで規定することを目指している。

(3) EUと安倍政権の法改正の手法と方向性は、全く正反対

EU（ヨーロッパ連合）の場合は、グローバル化に対して、EU法の改正に合わせて、各国が自国法を改正することを積み重ねていくという仕組みとなっている。この根底には、欧州全体の平和と繁栄を追求して共同体をつくるという理想の実現がある。つまり、資本主義・市場原理主義に身を委ねることなく民主主義の社会を追求しているのである。

この点、EUと安倍政権の手法と方向性は、全く正反対である。

アベノミクスの歴史観は、かつての日本の帝国主義的役割、植民地支配、侵略・占領政策などの経済的、政治的誤りを認識しないまま、これを否定し、米国型グローバリズムに身を委ねながら、超国家主義・ナショナリズムに向かっていると言える。

(4) 安保関連法は、10本を一括した法案と新法「国際平和支援法」の2本を同時に審議して混乱が拡大

　この法案は、自衛隊法など既存の法律10本をまとめて改正する一括法「平和安全法制整備法」と、自衛隊が他国軍を後方支援するため、海外派遣を随時可能にする新たな恒久法「国際平和支援法」の2本からなっている。

　一括法では、特に、改正「武力攻撃事態法」は、集団的自衛権の行使要件を明記している。「重要影響事態法」は、国際紛争にあたっている米軍や他国軍の後方支援と自衛隊の海外派遣を可能にする。

　「安全保障関連法案に反対する学者の会」がインターネットで呼びかけたアピール賛同署名の数は7月15日時点で学者・研究者が1万余、市民が1万9千弱に上った。

　この法案の複雑さは、審議を混乱させ、国民も理解を困難にした原因の一つとなった。

(5) 世論や歴代の政府の憲法解釈も無視

　2015年7月時点での世論調査によれば、安保関連法案、「評価しない……64％」「評価する……30％」となり、安倍内閣の支持率が下がり、「支持しない」が46％「支持する」が37％となり、逆転した。

　安倍政権の意図により、衆議院では、実質11本の安保関連法案を一括で審議したことにより、論点がぼけた感じとなった。

　しかし、そこに至る過程とその後の参議院での審議でも、安保関連法案の危険な側面が明らかになってきた。

　2014年7月1日の憲法解釈変更の閣議決定後、「自国防衛に限定した集団的自衛権の行使ならば憲法上認められる」として、自公が内閣法制局とともに見解を述べてきた。

　ところが、翌2015年6月4日の衆議院憲法審査会で、参考人招致された憲法学者3人が「集団的自衛権行使は憲法違反」と発言した。

　その後、政府が「砂川判決」を理由に正当性を強調したが、参考人の長谷部、小林両氏は、「砂川判決では、日本の集団的自衛権は問われていない」として反論した。

これに対して、自民党は「憲法解釈は、最高裁がおこなう。憲法学者、内閣法制局でもない」と開き直った。
　世論調査では、「法案は、違憲である」との意見が、5割前後となり、「違憲ではない」の2倍という結果となった。また、専門を超えた「学者の会」の法案反対は、1万人を超えた。
　一方、7月3日安倍総理に近い「文化芸術懇話会」で、講師の作家百田尚樹氏が「沖縄県地元紙2紙の広告料などを例に威圧」し、「沖縄県民の世論はゆがんでいる」と述べた。安倍総理は、これを「不適切」と述べたが、戦前のマスコミへの圧力を想起させる言論統制につながる下地が自民党内で出来ていることが明白となった。

(6)　9月19日未明、可決成立、日本の安全保障政策の歴史的転換期へ
　安全保障関連法案は19日未明の参院本会議で、与党の自民、公明両党、野党の元気、次世代、改革3党などの賛成多数で可決、成立した。
　安保関連法の成立により、従来の憲法解釈では認められなかった集団的自衛権の行使などが可能になる。
　安保関連法の採決の結果は賛成148票、反対90票。民主、維新、共産、社民、生活の各野党などは、採決に出席した上で反対した。
　アベノミクスは、安保関連法の成立の後に、際限のない紛争に軍事的介入を繰り返し、多くの既成事実を積み上げ、憲法第9条を中心とした憲法改正への道を切り開いた。
　繰り返すが、アベノミクスは、戦後日本の歴史的転換を行っている。

6.「地方創生」「道州制」は、「国と地方のカタチ」を変える

　道州制について、自民党は2012年9月に基本法案（骨子案）を発表した。
　道州制は、地方自治の根本的な改革である。結果として、民営化を推進し、グローバル化に対応して自治行政を見直し、国のカタチ、自治体のカタチを根本的に変えることになる。
　アベノミクスの「陰」には、小泉元内閣の竹中路線が存在することは、前

に述べた。

　このグループの理論的指導者に、大阪府・市の顧問である堺屋太一氏（元通産相）、上山信一氏らがいるが、彼らは、アベノミクスの中に国のカタチを変える道州制導入の必要性について、次のように述べている。
・明治以降130年（2000年時）以来の中央集権制を「打破」して、「官僚依存を脱却」する。
・47都道府県を10の道州に変える。
・グローバル化に対応して、国は外交、防衛、通貨管理、地方は福祉や教育、経済の成長戦略は、道州制でおこなう。欧米はこうした理念で成功している。
・国と道州、市町村の事務分担、税財政、区割りなどを整理する。
・政治改革、行政改革、公務員制度改革を進める。
・基本法を制定して、5年以内に道州制を導入する。
・道州制は、行政の効率化、簡素化を図ることに目的があるので、民営化も進み、20兆円の財政削減ができる。

　なお、この道州制については、維新の会（当時）、みんなの党（当時、渡辺喜美が党首）も賛成している。
　2014年10月31日、これに民主党が突然加わり、維新の党（当時）、みんなの党（当時）、生活の党（当時）など野党4党は、政府の「地方創生関連法案の対案」として、「一括交付金の復活や、道州制導入の検討を含めた国と地方の役割分担の見直し」を盛り込んだ。
　一括交付金は、地方自治体の裁量で使える財源として、民主党政権が導入したが、安倍政権で廃止された。法案では交付金の「ばらまき」を避けるため、事業の目標設定や効果の検証を自治体に求めた。
　人口減少克服や地域経済活性化の基本理念を示した「まち・ひと・しごと創生法」と改正地域再生法が、2014年11月21日の参院本会議で可決、成立した。
　この「創生法」は、都道府県と市町村には各地の実情に応じた地方版総合戦略をつくる努力義務を課すことにしている。また、政府は平成28年3月

までに各自治体に地方版総合戦略を作成するよう求めている。

7. アベノミクスと景気

(1) 日銀の金融緩和と株の値上がり

　安倍政権は、リーマン・ショック以降、デフレとともに、株が値下がりしていたことにストップをかけるとして、2012年12月時点の日経平均9,800円から、2015年4月中旬では、2万円台にまで、株を押し上げたと「実績」を自己評価している。

　しかし、その原因は、黒田総裁の大胆な「異次元の金融緩和」によるというよりも、それを契機として、外国人投資家・投機家によって、ヘッジファンド（証券、通貨、商品等をあつかう私的投資会社の総称）が、日本に「潤沢な資金」を流し込んだという側面が強い。

　2012年11月から2013年4月までに、海外投資家の累積買い越しは、8兆4,000億円に上り、日本人投資家は5兆5,000億円売り越した。結果として、海外投資家は累積2兆9,000億円を売り越して儲けたことになる。

　海外の投機的ファンドは、金融緩和のおかげで得られた低金利のマネーで、株式市場に大量に投資して暴利を得た。

　外国人投資家の日本株を持っている割合は、90年代では5％程度であったが、現在は30％を超えている。

　ただし、日本の場合、アメリカと比べて、貯蓄（預金）から株・有価証券に回れば、（アメリカの割合と同じになれば）200兆円以上になり、結果として外国人投資家が日本株を持っている割合は、小さくなるのではないかとも言われている。

　しかし、株価が上がって円安が進んだが、消費は一時的に増加しただけである。

(2) マネーサプライ（通貨供給量）、GDP（国内総生産）

　安倍政権の経済の「成長」と不安定さは、マネーサプライ（通貨供給量）による、「デフレからの脱却」＝インフレ政策としているからだ。

アベノミクスの3つの矢が、2013年4月19日の第一弾、5月17日の第二弾までは急速に株が伸びたが、5月23日以降、株は乱高下を繰り返し、6月5日の第三弾では下がり続けた。「異次元の金融緩和」発言の2カ月以上前の経済状態にまで下がっている。

　2013年5月22日、米国連邦準備制度理事会FRBバーナンキ議長が「量的緩和政策」を縮小する可能性を示唆したことがきっかけとなって、流れが反転することを警戒され、世界的に株が下がった。その後、なおマネーの流れの方向は不明となった。

　日本の個人や企業の預金など、市中の通貨量は、2013年6月11日時点で前年同月比2.8％プラスで、1,151兆9,000億円増額した。

　伸び率は6カ月連続で拡大した。比較可能な2004年4月以降最大である。

　一方、この頃、1ドル100円を切るという円高になぜ動くのか不明である。実体経済よりも金融緩和で、お金がジャブジャブになりすぎれば、本来は円安となるが、ドルが当時不安定であったことが原因であろう。

　つまり、アベノミクスの最初の好スタートは、外的要因によるということであって、日本の企業の体力がついているとは言えず、実体経済は上がっていない。

　日本の経済は、なお不安定であり、財政収支、消費税の新たな増税、雇用問題などは解決されておらず、「経済の回復」が証明されたとは言えない。

　今後の「成長戦略」を見ろということか。

マネタリーはどのように市場に流れたか

　黒田日銀総裁は、アベノミクスによって、日銀が、マネタリーベース（銀行券プラス準備預金、市場に出回るマネー）を増やせば、インフレになる（物価が上がる）と繰り返し見解を述べている。

　「分かりやすさ」と期待感が先行し、海外投資家、投機家、ヘッジファンドが、市場に躍り出て株の売買に参入したが、実体経済が改善されたとは言えない。

　多くの日本人の場合は、20年間、株に不信感を持っているが、アベノミクスによって、年金や預金などの「余ったマネー」が、リーマン・ショック

以前に戻りつつあるという程度ではある。また、新成長国・Brics（ブラジル、ロシア、インド、中国）からも日本に再流入している。

バブルがはじけた以降、企業がため込んだ内部留保は、2015年9月末の時点で356兆円もあるといわれている。

また、日銀は、2013年8月にマネタリーベースを2015年には、2013年と比べ2倍にすると発表している。

しかし、2013年末の段階で、企業側は、現在の不安定な経済状態に、なお不信感を抱いているため、賃金アップをはじめ、設備投資にあまり投入していない。

結果として内部留保の356兆円は、市場にほとんど回っていない。このことは、麻生財務相が認めた。

2015年2月16日、内閣府が発表した2014年10～12月期の国内総生産（GDP、季節調整済み）速報値は、物価変動の影響を除いた実質で、前期比0.6％増、年率換算2.2％増となった。プラス成長は3四半期ぶりで、14年4月の消費税率引き上げ後では初めてとなった。

物価の影響を反映し、生活実感に近い名目GDPは前期比1.1％増、年率では4.5％増となった。

実質GDPを主な需要項目別に見ると、個人消費は前期比0.3％増、住宅投資は1.2％減、設備投資は0.1％増、公共投資は0.6％増、輸出が2.7％増、輸入が1.3％増となっている。

なお、アベノミクスは、「デフレからの脱却は、物価の2％上昇と賃金の上昇が景気の上支え」として、春闘での「三者協議」も行っているが、この内容については、第3章「非正規は正規を規定する」で詳述する。

(3) 郵政民営化と2015年11月郵政3社上場

第2次安倍政権時に、麻生太郎財務・金融相は2013年4月13日「かんぽ生命の新規事業（がん保険やゆうちょ銀行の住宅ローンなど）について、凍結されることになった」と述べた。

その理由は「（民間との）適正な競争関係が確立されているか判断ができ

るまでは、認可をする考えはない」としていた。

　これには背景がある。

　2005年に「かんぽの宿」は、近く売却される予定であったが、2007年の評価額は総額98億円で、前年のほぼ3分の1になっていた。鑑定した不動産鑑定士によれば、日本郵政公社側から大幅に減額するよう求められたからだという。ひどいケースでは「鑑定士が積算した価格から95％も減額されている物件もあった」という。

　これより前のことになるが、麻生氏が総務大臣であった時（2003年・平成15年9月22日〜2005年・平成17年10月31日）に、郵政民営化大臣が竹中平蔵氏であった。2人の壮絶な戦いの後に、小泉総理は、麻生氏に代わって竹中氏に総務大臣の任につかせたという因縁の関係でもある。

　その後、鳩山邦夫氏が総務大臣に着く（2008年・平成20年9月24日〜2009年・平成21年6月12日）が、日本郵政のかんぽの宿売却と、日本郵政社長人事問題をめぐり、辞任する（更迭される）ことになった。

　鳩山氏は、かんぽの宿の一括譲渡問題では、2008年10月31日の第2次入札で、オリックス不動産とホテルマネージメントインターナショナルの2社が価格を提示した後、スポーツ施設「ゆうぽうと世田谷レクセンター」を売却対象から外した。

　2009年1月6日に、日本郵政が保養・宿泊施設「かんぽの宿」70施設をオリックス子会社のオリックス不動産（「規制改革・民間開放推進会議」議長は宮内義彦会長）への譲渡する契約について、「なぜ一括譲渡なのか疑問を感じる」と述べ、契約見直しを求める意向を明らかにした。

　その理由として、「オリックスの宮内会長は規制改革会議の議長をやり、郵政民営化の議論もそこでされた。そこに一括譲渡となると、国民ができレースではないかと受け取る可能性がある」と説明した。あわせて「人気の高い施設は地元の資本で買ってもらい、地域振興に生かすべきではないか」との考えも示した。

　この10日後に鳩山氏が「辞任」に追い込まれた。

　なお、かんぽの宿は、法律の規定により2012年9月末までに譲渡または廃止すると決められている。

郵政上場の不透明さと不公平さはどうなっているのか

2015年秋の株式上場を目指す日本郵政が、「中期経営計画」を2014年2月26日付で発表したが、郵政上場の不透明さと公平さに問題を残している。

そもそも、日本郵政が、傘下のゆうちょ銀行とかんぽ生命を同時に上場する計画そのものについて、仕組みが複雑なうえ、子会社の経営や財務の自主性、自由が保障されるのかという問題がある。

親会社の「支配下」にとどまるのではないかという懸念がある。

特に日本郵政は、西室泰三社長がゆうちょ銀行社長を兼ねていること自体、不自然である。また、経営計画の中では、ゆうちょ銀行が、外債や株式への投資を増やす方針が示されたが、次の(4)でGPIF（年金積立金管理運用独立行政法人）についても触れるが、「公的資金」を不安定な株式市場に委ねることに対する警戒心が必要であろう。

郵政民営化は、官営の金融業と、民間の銀行や保険会社との競争条件を適正化することが大きな目的だった。この趣旨に沿えば、上場後のゆうちょ銀行とかんぽ生命の株式は、市場動向も勘案しながら、できるだけ速やかに完全に売却されることが、金融機関と経済界から求められていた。

しかし、買収価格は市場実勢に比べて割高であるために、買収コストが経営の足を引っ張りかねないという不安が経済界に広がっている。

郵政上場は、NTTなどの上場に次ぐ大規模なもので、上場後の株価が低迷すれば実体経済への悪影響も出かねないと言われている。

「政府保有」に民業圧迫論、「社名変えろ」の強硬論も

政府が全額出資する持ち株会社の日本郵政と、傘下のかんぽ生命保険、ゆうちょ銀行の日本郵政グループ3社の親子同時上場が、いよいよ2015年11月に迫っている。

しかし、政府が日本郵政株を持ち続けるため、稼ぎ頭のかんぽ生命、ゆうちょ銀行の金融2社の実質的な政府出資が継続することについて、民間金融機関は不安感を超え、不信感を持ち始めた。

民間の生命保険会社や銀行は「いざとなれば、国が守ってくれるという"暗黙の保証"があり、民間よりはるかに有利」と批判している。「政府の関

与を連想させる『かんぽ』の名前を外せ」との強硬論すら出始めている。

郵政3社の上場、クジラと呼ばれる大型株式化

　改正郵政民営化法では、「かんぽ生命、ゆうちょ銀行の株式すべてを上場時に処分する」としていたが、2014年末に公表した「中期経営計画」は、「ゆうちょ銀行、かんぽ生命の株式の50％程度を段階的に処分する」として、株式の完全処分に向けた具体的なスケジュールが示されなかった。

　2014年の衆院選で、自民党は「上場で得た売却益を東日本大震災の復興財源に充てる」との大義名分を訴えた。

　郵政3社は、2015年6月末に上場申請した。日本はもとより、政界でも例がない最大規模の株式化のため、クジラと呼ばれている。

　その内訳は、2015年3月末時点では、主な特徴点は、次のとおりである。

① ゆうちょ銀行　178兆円、24,000店舗。店舗数では、地銀、都銀、信金、信組の全てを足しても超える数である。
② その規模は、日本で最大の銀行の三菱東京UFJ銀行の153兆円を上回っている。
③ 生命保険では、かんぽ生命は85兆円で、民間で最大の日本生命の62兆円を上回っている。
④ 郵政3社は、みな国の関与がある。このことにより、民間金融機関、民間企業は、国と争うような形になることに対して批判している。
⑤ 日本郵政の株式保有については、政府が100％であったものを、3分の1まで減らしていく予定である。
⑥ 当面、ゆうちょ銀行、かんぽ生命保険については、段階的に51％まで保有を減らしていく。ただし、日本郵便は、100％保有を継続していく。
⑦ 民間金融機関側は、地方では、郵政関係の支店の数が多いため、結果としてバッティングすることが明白であるとして、不満・不安を持つ。
⑧ 一方、ゆうちょ銀行、三井住友信託銀行、野村ホールディングスの3社が共同で資産運用会社の設立を7月に決めた。

　3社が共同で設立する資産運用会社の出資比率は、過半がゆうちょ銀行となり、残りを三井住友信託、野村とする方向で調整している。

ゆうちょ銀行は現在、郵便局の窓口で投資信託を販売している。しかし、JPモルガン・アセット・マネジメントや新光投信などグループ外の運用会社が設定・運用する投信のため、ゆうちょ銀行とっては主に、販売時の販売手数料しか入らない。

資産運用業務を行えば、販売手数料だけでなく、預り資産に応じて入る信託報酬などを取り込むことができ、安定的な収入源の確保につながるとの目論見だ。

⑨　なお、電電公社から民営化されたNTTの場合、1987年に上場した際に、一時的に上がったが、すぐに下がっている。郵政の場合どうかが注目される。

⑩　こうした一連の郵政事業の上場にともなう労働組合の対応については、現場の活動家と意見交換を何度か行ってきたが、ほとんど、当局からも、あるいは、組合上部からも情報が入ってこないという。このため、上場することが、自分たちの労働条件にどのように影響するのかわからない、という声がほとんどであった。

NTTの場合、民営化・上場され10年以上かけて着々とアウトソーシングされ、結果として、かつての公社職員がバラバラにされ、雇用条件を大きく下げられてきたという経過と実態を教訓としているのであろうか。今後に課題を残している。

※なお、郵政事業のグローバル化の今後の課題については、4章14で述べる。

(4) GPIF（年金積立金管理運用独立行政法人）の投資比率拡大は危険

政府は、2014年10月31日、公的年金資産を運用するGPIF（年金積立金管理運用独立行政法人）は、約127兆円に上る保有資産の投資比率（基本ポートフォリオ）を見直し、国内株式、外国株式の割合をそれぞれ当時の12％から25％へ倍増したと発表した。

同時に、60％を占める国債などの国内債券は35％に引き下げ、外国債券を含めた株式と債券の割合を半々とした。今後順次株式を買い増す意向だが、国民にとって老後の資金をリスクのある株式に多く投じることへの懸念が大きくなった。

2015年7月10日、GPIFは、2014年度の運用実績の黒字額が15兆2,922億円になったと発表した。

黒字額は13年度の10兆2,207億円よりも上回り、過去最大となった。ただし、GPIFの試算によると、08年のリーマン・ショックと同等の株価下落があった場合、現在の積極的な運用だと、約26兆円の赤字になるという。

GPIF収益額、07年サブプライムローン、08年リーマン・ショックでは大幅赤字

07年サブプライムローン問題が起きた年は、5.5兆円の赤字となり、08年リーマン・ショックでは9.3兆円の赤字となっている。10年には、国内株式と外国債券の大幅赤字により、2.9兆円の赤字となっている。

（下図GPIF収益額表参照）

今回のGPIFの見直しは、公的資金を使った「大きなギャンブルに賭けた」ということが起きないか。失敗後の対策はとられていない。

GPIF（年金積立金管理運用独立行政法人）収益額

（2001年・平成13年度～2013年・平成25年度）

（単位：億円）

	13年度	14年度	15年度	16年度	17年度	18年度	19年度	20年度	21年度	22年度	23年度	24年度	25年度	13年間(13～25年度)
収益額	-5,874	-24,530	48,916	26,127	89,619	39,445	-55,178	-93,481	91,850	-2,999	26,092	112,222	102,207	354,415

厚労省HPから

(5) コーポレートガバナンス（企業統治）、東芝不正会計・利益水増し

今日、グローバル化によって、かつてなく日本企業のコーポレートガバナンスの徹底が求められている。上場企業各社は、2015年9月から12月末までに結果を出さなければならない。

コーポレートガバナンスとは、企業が尊重すべき事項を定めた行動規範を意味する。特に、日本的とも言われてきた「政策株式」（持合い株式）については、三菱UFJ、三井などのグループをはじめとして保有しない方針だ。

また、2015年7月に発覚した東芝不正会計・利益水増し問題でも、その

大きな原因の一つに挙げられた、監督機能の欠落が構造的であるため、独立取締（社外取締役）を2人以上、8割以上出席が求められていることになった。

一方、スチュワードシップコードという制度も、導入されることになった。これは、株式を保有する機関投資家向けに定められた行動規範のことを指している。海外の投資ファンドや金融機関が長い間日本に求めていたものである。

ところで、東芝問題は、破廉恥な歴代3社長が辞任することで、一つの区切りとされたが、肝心なことが抜けている。そこの労働組合はどのように対応したであろうか。連合はどうしていたであろうかということである。

もう一つは、コーポレートガバナンスとは、使用者側や投資家だけの問題ではない。労働組合が、所属する組合員の賃金・雇用条件の向上や権利を守るだけではなく、その社会性・社会的存在をかけて訴えなければならない事項である。

繰り返して、この冊子でも強調しているように、労働組合が出席できる取締役会を実現するために、会社法の改正を行わなければならないが、労働組合自身、そうした知識と感覚が欠如している。EU、特に、フランスなどでは、反ファシズムの運動期の1936年にこうした法律を改正したことをこれまでも紹介してきた。

今日、コーポレートガバナンスの具体化を2015年秋期から上場各社が取り組むとき、労働組合の影が見えないという情けなさに、言葉が見つからない。ここに、日本の労働組合が、組織率だけではない、将来の社会的存在意義が問われているという不安材料がある。

8. 規制緩和（改革）は、安倍内閣の1丁目1番地

2013年1月24日、安倍総理は、第1回となる規制改革会議において「規制改革は安倍内閣の一丁目一番地であります。また、成長戦略の一丁目一番地でもあります」と述べている。

ここに、安倍内閣の規制緩和（改革）に対する並々ならぬ決意の程が伺わ

れる。

　そして、安倍政権が、2013年6月14日に「骨太方針」「規制改革」の実施計画を閣議決定したが、「雇用の流動化」など参議院選挙にマイナスとなる案件は、選挙後に先送りした。「雇用の流動化」について第3章2参照。

　「骨太方針」では、社会保障などを「聖域とせず、見直しに取り組む」ことを明記し、消費税増税に「着実に取り組む」と打ち出した。

　この章では、特区のほか、特に、TPPについては、農業、医療、金融などの21項目の中、農協改革について述べるが、その他については、2章の4で述べる。

　なお、民主党政権下で可決されたPFI法改正とそれにともなうPFIの具体化については、第4章「官から民へ」で述べている。

農協改革　「成長戦略」の象徴　TPPへの大きな布石

　安倍首相が規制改革の目玉と位置付けた農協改革が、2015年2月9日に事実上決着した。

　これにより、全中（全国農業協同組合中央会）の、全国で約700ある地域農協（JA）への指導・監査権を廃止することになる。また、2019年3月末までに特別な法人から一般社団法人に移行する。

　稲田朋美政調会長（当時）は「60年ぶりの大改革だ」と喜んだ。アベノミクスの第3の矢「成長戦略」の象徴と位置付けていたからだ。

　正規組合員は461万人だが、農家ではない「准組合員」は、536万人と、75万も上回り、正と准が逆転している。3千円から1万円の出資金を払えば「准組合員」になれる。今回はこの准組合員の農協利用の制限については見送られた。准組合員は、住宅・自動車ローンや共済（保険）といった金融事業を利用している。

　全国の農協総収益（約1兆9,000億円）の約7割近くは、金融事業が占める。

　12年度の農業生産額は約8.5兆円で、約20年前よりも2割近く減った。農業の平均年齢は66歳。全国で約1万2,000あった農協は694に減った。

　農協は、戦時統制団体の「農業会」を、戦後ほとんどそのまま引き継いだ

農地を利用して農業経営を行う企業数の推移（農水省）

	改正農地法施行前	改正農地法施行以後	参加数	増加率
参加企業数	436	1,071	635	246%
うち株式会社	250	671	421	268%
1年当たり平均参入	67	357	290	533%

と指摘されるほどに、加盟農家に対する統制が厳しく、非加盟農家に対しても圧力をかけていたと言われていた。

　農協は、日本の農業を支配・領導してきたが、一方の自民も大票田としてこれを利用してきたことも事実である。自民党の減反政策など誤った施策の結果、農業が廃れ、高齢化が進み農家が減少し、農業を担える若年者が育たなかった。

　加えて全事業のうち金融業が7割も占めるなどという農協の実態は、TPP以前の農業のあり方として由々しき問題であった。

　このため、TPPというグローバル化に対して、単に「外圧」としてとらえるよりも、日本の農林水産業のあり方を根本から問い直す構造改革とみるべきだろう。

　従って、TPPを契機として、「農地の株式会社化」（2009年の農地法の改正により、株式会社などの一般法人でも農地の貸借は、ほぼ自由に行えるようになった）が進むと同時に、外国資本、ヘッジファンドなどによる「投資の対象」となるであろう。「農協改革」が、将来を見据えた「農業改革」へ昇格させることが今後の課題だ。

9. 国家戦略特区（略称「特区」）

　安倍政権の「国家戦略特区」の特徴として、
・大胆な金融緩和、財政政策に続く「第3の矢」としての国家戦略。
・イノベーションを地域でどのように推進するか、規制改革と一体で考えて

いく。
・従来の「特区」は地方から国に要請する形だったが、今回のアベノミクスの「特区」は、国から地方と民間企業に三位一体の形で指定する。
・規制改革だけでなく、税制措置についても積極的におこなう。
などがあげられる。

具体的には、1. 法人税の引き下げ、2. 外国人医師の受け入れ、3. 海外トップクラスの学校誘致、4. カジノを含む統合型リゾートの設置、5. 都営交通の24時間運行、などが決まった。

この特区に参加している成長戦略会議のメンバーは、「特に官業空港、道路などの民間開放が重点です。所有権は官だが、運営権は民間に売る（2011年民主党政権下で改正したPFI法のコンセッションを指す）ことができる。

この結果、1. サービスが良くなる。2. 政府に数十兆円の規模で多額の資金が入ってくる。結果として、2年ぐらい先に賃金が上がるのではないか」と抱負を述べている。

小泉内閣から始まった「特区」の特徴

日本の特区制度は、小泉内閣が2002年に開始した構造改革特別区域（略称：構造改革特区）から本格的に始まった。それ以前では、沖縄県内に自由貿易地域などが設けられているが、限定的な範囲にとどまっていた。

構造改革特区制度では、企業等の経済活動に制限を与えている国の規制について、特区内限定で特例措置を設けて、地域経済の活性化を図るという趣旨で進められてきた。

2013年5月までの累計で1,197件の特区計画が認定された。特区内に限定されていた規制の特例措置を全国展開することなどで解消された特区も多く、現存している特区は352件となっている。

2010年6月、民主党中心の菅直人内閣が定めた「新成長戦略」において、総合特別区域（略称：総合特区）制度が創設された。日本の経済成長のエンジンとなる産業・機能の育成に関する先駆的な取組みを「国際戦略総合特区」、地域資源を最大限活用した先駆的な地域活性化の取組みを「地域活性化総合特区」として、それぞれ指定する制度である。2013年5月までに国

際戦略総合特区が7件、地域活性化総合特区が37件指定されている。

10. 税財政再建、基礎的財政収支（プライマリーバランス）

　日本の国債は、2013年3月現在、991兆6,000億円となり、国民一人あたり779万円の借金を負わせ、日本の国債保有率（日本の金融機関、日本国民）93％（2012年末）に及ぶ。
　安倍政権のめざす税財政改革は、消費税のアップも含めて、どのように進めようとしているのか。

法人税減税はできるのか
　2013年5月12日、安倍総理は、産業競争力会議で企業の設備投資を促す減税を今後3年間で現在よりも7兆円多い年間70兆円規模で回復させることを表明した。
　しかし、以前から繰り越した赤字を抱えた企業は、法人税を納めなくてもよいため、国内企業の7割超が納めていない。
　麻生財務相は「法人税を払っていない企業にとって減税のメリットはないのですぐに効果が出るとは思わない」と述べている。

消費増税と年金活用
　2013年6月14日に閣議決定された「骨太方針」では、財政の健全化の柱として、2020年度にプライマリーバランス（その年の税収でその年の政策経費をまかなえるようにすること）を黒字化するとしている。
　また、中期財政計画を早期に策定する。ただし、設備投資減税は行う予定であると追加説明した。
　なお、この日、「先送り」されたものとしては、法人税引き下げ、解雇規制の緩和、株式会社の農地の所得・自由化、混合診療の解禁などである。
　消費税については、当初は2014年4月、8％、2015年10月、10％のアップを「予定」していたが、「世論を見ながら」2016年に先延ばしを決めた。
　また、同時に、行政改革を進めていくとしている。

日本の債務が、2013年末には1,000兆円を超えたが、安倍政権は、この返済の方法の一つに、年金の活用を始めた。

IMFから求められる中期的な財政再建策
かつて、ニクソンショックにより、1971年、金とドルとの交換が停止された。これによる変動相場制は、今日、主に金融規制緩和によってインターネットで国境を超えて瞬時のうちに投機マネーが流れるようになった。

日本の財政が、健全化していないことが明白になると、国債が売られ、暴落し、世界経済は恐慌になる危険性が高いことは以前から指摘されている。

こうしたことを憂えて、IMFラガルト専務理事は、2013年4月、日銀の金融緩和は評価しつつも、公的債務はGDPの245％にのぼる中期的な財政再建策を示す必要があると日銀と日本政府に対して求めた。

積極的リフレ策の危うさ
アベノミクスの政策は、積極的なリフレーション政策と評価され、石橋湛山時代の積極財政論と対比する論もある。
※リフレーションとは、デフレーションから抜け出て、インフレーションには達していない状態のこと。略称リフレ。「通貨再膨張」とも訳される。

最大の違いは、国家の借金（公債）の数量、程度の差にある。短期間で消化できる公債、返済できる借金しか認めなかった。

これに対して、アベノミクスの借金は、未曽有の財政危機の上にさらに新たな借金を上乗せするという方法で進められている。

借金とGDP（国内総生産）の比率は、現内閣の約200％に対して、インフレ政策の先覚者でもある高橋是清蔵相期（1930年代前半）は50％程度であった。

また、目的の違いが大きい。石橋湛山の公債論には、全て生産活動を起こすことを目的にし、無関係の部分を「非生産公債」と定義し、これを不可とした。

戦時中は、軍事費がその代表であるが、現在ならば社会保障費、地方交付

税の支出などがそれにあたる。

甘利経済担当相、2020年には9.4兆円の赤字を認める

2015年5月12日、甘利経済財政担当相は、この時点で、国の借金が1,053兆円、1人当たり830万円となったこと、内閣府試算でGDPが3％台で増加する前提でも、5年後の2020年には、9.4兆円の赤字になることを認めた。

当初、2020年に借金（基礎的財政収支）ゼロの達成のために、消費税増税（現在の8％から10％増税予定しているが、）10％以上の追加増税をする考えがあるのかと記者から質問されたが、「安倍政権の下ではそうした考えはない」と述べた。

また、この審議会では、支出抑制策として、空港や上下水道の民間参入、ジェネリック医薬品の促進、公共事業の削減などを進めるよう求める意見が出された。

11. アベノミクスは、小泉・竹中路線の規制緩和を継承している

規制緩和・改革とは、構造改革であり、歴代の自民党政権の路線を継承している。民主党政権はそれを断ち切る、あるいは、これに代わる路線を敷くことができないまま、幕を閉じた。

ここに簡単に小泉・竹中の路線について、あらためて整理する必要がある。

バブル崩壊時の財政出動

1980年末のバブル崩壊以降、日本の不動産の時価は600兆円以上暴落した。日本全体の土地資産額は、1990-2002年で1,000兆円減少した。バブル崩壊で日本の失われた資産は、土地・株だけで約1,400兆円といわれている。

1997年に北海道拓殖銀行、山一証券、三洋証券などが連続して経営破綻した。翌98年には、政府は1.8兆円の公的資金を導入したが、特別に効果は見られなかった。

その後、景気対策として、日本銀行は公定歩合を引き下げ（2001年9月

には 0.1％）、政府も度重なる財政出動（総額 100 兆円）を行ったが、効果は無かった。そのため、その後の金融緩和の速度が遅くなったと考えられている。

「竹中プログラム」という不良債権処理

　竹中平蔵氏は、小渕内閣の経済戦略会議委員として積極的に「助言」して、その結果、1999 年 7.5 兆円を注入し、日銀はゼロ金利に踏み切った。
　2002 年 9 月 30 日、小泉総理は金融担当大臣の柳澤伯夫氏を罷免し、経済財政政策担当大臣であった竹中氏を兼務させ、竹中氏らの手により不良債権処理プログラム、通称「竹中プログラム」が作成された。
　なお、「竹中プログラム」がどのようにグローバル・スタンダード（国際会計基準）に関係するのかについては、第 2 章 5 で触れている。
　バブル崩壊後、アメリカを中心とした国、金融機関、経済専門家から時価会計制度をはじめとするグローバル・スタンダードを取り入れるように、日本政府は押し付けられた。
　日本のグローバル化に伴う新たなルールの設定については、特に橋本内閣、小渕内閣が大きな役割を果たしたが、2001 年 4 月に誕生した小泉内閣と竹中平蔵経済財政担当相による路線が決定的であった。特にリストラについて、象徴的であった。

12. 幸福度ランキングで日本は 43 位に

国連が世界幸福度報告書 2013 を発表

　2013 年 9 月、前年に引き続き 2 回目となる「2013 年版世界幸福度報告」が、国連の「持続可能な開発ソリューション・ネットワーク」の支援を受けて刊行された。
　この報告書では、2010 年から 2012 年までのデータが分析されている。
　報告書によると、幸福度スコアが高かったのは、デンマーク（10 点中 7.693 点）、ノルウェー（7.655 点）、スイス（7.650 点）、オランダ（7.512 点）、スウェーデン（7.480 点）の 5 カ国。最低スコアはアフリカのトーゴ

（2.936点）であった。なお、米国は156カ国中17位（7.082点）、日本は43位（6.064点）だった。

　一方、OECDは、2014年6月6日に生活の満足度やワークライフバランス、所得などの指標に基づいて、毎年発表している先進諸国の幸福度ランキングで、オーストラリアが4年連続の首位と発表した。

　2位はノルウェー、3位はスウェーデン。日本は36カ国中、20位だった。

　この幸福度の順位は、GDP（国内総生産）競争至上主義で良いのかという問題を日本に突き付けている。

　戦後、自民党の長期政権によって、社会保障、女性進出、雇用、教育、医療などの問題が解決されずに、積み上げられたまま「少子高齢化社会」を招いた。

　この点が、アベノミクスの欠けている問題意識である。

　竹中路線は、急激な米国型グローバル化を進めているため、雇用の在り方に影響する。

　雇用の流動化による派遣社員は320万人、34歳以下のフリーターは200万人に増大した。非正規社員が3分の1にまで急速に増加した。（2004年度当時）

　アベノミクスにおいて、株が上がっても、実質賃金が伸びず、雇用の流動化によって、格差が拡大し、幸福度が下がってくるのではないか。

竹中平蔵氏の非正規雇用についての問題発言
竹中平蔵氏が「正社員をなくしましょう」!?　オランダモデル「自説」繰り返す

　2015年1月1日放送の「朝まで生テレビ！　元旦スペシャル」（テレビ朝日系）で「改正派遣法の是非」をテーマに、竹中平蔵氏は、「日本の正規労働というのが世界の中で見て異常に保護されている」「整理解雇の4要件は、1979年の東京高裁の判例がもとになっているが、あいまいな内容である。あらためてルールの確立が必要だ。……オランダモデルを参考にすべきだ。解雇の自由を言っているのではない。同一労働、同一賃金を目指すなら、正社員をなくしましょう」と述べた。

しかし、オランダモデルとは、フルタイム労働者とパート労働者の労働条件に格差をつけることを禁じた（1996年労働法改正）ことであり、これにより賃金、社会保険制度、昇進などの差別が禁じられて今日に至っている。
　このことにより、失業率が2001年には2.4％にも下がった。ただし、課題としては、正規・フルタイムと非正規・パートとの勤務交代による生産性の向上・効率にはデメリットもあることが指摘されている。

「正規が非正規を搾取する構造になっている」
　竹中平蔵氏は、安倍首相の経済政策「アベノミクス」を巡る格差の問題について「正規が非正規を搾取する構造になっている。正規と非正規の壁をなくさなければいけない」と述べている。
　　　　　　　　　　　　　　　（2015年3月2日　BS日テレの「深層NEWS」）

「全員正規では、企業は雇いにくく、海外に出てしまう」
　竹中氏は、「日本の正社員は世界一守られている労働者になった。だから非正規が増えた。……規制を緩和したからでなく、むしろ改革が不十分だからこうなった。同一労働、同一条件を確立する『日本版オランダ革命』ができれば、制度のひずみが是正される。……『全員正規』では、企業は雇いにくく、海外に出てしまう」と述べている。
　　　　　　　　　　　　　　　　　　（2012年7月16日　日本経済新聞）
　このように、竹中氏の主張するオランダモデルとは、本来の意味とねらいとは全く逆さまであることだけ指摘しておけばよいであろう。

「生活苦しい　62.4％」厚生労働省、7月2日調査結果発表
　厚生労働省は、2015年7月2日「生活苦しい　62.4％。内訳は、大変苦しい　29.7％、やや苦しい　32.7％」と調査結果を発表した。これは、調査を始めた1986年以来、最高の「生活苦」データである。

「6月の実質賃金は前年同月比2.9％減」、厚生労働省、8月4日調査結果発表

　厚生労働省が2015年8月4日発表した毎月勤労統計調査によると、現金給与総額と消費者物価指数で算出した6月の実質賃金は前年同月比2.9％減だった。5月は横ばい（修正値）だった。2013年5月からマイナスが続いていた実質賃金は5月にマイナスを脱したが、再び落ち込んだことになる。現金給与総額（従業員5人以上の事業所）は2.4％減の42万5,727円となった。

2章 グローバリズムはアメリカに向かうしかないのか

　アベノミクスは、日本版グローバリズムとも言える。というよりもグローバリズムの中の新自由主義、市場万能主義的な要素を多分に持った、竹中平蔵氏らの路線にそって出来上がっているというのが本質ではないだろうか。それもアメリカに一方向で向かって吹いている風のように。

　反対に、こうした動きに対して、反グローバリゼーション、グローバル経済終末論、自滅論などの書物も書店で多く並べられている。

　氾濫するグローバリズム・グローバル化という言葉について、あらためて整理し、今日のグローバル化に対して、私たちはどのように対峙すべきなのか述べてみたい。

1. グローバリズムの定義

　グローバリズムは、国家が市場経済になるべく干渉せず、規制緩和を通じて「国家を後退させ、壁のない（低い）、フラットな世界が実現される」（資料「フラット化する世界」T. フリードマン参照）ことを意味するとされている。

資料
「フラット化する世界」トーマス・フリードマン
　「グローバリゼーションとレボリューションが重なって、「グローバリューション」がおこる。そこではアップローディング、インソーシング、アウトソーシング、インフォーミングの革命が連打され、世界のフラット化が著しく加速した。……
　そこへ3つの変化がやってきた。「通信方法の変化」「投資方法の変化」「世界を知る方法の変化」だ。それとともにこれらを「技術の民主化」「金融の民主化」「情報の民主化」だとみなす風潮が高まっていった。……
　これがトーマス・フリードマンの言うグローバリゼーションならぬ「グローバリューション」である。グローバリゼーションとレボリューションが重なったのだ。
　……それで世界は「フラット」（水平）になった。

　　　　　　　　　　　　　　　　　　　　2006年5月25日　日本経済新聞社

第2章　グローバリズムはアメリカに向かうしかないのか

※トーマス・フリードマンは1953年、ミネソタ州ミネアポリス生まれのジャーナリスト。ベイルート侵攻の報道では1983年のピューリッツァー賞を受け、2002年にはテロが世界に及ぼす報道で、またピューリッツァー賞をとった。

このため、あらたにルール・スタンダード（基準）を作ることが重要な柱とされている。しかし、グローバル化の定義は、そもそも明確ではなく、「流動的」と言ってよいだろう。後述するように、経済学も揺れ動いている。定まらないだけではなく、政治、歴史、文化など全てにわたる分野において、その性格、特徴、定義について議論されている。

2. グローバリズムは、国内法よりも国際法が優先する

　グローバリズムは、国内法よりも国際法が優先するルール作りであり、標準化するシステムである。
　詳しくは、第3章の「非正規は正規を規定する」で述べるが、日本の場合、日本の法律や制度を、アメリカのルール・スタンダードにすり合わせることに大きな特徴がある。TPPでは、「遅れた参加者」日本が他の国よりも旗手的役割を担っている。
　日本は、1952年IMF（国際通貨基金）、55年にGATT（関税と貿易に関する一般協定）、64年OECD（経済協力開発機構）、95年WTO（世界貿易機関）などに加盟しながら、国際的基準・標準に合わせてきた。これが、日本のグローバル化対応ともいえる。
　しかし、主体性のない日本政権・政府は、特に1989年の冷戦構造の崩壊以降、「日米構造協議」を軸に、米国型グローバル・スタンダード化に舵を切った。（資料参照）
　そのうえで、デリバティブ「金融派生商品」に象徴されるように、外国人投資家の求める市場原理主義を、レーガン大統領時代（1981年～89年）以降、迎合するかのように受け入れた。
　そのことによって、明治以来、あるいは戦後以来培った「伝統的産業」

「日本国内処理」「企業内解決」、あるいは外国資本に対する防波堤となった「持ち合い株式」(複数の株式会社が、お互いに相手方の株式を保有する)が次第に不可能となるなど、日本がこれまで積み上げてきた雇用制度、あるいは地域、職場、学校などにおける人間関係、企業・金融システムも「流動化」「希薄化」しながら、米国べったりのグローバル化へ進んでいる。

こうしたグローバル化は民間部門だけでなく、国や地方自治体における「官から民へ」、民営化の中で進んでいる。

その一つが、1999年に法制化されたPFI法である。これを全面的に発展させることができるように、2011年に菅直人政権の下で改正した。このことにより、公共サービスは、税金を投与するだけでなく、「コンセッション」という事業運営権の譲渡によって利益を得るシステムが確立された。

今後の日本の公共サービスは、こうした利益をどのように生むのかというサービスの性格を、民間金融機関や民間シンクタンク、民間プロジェクトが中心となり変化、展開することになった。詳しくは、第4章「官から民へ」で述べる。

資料
日米構造協議

「アメリカの大手シンクタンク、CSIS（戦略国際問題研究所）が1992年末に作成した報告書がある。翌年1月のクリントン政権発足にタイミングをあわせて作成された政策提言である。

CSISの報告書はクリントン新政権への提言として、ブッシュ前政権の対日政策の柱だった日米構造協議をやめ、政府だけでなく経済界、学界、労働界を巻き込んだ、より包括的な新しい協議機関を設置するよう求めている。　P231-232

細川首相、クリントン大統領の日米構造協議首脳会談が行われる1カ月前、細川は首相官邸でケント・カルダーと会談していた。カルダーと言えば、竹中の親友のアメリカ人である。

このカルダー氏が、……米国誌『インターナショナル・エコノミスト』(1993年5・6月号)に「郵貯の活用が世界経済の活性化につながる」……

「1993年3月現在で合計170兆円という膨大な額をほこる郵便貯金の資金」は、「国内の景気刺激策に利用」できるばかりか、「対ロシア援助や発展途上国に対する援助、世界的な環境対策などにも最も容易に投入できる資金源でもある」　P232

佐々木実『市場と権力』講談社

3. グローバリゼーションの歴史的経過

　そもそも世界に、今日のような国境線というものは、19世紀でも明確ではなかった。

　1917年にソ連の誕生などがあって、世界は、計画経済と市場経済とに分かれていたが、1989年のベルリンの壁が崩壊したことが契機になって、1992年にソ連が崩壊した。

　これにより、東西冷戦構造が崩壊し、あらためて、世界の資本主義の中で、政治、経済が流動化し、「国境を閉じては、モノヅクリはできない」というモノの見方・基準を米国が中心となって作り、広げてきた。

　特にレーガン政権時代にアメリカのスタンダード（基準）に合わせるように、日本をはじめ世界の各国に求めた。そして、レーガノミクスを継承したジョージ・H・ブッシュ（父）政権（1989年〜1993年）、クリントン政権（1993年〜2001年）も同じ姿勢で米国型グローバル化を進めた。

　詳しくは、3章で特に「日米構造協議」の項で触れる。

4. TPPは日本のグローバル化の最大の具体化

　TPPは、日本をはじめとするアジア諸国・環太平洋におけるグローバル化の最大の具体化であることは言うまでもない。

　ここでは、TPPとグローバル化との関係に限って述べ、アベノミクスとTPPとの関係（主に農業・農協）については、第1章の8で述べたので、省略する。

　TPP（Trans-Pacific Strategic Economic Partnership Agreement　環太平洋戦略的経済連携協定）は、2006年にシンガポール、ブルネイ、チリ、ニュージーランドの4カ国で始まった経済連携協定であった。

　その後、アメリカが2008年に参加し、11カ国となった。日本は2011年に参加した。

TPPについての全体的な問題

TPPは、関税だけではなく、投資、金融サービス、労働、医療など21の交渉分野のルール化（米国型スタンダードに合わせること）が大きな目的である。

主な項目は次の通り。

1. 物品市場アクセス、2. 原産地規則、3. 貿易円滑化、4. SPS（衛生植物検疫）、5. TBT（貿易の技術的障害）、6. 貿易救済（セーフガード等）、7. 政府調達、8. 知的財産、9. 競争政策、10. 越境サービス貿易、11. 商用関係者の移動、12. 金融サービス、13. 電気通信サービス、14. 電子商取引、15. 投資、16. 環境、17. 労働、18. 制度的事項、19. 紛争解決、20. 協力（協定実行が困難な国への技術支援等）、21. 分野横断的事項。

以上のとおり、日本の構造的、国民的課題が、国民と労働者・労働組合抜きに、先行して決められていくシステムであることが明白である。

例えば、外国の食品の安全性、農業の自給率の低下、株式会社化の拡大などが事業譲渡、M&A（合併と買収）の拡大と投機性にともなう不安定化を呼ぶ。

政府試算では、TPPに参加すると、輸出関連でプラス6兆円、安い農産物などでマイナス3兆円と言われている。価格だけで勝った、負けたというスタンダード（基準）に統一されることによって、産業構造の再編が急速に進み、地域の結びつき、その国の文化、風習、伝統、アイデンティティなどが根本的に失われる危険がある。

また、過疎化と地域集落の衰退、食料自給率低下に伴う食料安全保障の脆弱（ぜいじゃく）化などを招き、国家の自立的・持続的発展に新たな課題が生まれる。

日本の歪んだTPP参加の仕方

2011年11月11日、民主党・国民新党連立政権（当時）の野田前総理は、TPPに突然「参加表明」し、11月12日から始まるアジア太平洋経済協力会議（APEC）首脳会議に臨んだ。

これに対して、自民、公明、立ち上がれ日本（当時、石原慎太郎氏グルー

プ)、新党改革(当時、舛添要一氏ら)、共産、社民党の計 6 党が反対し、藤村官房長官に文書で申し入れた。

ところが、突然 2012 年 12 月 16 日に解散総選挙となり、自民党 294、民主党 57、維新 54、公明 31 という結果を受け、12 月 26 日野田内閣が総辞職した。

衆議院選挙で自民党が大勝したが、その半年後に行われた参議院選挙においても、自民 65、公明 11、民主 17、維新 8、共産 8、みんな 8、社民 1、生活 0 などという結果となり、与党で過半数を獲得し大勝した。

こうして自民党は、盤石な体制を確立して、この前年の 2012 年の衆院選で「TPP については、聖域なき関税撤廃を前提にする限り、交渉参加に反対」という公約を掲げていたが、2013 年 10 月 6 日インドネシアで開かれた閣僚会合では、「全品目の関税を撤廃する自由化の原則を維持する」ことで一致した。つまり、安倍政権は、自民党の「公約違反」をして、TPP への参加をこの場で決定した。

このように民主党から自民党に政権が代わっていく過程で、日本が遅れて TPP に参加した。その結果、TPP は、日米が先導する形をとり、2015 年末に最終決着・スタートした。

また、このことは、中国に対抗する形になっている。中国が中心となって進めている AIIB(アジアインフラ投資銀行)と真逆になっている。グローバル化がその主導権をめぐってかつてない競争をしていることが、ここでも明らかになっている。

TPP 参加によって起きる個別的課題

TPP が米国スタンダードに合わせることによって起きる特徴的問題はどのように起きるのだろうか。2015 年 10 月 5 日に「大筋合意」となったが、農業については、第 1 章 8 で述べているので省略し、医薬品・公的医療保険制度、知的財産、金融サービスの 3 点に絞って述べたい。

医薬品・公的医療保険制度

保険診療と保険外診療(自由診療)を併用する「混合医療」の対象範囲を、

TPPで「全面解禁」するとなれば、日本のこれまでの「混合診療、原則禁止」が今後認められず、その財源が全く不安定となる。

財源が保険料と税金によって賄われているが、現在のアメリカのように、保険適用されない薬品の投与が増え、医療メーカーや保険会社が利益を大きく得るが、国への税負担が大きくなりすぎるからだ。日本の皆保険制度の充実によって、国民の9割がこの制度の維持を望んでいることが、この数年の調査結果である。こうした国民の意向が無視される可能性がある。

知的財産

TPP交渉の中で、知的財産（正確には、知的所有権の貿易関連の側面に関する協定、略称TRIPs）について、今年2015年5月時点でも「合意に至っていない」と言われ、最終の10月5日の「大筋合意」までもつれた。

中でも、前述した医薬品・化学薬品の特許や著作権に関しては、権利者の請求がなくとも当局が法的措置をとることができるようにするか折衷案の形でまとまった。

医薬品の場合、製薬会社が新薬を独占的に販売できる「データ保護期間」が、日本では8年だが、世界的規模を持つ米国の製薬会社は、新薬の特許権の保護のため、その期間を延ばそうとしていた。

しかし、延長された場合、ジェネリック医薬品の普及を妨げることになる。医薬品価格が平均で6倍も上がる国も出てくるという。

医薬品の国際特許出願数で、日本は米国に次ぐ2位のため、特許期間が延長されれば、日本の製薬会社にもメリットになる。このため、日本製薬団体連合会（日薬連）は、政府に「特許期間延長制度の導入」を要望した。一方、医療費を抑制したい厚生労働省はジェネリック医薬品のシェア（現在約50％弱）を、2018年までに「60％以上」にする目標を掲げており、製薬団体連合会の要望と対立する形になっている。

金融緩和

TPPにおけるアメリカの一番の狙いは、モノよりもサービス業関係と言われている。なぜなら、米国のGDPの占める割合は、第1に金融サービス

（約20％以上）、第2が弁護士や技術者などの専門職の強いサービス業（12％弱）、3位に製造業（12％弱）、4位に医療・教育（9％弱、※医療だけだと約6％）となっており、「サービス」関係だけで米国経済の75％を占めており、この間、日本などで注目されている農業関係は、1％となっているからである。

TPPの出発時点ではなかった項目に、米国は、金融と投資をねじ込んできた。従って、金融サービスを中心にどのように特に日本に対して譲歩を迫るのかが大きな課題だった。

これよりも前に、米国は、2000年に入って、「年次改革要望書」「日米投資イニシアティブ報告書」などを通じて、小泉政権などに民営化を迫ってきた。その象徴が、「郵政民営化」であった。

政府は、かんぽ生命の新規業務では、TPPの事前協議において、米国が日本郵政グループの業務拡大に「懸念」を示したことから、これに配慮して「当分の間」認可を棚上げしたということが判明した。これにより、2015年11月4日の日本郵政の株式の上場に影響し、結果として、国民の年金生活や日本郵政の労働者の労働・雇用条件にも影響する。第4章14参照。

5. グローバル化による、あらたなルール・スタンダード（基準）

TPP参加に伴うルール・スタンダードに関して、これまでの関係する国際ルールの変遷を簡単に整理する必要がある。アメリカをはじめとする関係国にとって、TPPを必要とする大きな理由と背景があるからである。

TPPに関係するルール・スタンダードや調整・規制機関としては、次の通り。

(1) GATT・ガット（関税及び貿易に関する一般協定）の発足

1930年代の不況後、世界経済のブロック化が進み、各国が保護主義的貿易政策を設けたことが、第二次世界大戦の一因となったという反省から、1948年にGATTが発足した（日本は1955年に加入）。

GATTは、貿易における無差別原則（最恵国待遇、内国民待遇）等の基

本的ルールを規定し、多角的貿易体制の基礎を築き、貿易の自由化の促進を通じて世界経済の成長に「貢献した」とされている。

　GATTは正式な国際機関ではなく、暫定的な組織として運営されてきた。

　しかし、より強固な基盤をもつ国際機関を設立する必要性が強く認識され、GATTを解消し、1995年WTOが、これを引き継ぐ形で誕生した。

(2)　WTO（世界貿易機関）、FTA（自由貿易協定）など

　GATTガット（関税・貿易に関する一般協定）から、95年1月1日にWTO（世界貿易機関）に「継承」された。

　WTOは、モノの貿易ルールだけでなく、サービス貿易、知的財産権、金融、情報通信などの広範な分野において、国際的ルールを確立し、「協定」だけでなく「機関」としても発足した。ここには、今日のTPPと共通する分野が多くある。

　特に、対抗処置の発動では、紛争処理機関（パネル）の提訴に対し、全加盟国による反対がなければ採択されるというネガティブ・コンセンサス（逆コンセンサスともいう）方式を採用し、強力な紛争処理能力を持つことになったことは注目すべきである。

　その後、中国、インドなどがWTOに加盟したが、農業問題などで対立が大きくなり、特に先進国とBRICsなどの新興国との間での溝が埋まらなくなってきた。一方、2国間でのFTA（自由貿易協定）が増加したため、2006年7月から全体交渉は、停止状態となり、今日に至っている。

(3)　ウルグアイ・ラウンド

　ウルグアイ・ラウンドは、世界貿易上の障壁をなくし、貿易の自由化や多角的貿易を促進するために行われた、GATT（関税貿易一般協定）の多角的貿易交渉（ラウンド）のことで、1986年にウルグアイで開始宣言されたことからこの名がついた。

　ウルグアイ・ラウンドでは、特許権、商標権、著作権といった知的所有権をはじめ、旅行、金融、情報通信など、物品をともなわないサービス貿易の国際的取引の自由化、農産物の例外なき関税化などについて、124カ国が参

加して、94年に合意に至った。

FTA（自由貿易協定　Free Trade Agreement）
FTA（自由貿易協定）は、物品の関税、その他の制限的な通商規則、サービス貿易等の障壁など、通商上の障壁を取り除く自由貿易地域の結成を目的とした、2国間以上の国際協定である。

地域経済統合の形態の中では、2国間協定が多いが、北米自由貿易協定等の多国間協定もある。

TPPは、このFTAを土台にして関税の全面的撤廃を表文句にして、アメリカ中心の関税撤廃の対象外について協議が進められていた。（2015年10月5日大筋合意）

(4) EU版TPPといわれるTTIP（環大西洋貿易投資パートナーシップ）
ヨーロッパ版のTPPと言われているTTIP（環大西洋貿易パートナーシップ）については、米国とEUとの間で協定交渉を2013年7月にワシントンで行われた。約15の交渉分野について、2014年末までに妥結を目指すとして7回協議したが、妥結に至らず、2015年10月時点で年内合意は不可能となった。

当初よりも協議が延びているのは、EUは、日本のように、簡単に「国内改革」（規制緩和）に同意しないためと言われている。

合意すれば、世界の国内総生産GDPの約45％、貿易量の約3分の1を占める。

TPPにも関連するため、いくつかの共通する問題点を述べる。

貿易協定なのか　中国（その後ロシアも含む）包囲網なのか
かつて、超大国ソ連に対抗するためにNATO（北大西洋条約機構）を結成したように、中国および、（その後、ウクライナ問題発生からあらたに加えた）ロシアに対抗して、貿易・経済・金融分野の協定を結ぶ意図を持って、TTIP「環大西洋貿易投資パートナーシップ」の準備を進めている。

他方、特に中国に対して敵対的に臨むのは好ましくないとする見解を持つ

グループが、米国やEUの中にもある。結果として、反対派、推進派、慎重派に分かれている。

　しかし、2013年に始まったTTIPの交渉はそれ以来わずかしか進展していない。ここには、日本政府が米国に一方的に規制緩和を受け入れる没主体的対応と、EUの主体性を持った対応との大きな違いが明らかになっている。

EUに規制緩和を強要する米国　遺伝子組み換え作物（GMO）など

　例えば、米国はTTIPでの遺伝子組み換え作物（GMO）の規制緩和をEUに求めて譲らない。

　2015年に入って、なお、米国はTTIP交渉開始の条件としてEUに対し、牛枝肉の洗浄と生きた豚の輸送に関する法律を変えるよう圧力をかけている。前途は険しい。

　「貿易の自由化」と「中国包囲網の構築」というTPPの2つのバランスを決定する重要な役割を、日本が担うべきだという意見がEUの中にもある。EU企業がアジアに進出する時に「ハブ」（拠点）として活用したいとしている。

　日本のTPP交渉で、米国に追従しながら、両国がともにイニシアチブを握っていることが、世界に大きく影響することだけは確かだ。

(5)　ISDS条項、（投資家対国家の紛争解決条項）は国の在り方を変える

　規制緩和（改革）にともなう新たな国際ルール化の中で、最も大きな問題とは、その国の法制度・規則も変える、あるいは「超える」規制をつくることができることである。ISDS条項（投資家対国家の紛争解決制度）、国際会計基準などもその例で、日本経済、制度を大きく規定する。

　その一つである**ISDS条項**（投資家対国家の紛争処理条項）を見てみよう。

　ISDS条項（ISDと省略することもある。Invest-State Dispute Settlement）は、自由貿易協定（FTA）などを締結した国家間において、外国企業が相手国政府から不当に差別され、不利益を被った場合あるいは、投資先の途上国の裁判所が信頼できない場合などにおいて、相手国政府を相手取って、世界銀行、国連の仲裁機関などに訴訟を起こすことを可能にする条項である。

ISDS条項をめぐる賛成派・反対派の主張		
	賛成論	反対論
経済的メリットの有無	・日本企業がTPP参加国を相手取って訴えを起こすことが可能となり、日本企業の投資活動の保護につながる。 ・中立的な紛争解決の場を用意することで、投資家の投資が確実に保護されるという期待を高めることにより、外国からの投資が促され、投資受入国にとっても経済発展につながる。	―
国家の主権との関係について	・条約は一般に国家の主権を制約するものである。これを非難することは国際法の意義を認めないに等しい。	・ISDS条項があると、国が公共目的のために規制を強化した場合などにも訴えられる可能性があり、国家の主権が脅かされる。 ・ISDS条項には一企業に国家を超越する法主体性を与えるものである。
公的医療保険制度	・これまで日本が結んだ（多くの）協定には、公的医療保険制度は投資分野の義務から除外されており、ISDS条項の対象となっていない。TPPでも義務の対象外とすることも可能。	・ISDS条項により日本の公的医療保険制度が参入障壁であるとして外国から提訴される懸念がある。
国内企業との平等性	―	・ISDS条項は、国内の裁判所にしか訴えることのできない国内企業以上の優遇を外国企業に与えるものである。
ICSID（国際投資紛争解決センター）の中立性について	・ICSIDは世界銀行グループの一つだが、事務局は手続的な側面支援を行うのみであり、仲裁判断には加わらない。	・ICSIDは世界銀行グループの一つである。世界銀行は総裁が常に米国人であり、米国に有利な判決が出される可能性がある。
制度の濫用の可能性について	・近年のISDS条項は、公共目的の措置は基本的に収用と見なされないことが明記されるなど訴えることのできる範囲を細かく定め、むやみに仲裁申立を行えないようにしている。 ・相当程度の剥奪がない限り間接収用には当たらない。	・訴訟に慣れている米国企業が制度を濫用する可能性がある。

（出典）外務省・経済産業省
『国家と投資家の間の紛争解決（ISDS）手続の概要』2012.3

国際投資仲裁の被提訴数	
国名	被提訴数
アルゼンチン	52
ベネズエラ	34
エクアドル	23
メキシコ	21
チェコ	20
カナダ	19
エジプト	17
米国	15
(出典) UNCTAD, May 2013	

　ISDS条項が盛り込まれることで、外国企業が、相手国の国内の裁判所を経由せずに訴訟手続きを進めることが可能となる。

　適用法規は国際法で決められていることが多いため、国内法に基づいた司法的判断と異なる結果となることが多く起きる。

　ただし、補償は金銭賠償に限定するという規定を入れ、国際仲裁の裁定によって規制自体の改正を迫られないようにしている。

　これまでにISDSを使って、世界各国での訴訟件数は2011年末時点で450件に上る。圧倒的に米国企業が原告であった。

　米国企業が、カナダとメキシコなどから多額の賠償金を勝ち取った例があった。

　ただし、米国企業の敗訴は11件あり、一概に米国有利の仕組みとも言えないという説もある。

　このため、日本も含めてその国の司法が改正を余儀なくされることが多く起きると予想される。

　日米は導入に前向きだが、新興国では訴訟大国・米国の企業からの訴訟増加に対する警戒感が強い。

　日本では、衆参の農林水産委員会が「国の主権を損なうような『投資家と国家の紛争解決（ISDS）条項』には合意しない」と決議を行い、法曹界には「日本の司法権が損なわれる」との反対論もある。安倍総理は「国の主権

を損なうような ISDS は合意しない」と主張していたが、変更すると思われる。

※国会図書館「調査と情報」2013.11　No.807 参照

(6)　国際会計基準（IFRS）の日本版

　もう一つのグローバル化の大きなルールとして、国際会計基準がある。
　日本のグローバル化は、会計基準にも大きな影響をもたらしている。
　バブル崩壊前では、金融デリバティブ（金融派生商品）は、株価や不動産価格を押し上げた。10 年おきに大きなバブルが繰り返されている。
　その経過については、第 1 章 11 でも触れている。
　金融庁は、企業会計審議会で議論を進めてきた国際会計基準（IFRS）に関する方針案を 2013 年 6 月 19 日に説明した。

任意適用要件の緩和
　「国際会計基準（IFRS）に基づいて作成する連結財務諸表の適正性を確保するための取組・体制整備」の要件は維持する。

国際会計基準（IFRS）の適用の方法
　国際会計基準（IFRS）を強制適用前提ではなく、任意適用企業を対象として導入して、現状の「日本基準」、「米国基準」、「ピュア IFRS」（任意適用の国際会計基準）に加え、個別基準を修正して承認していく「エンドースメント国際会計基準（IFRS）」という 4 つの基準が存在することになる。国際的にも合理的に説明できる範囲に限定する。

会社法の要求水準に統一
　会社法の要求水準に統一することを基本とする。
　要するに日本会計基準に合わせる形で修正する「日本版 IFRS」を新設することを柱として、日本企業の IFRS 採用を後押しする方向である。
　日本でも平成 22 年 3 月期から上場企業や海外に、資本金 20 億円以上の連結子会社を持つなどの条件を満たせば、IFRS の採用は可能にしていた。た

だし、採用済みと採用予定の企業を合わせても 2013 年 6 月 14 日時点でわずか 20 社となっている。

　金融庁の説明を受けて、あらためて国際会計基準（IFRS）の日本への導入について、当面の問題点は次のとおり。

① 国際会計基準（IFRS）をすでに採用、または採用を予定している企業は、商社や製薬会社など海外でM&A（企業の合併・買収）を積極的に行う企業が多い。日本基準では、企業買収後に一定期間かけて費用として支払う「のれん代」（企業の合併・買収時の、「買収された企業の時価評価純資産」と「買収価額」との差額のこと）がなくなるため、M&Aに積極的な企業にとっては、利益を押し上げるからと考えられる。

② 2014 年（平成 24 年）3 月期から導入した日本たばこ産業（JT）の場合は、「約 120 の国や地域で事業をしており、グローバル化は不可欠」としている。

※ただし、変更に伴う会計システムの改修の費用負担などが大きく、多くの企業で導入が進まない原因となっている。

③ 2014 年 7 月に米国が国際会計基準 IFRS の強制適用を見送るとしており、日本も当初「2014 年（平成 24 年）をめどに判断する」としていた強制適用の時期については、判断を先送りすることになった。ここでも、日本政府与党の主体性のなさが明らかとなっている。2014 年 8 月 13 日に提言をまとめた自民党金融調査会の小委員会も「3 年以内に判断すべき」としたが、強制適用するかは明らかにしていない。

6．グローバリズムとナショナリズム

(1) グローバル化と正反対のナショナリズムが広がる

　アベノミクスはグローバル化と言われているが、一方でその反対の意味を持つナショナリズムも拡大・表面化していることも事実である。

　これは、地球規模での通信、IT 情報、交通などの技術の発達によって、地球規模が狭くなり、競争が激しくなってきたことによって起きる現象だ。

　さらに、グローバリズムの骨格でもある「規制緩和」が、新たなアメリカ

のスタンダード（基準）を取り入れているために、「競争」を一層激しくしている。

競争に負ければ、国内の企業が、国内外の企業にM&A（合併と買収）、事業再編されるというオセロゲームのような、「死ぬか生きるか」の世界が広がっている。

こうしたグローバリズムの「ゼロか100か」という、二者択一を迫られるという状況の下に、自民党は、政権を維持するために経済分野だけでなく、尖閣諸島、竹島、北朝鮮、「過激派組織IS＝イスラミックステート」などの問題を前面に出し、ナショナリズムをあおり、安全保障関連法をテコにして憲法改正を目指している。

グローバル化とナショナリズムは正反対の概念でありながら、コインの表裏のように、お互いを必要としているのは、中国やロシアばかりではなく、日本も共通している。「ルール」作りのためのイニシアチブの取り合い、「競争」は、かつての「世界大戦」のように広域的に、かつ、徹底的に続けられる。グローバル化とは、資本主義の究極的な発展の中で起きている現象だからだ。

(2) 「社会主義国」中国のナショナリズム

グローバル化は、（実質的）一党独裁体制の中国にも及ぶ。米国は、鄧小平路線によって市場経済を全面的に受け入れた段階で、中国共産党一党独裁体制の崩壊を予想・期待している。グローバル化は中国に対して、市場経済を通じ、IT化とともに中国当局による情報操作・管理を困難にしている。

また、中国国民の所得格差の拡大に対する党への不満や人権を守る運動も強くなり、習近平政権の強引さは、これまでにないレベルに進んでいる。

その他、中国共産党は、南沙諸島の埋め立てにみられるように、領土、領海、領空を拡大し、かつ、軍事大国化を進めている。同時に、「反腐敗」運動による権力闘争を始めている。また、香港の1国2制度問題など新たな火種もある。

グローバル化に対応するために、中国共産党政権が市場経済を全面的に展開する一方、不動産バブルやインフラ整備の失敗を、「陸海のシルクロード」

「AIIB」開設などによって海外に解決策を探している。

「国際女性デー」に合わせてセクハラ防止の運動をしていた女性活動家の拘束、弁護士ら200人以上の逮捕、キリスト教徒の逮捕と教会破壊、チベット族やウイグル族などへの弾圧。天津爆発事故の原因が解明されないまま、現場を埋めて「生態公園」を建設するという暴挙。これらは、何を意味するのか。市場経済の「開放」をうたいながら、民主主義を否定する。

では、中国共産党による「社会主義」の下での雇用問題はどうか、労働者階級の「解放」運動においても疑問が大きくなる。

全国総工会と労働NGO

中国では、全国総工会という「公認」された労働組合連合会以外は認められていない。

つまり、労働者の団結権、自主的労働組合結成は、いまだに認められていない。

このため、特にこれまで10年間、農村戸籍の出稼ぎ労働者（＝非正規労働者）を中心としたストライキなどが多発しているが、「中国共産党の指導」に対して「騒動挑発」しているという理由で多くの活動家が逮捕されている。

こうした状況の下に、1990年代に労働NGOが生まれた。この労働NGOが、現在「非公式な労働団体」として一定の条件で認められ、2015年1月時点で、約111の団体が「交渉登記に登録」されている。

労働NGOは、香港のNGOとアメリカの財団などによる支援によって誕生したとも言われている。この支援は、(1)市民社会と民主主義の理念、(2)賃金、(3)基礎的レベルの動員のテクニック、(4)国際的NGOネットワークとの高度な整合性。という趣旨で取り組まれている。

中国における労働NGOは、最初から「高度な国際化の傾向を示し、普遍的な価値観に近い」ものを目指していると活動家から直接筆者は聞いた。

中国の中にこうした新しい動きが、労働運動の分野で生まれているのだろうか。今年7月に、弁護士ら200人逮捕と同時に、NGO活動家も逮捕された。その理由は、現在も、公表されないため不明だが、市場経済を一党独裁で「操作」「管理」するという愚策から起きていることだけは明らかである。

中国共産党は、グローバル化が進む市場経済、金融システムを「統制」できるか

　中国の株式市場も、投資の8割が素人の個人投資家であるという構造的問題も不安だ。2015年1月から5割以上株が上がったものの、7月後半では、中国政府（中央銀行）が、下支えしたにもかかわらず、3割以上ダウンして2007年以来の暴落となった。同時に、半分近くの「上場・公開株」が一方的に、理由も提示されることなく「休止」（一時閉鎖）されるなど、株式市場としては信じられないほどの未熟さとルール違反が判明した。

　8月後半では、中国元の切り下げが行われても、上海株の下落はとどまることなく、バブル崩壊ではないかと先行き不安が広がり、世界経済を巻き込んでいる。リーマン・ショック、ブラックマンデーを連想させる事態が続いている。

　※リーマン・ショック：2008年9月15日に、米国投資銀行であるリーマン・ブラザーズが破綻したことを契機に、世界的金融危機が発生した事象を総括的によぶ。

　※ブラックマンデー：1987年10月19日月曜、史上最大規模の世界的株価大暴落。この時の下落率22.6%は、世界恐慌の引き金となった1929年の暗黒の木曜日（ブラックサーズデー、下落率12.8%）を上回った。

　今後、さらなるグローバル化に伴い、香港ルートに限定されることなく、全面的に海外投資家やヘッジファンドが中国市場に参入する予定である。そうなると、株は激しい乱高下を繰り返すだろう。その場合、中国の市場と金融システムは、党によって「統制」され、「安定成長」できるのだろうか。

　日本がかつて経験したバブル崩壊期に起きたようなことが、中国で再発すれば、その混乱は、民主主義の制度が確立されていないこともあって、中国にとどまらず世界的規模で、戦後経験したことのない深刻で歴史的な出来事が起きるのではないだろうか。

　9月3日の習近平体制を誇示した「抗日戦争勝利パレード」の後に、意気揚々と9月24日に習近平主席がワシントンに到着したが、同日、ローマ法王が米議会で演説していた。この設定に、中国側が日程変更を求めたが、米

国側が認めなかった。このことは、中国共産党が強行している「宗教や少数民族の弾圧」「言論統制」「人権無視」に対するオバマ政権の痛烈な批判が込められている。

　ちなみに、安倍総理が演説した同じ米議会に、習近平主席は招待されず、演説する機会を与えられなかった。

7. グローバル化による経済学界の理論的混乱

　グローバル化によって資本主義経済は複雑化し、混乱が起きている。その分析に困難を極め、経済学とは何かという根本的問題が、特に90年代以降問われている。

　「経済学とは経済学者がやっている学問という定義に達した」と、ノーベル経済学賞を受賞した英国の経済学者ジョン・ヒックス氏が自嘲気味に述べているほどだ。

　また、帝京大学小島寛之教授によれば、「不確実な未来を予測する分野を意思決定理論と言う。ギルモアはこの分野のスーパースターである。そのギルモアが著した《合理的選択》では、経済学は、他の厳密科学のような正確な数値予測を提供し損ねた。

　マクロ経済学、金融学、政治学、社会学などでは、多くの因果関係が特定できないままだ。統計、確率、効用関数などはあるが」と述べている。(2013年4月28日　日経)

　つまり、経済学を他の科学のように「実証的」「絶対的」に不動の学問として位置付けるのは困難ということだろう。

　「『混迷する近代経済学の課題』を書いた経済学者、宇沢弘文はかつてアメリカ経済学を牽引する経済学者だった。……『新古典派経済学派』と称される経済学の世界的リーダーとなっていた。……とりわけ、『価値判断』をめぐる問題に彼はこだわった。

　宇沢弘文は『社会的共通資本』という新しい概念を軸とした経済学を構築していくことになる」(佐々木実『市場と権力』　P317-319) という言葉は、多くの示唆に富んでいる。

ところで、経済学界の理論的混乱とは言っても、先に来日した経済学者トマ・ピケティ氏のベストセラー「21世紀の資本」に象徴されるように、経済学は、大いに盛り上がりを示している。「格差」「不平等」がグローバル的に深刻になっているからだ。

ここで「規制緩和・市場万能主義」VS「規制」派という、あえて2つの軸に分けて簡単に整理したい。

グローバリズムと新自由主義、リベラル派
フリードマンらの「市場原理主義」シカゴ学派

最近は、経済学の中で、新自由主義という学派が主流になっているといわれている。フリードマンを中心としたシカゴ学派は、ケインズの政府が市場に介入する考え方を批判し、「市場万能主義」「市場原理主義」などとも呼ばれている。レーガン政権、ブッシュ政権がこうした経済学理念を取り入れたことは有名だ。

スティグリッツらのリベラル派

これに対し、米国民主党政権を支持しているノーベル経済学賞を受賞したスティグリッツ、ポール・クルーグマンらは、リベラル派として世界的に知られ、市場万能主義に対決する側に立っていることになっている。そうしたイメージがある。

リベラル派としてのジョセフ・スティグリッツは、2012年、「1％の富豪は資産を増やして、99％の国民が貧困化している」と抗議して、ウォール街を占拠した青年たちに檄を飛ばしたことは記憶に新しい。

また、彼の著書「世界を不幸にしたグローバリズムの正体」「世界を不幸にするアメリカの戦争経済」などにみられるように、グローバリズム・市場万能主義に批判的であった。

ところが、スティグリッツは、2013年5月30日に東京で開催されたESRI（経済社会総合研究所　Economic and Social Research Institute）国際会議において「アベノミクスの三本の矢は、グローバルな需要が弱く、伝統的な金融政策が限界に来た時代に不可欠であり、正しい政策アプローチ

だ」と評価し、その後安倍総理に直接会ってアベノミクスを称賛した。
　こうしたことは、新自由主義、シカゴ派に批判的であったこれまでの彼の主張と矛盾しないのであろうか？　その意味は何か？　なぜこうしたことが起きるのか？

新自由主義とリベラル派
　新自由主義は、ニューリベラリズムと英語で読むが、もともとグローバリズムも定義があいまいであり、リベラリズムと同様に時代によっても学者によっても定義に違いがある。リベラル派は、新自由主義に反対であるというイメージがあるが、スティグリッツのアベノミクス称賛を考えると、そのように分けること自体に無理がある。
　日本では、特に元総評系の労働組合などは、新自由主義という表現でこれに批判しているが、スティグリッツの言動にみられるように、正確な表現とは言えず、混乱している。
　このため、この拙著では、アベノミクスあるいは世界的なM&A（合併・買収）、事業譲渡、金融経済を取り上げる場合は、新自由主義という言葉を使わずに、グローバリズム、グローバル化という表現を使った方が、世界で起きている問題を分析するのにふさわしいのではないかと考え、用語を統一的に使う。

平等のために世界的な累進課税を提唱するトマ・ピケティ
　トマ・ピケティが2015年1月に来日した。一経済学者がこれほど金融経済関係者、マスコミのみならず、多くの国民に関心を集めたことはない。
　ほとんどのマスコミは、ピケティの理論を好意的に伝えている。
　特に、レーガン政権に影響を与えた「新自由主義」の根底にあったクズネッツの理論を、統計的事実によって論破している点などは、痛快でもある。
　※サイモン・クズネッツ：1971年にノーベル経済学賞を受賞したクズネッツは、各種経済格差は経済発展の初期には増大するが、やがて反転し、その後は平等化の段階に入ってくると論じた。80年代、90年代に大きな影響を与えた。

クズネッツの格差低減は、米国のトップ十分位※の占める比率は、1910年代〜1920年代には、45〜50％であったが、1950年代には35％以下になったと述べている。

しかし、その後、1970年代に35％以下になってから、2000年代には、45％〜50％に広がっていることが判明した。

※十分位……全ての世帯を毎月の実収入（現金収入）、世帯主の定期収入、世帯の年間収入などを収入の低い方から順番に並べ、それを調整集計世帯数の上で10等分して10のグループを作った場合の各グループのことで、収入の低い方から順次第Ⅰ、第Ⅱ、第Ⅲ、第Ⅳ、第Ⅴ……10分位階級という。それぞれの階級について収入と支出をまとめたものが「10分位階級別」の結果であり、所得階層別に家計収支をみたり、所得の格差の動きをみる際に有用である。

ピケティの「資本」論は、「資産」というべき内容

ピケティの「21世紀の資本」が評価されるべきは、データ収集と分析である。これは抽象的よりも実証を重んじる最近の経済学の動向を反映している。思想的には、市場経済を尊重し、経済成長は格差を縮小することを結論としている。そのために「資産への世界的な累進課税」を提案している。

その「社会的国家」とは、福祉国家よりももう少し広い意味とのこと。不平等な資産家に対して世界的な租税体制、システムの確立に異議はない。

しかし、「21世紀の資本」は、「資本」について語っているのかというと、マルクスの「資本論」やケインズ（1883〜1946）「雇用・利子および貨幣の一般理論」やシュンペーター（1883年〜1950年）「資本主義・社会主義・民主主義」などで使われる「資本」とは違う。「資本」というよりも、「資産」に近い。

「資本」と「資産」との関係が混同していることによって、「資本」そのものがもつ「剰余価値」、「生産関係の内部の構造」についてあいまいとなっている。労働・資本分配における「不平等」、「資本」の「運動」と「発展」による「格差」についても不明だ。

こうしたことについて、伊藤光晴氏が説明している。（資料2、3参照）

資料　トマ・ピケティについて
(1)　伊東光晴　「ピケティを読む　誤読・誤謬・エトセトラ」

京都大学・復旦大学名誉教授

　マルクスの言う「資本」は、利潤を求めて形を変えて動いている。生産過程に投入された資本は、機械設備、原材料となり、労働者に支払う賃金となり、造られた製品は、商品として売られ、貨幣に変わる。それは利潤を生み、再び生産過程に投ぜられる。
　商品の形をとったのが商品資本、貨幣の形をとったのが貨幣資本である。
　やがてそれは自立して循環の一翼を担う商業資本等となる。
　ケインズの場合も資本は形を変えていく。生産から消費者に財が渡るまでの流れを考え、固定資本を goods in use と呼び、生産の流れの中にある財のうち、正常なものを goods in procces、経営資本とよんだ。
　過剰に保有される製品在庫 goods in stock 流動資本 liquid capital と呼ぶ。
　ピケティの capital は、このいずれでもない。……富者が持つ資産である。
　……資本は動くのに対し、資産は静的なものである。
　富者の資産からの収益率 r が、経済成長率 g より大きい現状では、さらに、富は富裕層に集まっていく。これを正すには、世界の国々が協力し、累進富裕税を課す必要がある。
　これが、この本の言わんとするところである。
　……この本を読めば、彼が言う、capital は国債、株式・社債などの有価証券、土地や家屋などの不動産を含むものである。マルクスの言う資本でも、近代経済学が言う資本でもない。

(雑誌『世界』2015 年 3 月号)

ピケティの「世界的な累進富裕税」と似た考え方のトービン税は示唆に富む。

資料(2)
　投機目的の金融取引に課税するには
　《トービン税》(Tobin Tax) このトービン税は、ノーベル経済学賞受賞者ジェームズ・トービン（イェール大学経済学部教授）が、1972 年に提唱した税制度。
　トービン税は、1971 年のニクソンショックの翌年実施された。この税を国際的に導入しようと、EU11 ヶ国は賛成したが、英国が反対した。
　グローバル化・金融自由化の潮流で、投機目的の短期的な取引を抑制するため、国際通貨取引（外国為替取引）に低率の課税をするという考えで、1994 年のメキシコ通貨危機以降、注目を集めた。
　しかし、トービン税は、世界各国が同時に導入しなければ効果が出ないという難点がある。非導入国がある場合、投機家の資金が、その非導入国に大量に流入する恐れがあるからだ。

(国立国会図書館デジタル化資料)

EU の「規制の経済学者」仏ジャン・ティロール教授がノーベル経済学賞を受賞

　スティグリッツらのリベラル派が、今日ややあいまいとなったグローバリ

> **資料⑶**
> **仏ジャン・ティロール教授「規制の経済学」 ノーベル経済学賞受賞**
> 「彼の功績は、1980年代から、通信や金融などの産業をゲーム理論や行動心理学などを用いて研究した。…………
> 　近年は、市場の寡占化と同時に、電力や通信、鉄道など従来公営企業が独占していたサービスを民営化し、市場競争を導入する動きが欧米で相次いでいる。
> 　……ティロール氏の研究成果は、欧州中心にこうした市場の規制や制度立案に取り入れられている」
> 「ゲーム理論を使い、企業と労働者の双方がどうすればメリットを受けるか、市場原理に頼らずに事前の契約で補うことができると提唱した」
> 　　　　　　　　　　　　　　　　　　　　　　（2014.10.14　NHK）

ズムに対する理論に対して、従来から「規制の経済学」の必要性を説いて、現在のEUの経済・財政に取り入れるように指導してきたジャン・ティロール教授が、2014年10月13日ノーベル経済学賞を受賞した。

　ティロール教授の理論が、欧州中心に市場の規制や制度立案に取り入れられており、日本の民主的な政党や労組が積極的に受け入れることが求められている。

8．ヘッジファンド

　ヘッジファンドの定義は、株式、債券、金融派生商品などを分散投資して高い運用益を得ることを目的とした投資信託というものと言われている。
　ヘッジファンドは、特にグローバリズムに大きな役割を果たしている。
　ヘッジファンドは、株価指標の動きとは関係なく、相場の下落局面などでも「超高速取引」（次頁9参照）などの手法を駆使して、収益を上げることを目指す運用法人を指している。
　ハイリスク・ハイリターンの手法を取るため、運用に失敗する例も多い。かつては一部の富裕層が大口の資金を運用する手段であったが、最近では、日本も含めて、「年金基金」が運用に利用されるようになった。
　全世界で1万を超えるヘッジファンドが、総額1兆ドル（100兆円）以上を運用しているとみられている。ただし、ファンドがその内容を非公開にしているため、実態はほとんどわからない。

世界の株に影響するヘッジファンドは、「超高速取引」という「媒介」に影響し、影響される。ここに今日のグローバリズムの不安定さの一つの原因があり、市場経済を政治的に主導、統制（ガバナンス）できない要因がある。

9. 超高速取引（HFT）グローバリズムの非情さを象徴

　専門の事業者のヘッジファンドによる取引において、「超高速取引」（HFT High Frequncy Trading）がある。
　システム面で対応できないため、一般投資家は収益機会を奪われかねない。このため、米国証券取引委員会は、この「超高速取引」に対して規制を検討している。
　この取引はアルゴリズム取引ともいわれる。
　アルゴリズムとは、プログラムの解析手順のことで、米国では1990年代から機関投資家中心に始まり、日本では、2002年頃から外国証券のサービスとして始まった。
　これに関係して、コロケーションという用語が使われている。取引所のシステムセンターに、証券会社がサーバーを設置して取引所の株式売買システムとダイレクトに接続できるようにするサービスを指す。
　この「超高速取引」は、100分の1秒から1000分の1秒単位で行われる。東証は TICK（ティック）データの販売を2013年1月から始めた。
　ティックデータとは、市場における約定と気配に関する価格や量などの時系列データのことを指す。
　「超高速取引」は、東証でも売買代金の3割を占めるようになっていて、これは欧州と同程度で、米国では7割を占めている。
　しかし、最近、証券取引関係者は、この短時間で売買を繰り返す高速・高頻度取引への対応に苦慮している。売買増加に寄与する一方、「価格形成」がゆがむといった弊害も大きくなってきたためだ。
　要するに、「超高速取引」は、コンピューターで投資家の動き・傾向をつかんで、投資家が行う売買注文の直前（100分の1秒から1000分の1秒単位）で、株の売買をするという、極めて不公平で「自由市場」の精神に反す

るものである。
　グローバリズムは、「超高速取引」に象徴されるように、非情、無感覚の市場万能主義的経済を進めているという性格を持っており、政治、社会制度、文化をも巻き込んでいる。

10. 競争力

　スイスのビジネススクール民間調査機関IMDは、約300項目の調査の結果、2013年5月30日「世界競争力ランキング」を発表した。アベノミクスは「競争力」を強調しているが、この時点では日本は世界的に24位となっている。
　1位アメリカ、2位スイス、3位香港、4位スウェーデン、5位シンガポール、6位ノルウェー、7位カナダ、8位アラブ首長国連邦、9位ドイツ、10位カタール‥‥‥‥21位中国、22位韓国、23位オーストラリア、24位日本、25位ニュージーランドとなっている。
　日本の低い評価の根拠は、財政赤字、法人税の高さ、語学力、携帯電話料金の高さなどとされている。
　規制改革会議は、この300項目の競争力の順番をバラバラにして、際限なく1番にするための策略を練ることにした。
　そのベースには、国や世界の在り方、文化、国民一人一人の生き方等々の複雑な価値観がどのようにベースとするのかが、社会的に議論され総意とされる仕組みがなければならない。
　北欧などの社会の在り方は、「景気」を意味する「ミクロ経済」に振り回されることなく、社会保障、教育制度などをはじめとして、国民、市民が日常的に議会だけでなく、労働組合、地域組織などで意見反映できる仕組みが日本よりも充実している。
　その結果として、「競争力」も高いものになっている。
　ここで、注目すべきことは、アベノミクスが、「競争」と「成果」を自己目的化しているのではないか。生まれた時から死ぬまで「競争」させられ、「一番」という即物的な「成果」を目指すように尻を叩かれ続けるという、

日本の「高度経済成長期」〈1954年（昭和29年）12月から1973年（昭和48年）11月まで〉のリメークを目指しているのではないかということである。

少数の「勝ち組」と多数の、いくら頑張っても負け続ける「負け組」を再生産する社会にすることにならないか、社会の在り方を問う視点が欠落している。

11. EU（ヨーロッパ連合）のグローバル化への対応

EU（ヨーロッパ連合）は、こうしたグローバリズムに対して、どのように対応してきたのであろうか？

EUのスタート
EUは、1993年に発足した。その前身のECは2009年リスボン条約に基づき廃止となり、EUが一本化した。

財政については、各国に決定権が与えられているのに、ユーロ・通貨が先行して統一されたことは、時期を早まったのではないかと当初から危惧され、今日の経済危機の要因の一つになっている。また、ギリシャのように財政赤字と公的債務残高の基準値（債務残高、3％以下の基準）等が無視され、マーストリフト条約（EUの創設を定めた条約）が形骸化される恐れがある。

2014欧州議会選挙　「反ユーロ」「反緊縮」「反移民」勢力が2割以上獲得
2014年5月22日から25日にかけて実施された欧州議会選挙では、「反ユーロ」「反緊縮」あるいは「反移民」を掲げる「EU懐疑派」が躍進し、欧州議会全体で2割以上の議席を確保することになった。欧州議会はEU理事会（閣僚理事会）とともに立法権限を有し、法案制定や予算決定において重要な役割を担うほか、行政監督権限も有している。

欧州議会は7月15日に、賛成422名、反対250名、棄権47名でユンケル氏を次期委員長とする人事案を承認した。

EU 各国の利害が衝突

 2008年のリーマン・ショック後に、ギリシャ、ポルトガル、スペイン、イタリアなどの南欧を中心とする国々を救済するにあたり、EU各国の利害が衝突した。
 こうした状況の下で、EUの各国金融機関に対して、EU、中でもドイツをはじめ、欧州中央銀行（ECB）はもちろんのこと、IMF、世界銀行、日本などから公的資金が投入された。

EU を批判する論客
八代尚宏国際基督教大学教授の「反グローバリズムの克服」

 EUといっても、もちろん一枚岩ではない。全体として、「規制経済学」といった意味の統制のとれた経済を目指しているが、これに対して、アベノミクスを推進する論客の八代尚宏国際基督教大学教授は、「反グローバリズムの克服」（新潮選書）第3章「米英型と独仏型の資本主義の違い」で、次のように考えを述べている。
 「ミシェル・アルベールによれば、ドイツの資本主義では、銀行借り入れに企業が依存する間接金融が主流で、長期継続的な取引関係を望む銀行による企業への影響が強い。
 企業経営は、株主の利益だけでなく、従業員・取引先等、利害関係者全体の利害を重視する。……
 他方、米英型資本主義では、企業は銀行からの借り入れだけでなく、証券市場で株式や社債を発行し資金を調達する。……経営者は株価を重視した経営を行う。
 ……1990年代以降、市場経済に移行した旧社会主義国の大勢は、相対的に雇用保障を重視し、銀行に資金を依存する独仏型よりも、雇用が流動的で株式市場を中心に資金を調達する米英型に近づいている」
 この分析は、極めて不正確である。独仏は、米国型ではないが、IMFと連携をとっているし、旧社会主義というよりも、北欧を中心とした社会民主主義的政治思想、あるいは市場経済に対する統治性（ガバナンス）が優位に立つべきだとする共有した理念と闘争の積み重ねをしているからである。

単純な「グローバリズムか反グローバリズムか」という、二者選択の問題にすべき次元の問題ではない。このことは、左派を自称する人達にもあてはまるが。

12. ギリシャの過去・現在・未来

(1) ECB（ヨーロッパ中央銀行）は、ギリシャに対して、ギリシャ国債の買い支えと同時に緊縮財政を迫った。具体的には
 1. 労働者の25%を占める公務員の削減と賃金の抑制
 2. 年金の支給開始年齢（ギリシャ55歳）引き上げと年金金額引き下げ
 3. 消費税の大幅な引き上げ
 4. 社会保障費抑制。医療費の個人負担増
 5. 公的企業の民営化・売却、構造改革
 などの実施を迫った
 こうした緊縮財政に対するギリシャ国民の不満によって、総選挙が行われることになった。
(2) 2015年1月25日の投票結果、EUの財政緊縮策に反対する野党・急進左派連合「シリザ」が36.3%の得票率で大勝した。シリザは300議席のうち149議席を確保し、第一党となった。一方、与党・新民主主義党は、得票率27.8%、76議席しか確保できず、第二党へ転落した。シリザのチプラス党首は、野党・中道右派「独立ギリシャ人」（得票率4.8%、13議席）とともに連立政権を発足させた。

 2012年6月から緊縮派の連立政権を率いてきたサマラス政権の緊縮策が、景気を後退させ、失業率も25%を超えたとして、反緊縮策を掲げて、EUに対決姿勢を強めた。

 チプラス首相はEUに対して緊縮策の緩和と債務減免を要求して交渉を続けた。

 一方、ユーロ加盟国は、付加価値税率は、現行の13%から23%に引き上げることなどを柱とした「（財政健全化の）規則と約束を遵守」すべきであるとしたが、交渉は決裂し、チプラスは、突然、7月5日にギリシャ

国民による「国民投票」を宣言し、これを実施した。
(3) ギリシャの2015年7月5日の「国民投票」の結果は、62.50％投票率で、
① ギリシャ議会（定数300）は、2015年07月23日、欧州連合（EU）から金融支援の条件とされた「構造改革関連法案」を賛成多数で可決した。
② この関連法案には、賛成が230、反対が63。チプラス氏率いる与党・急進左派連合から31人が反対票を投じ、5人が棄権したが、親EU派の野党が賛成にまわり可決された。
③ こうして、チプラス政権は、EU側から提起した「緊縮策」（構造改革）を受け入れ、ギリシャ議会で「法制化」した。このため、EU側は、金融支援を復活した。
④ ユーロ圏：第3次支援交渉開始で合意。ESM（欧州安定メカニズム）からEFSM（欧州金融安定メカニズム）に70億ユーロ（9,450億円）を「つなぎ融資」として「融資」して、このEFSMが、ギリシャに同額を直接融資した。
⑤ ギリシャは、この70億ユーロの一部で、当面の返済期限が来ているIMFとECBへ「返済」している。
⑥ ECBは、緊急融資枠を9億ユーロ増額した。
⑦ ESM⇒EFSM⇒ギリシャという「回遊」した形になるのは、ユーロ圏として、金融支援することでは、実質的に同じことだが、「主体」が違う形をとっている。
⑧ ESM（欧州安定メカニズム）は、欧州版IMFとも言われている。
⑨ つまり、ギリシャ問題で明らかになったのは、「経済的、金融緩和問題」という次元だけでなく「政治的問題」としてEUが対応していることを示している。（IMFも同様の対応をしている）
(4) 突然の解散総選挙9月20日、チプラス与党勝利
　チプラス首相は、8月20日、反緊縮の「公約を違反した」ことについて、総選挙によって信を問うと突然発表した。与党急進左翼進歩連合（149議席）のうち、40人が離反し、25人が反緊縮党を結成した。
　20日投票のギリシャ総選挙（一院制、定数300）の結果は、チプラスの率いる急進左派連合と連立与党の独立ギリシャ人党の両党で、過半数の155議

席を獲得した。最大野党の新民主主義党は、75議席にとどまった。反緊縮党25人全員は落選した。

この結果、連合政権が継続され、10月にあらたに始まるEUとの債務交渉も含め、基本的にこれまでの「緊縮政策」（構造改革）を継承することになった。

(5) ギリシャの赤字財政とEUとの関係の主な経過

ギリシャとEU加盟との関係で、歴史的にあらためて整理すべきポイントがある。

一つは、1974年軍事政権が崩壊して、民主的な選挙によって、30年間、新民主主義党と全ギリシャ社会主義運動の2大政党が政権を握った。両党で、80％を得ていた。

特にこの間、両党に影響力を持っていた労働組合の存在は大きい。加えて、クローズドショップの労働組合の影響もある。

　※クローズドショップ…当該労働組合員でないと採用してはならない。当該組合からの脱退または除名により組合員資格を失ったときは解雇される。

結果として、ポピュリズム（大衆迎合）、人気取りを意味した、党の息のかかった、かつ労働組合から守られた形で公務員採用が増えて、労働人口5人に1人を占めるまで膨らんだ。賃金は、民間の1.5倍という。

その他、間接税をはじめとする脱税の慣行と違法建築なども見逃されていた。

ところが、オリンピックを契機にバブル景気に浮かれ、結果として一層赤字が膨れた。

加えて、財政赤字のデータが数十年間にわたって改ざんされていた。2009年パパンドレウ政権誕生で、この改ざんが発覚した。

このことは、ケインズが言う「ハーヴェイロードの前提」＝「政治家は、有権者の反発を恐れ、人気取りをするため、借金（公債発行）を増やし、後世に支払わせる傾向がある」ことを意味している。このことは、ギリシャだけでなく日本にも当てはまる。

年代別の主な事項

1981 年　ギリシャ、EU 加盟。
1998 年　ECB（ヨーロッパ中央銀行）設立。
1999 年　ユーロ導入。19 カ国、参加、ギリシャは、2001 年参加。
　　　　なお、ユーロに入る条件はあるが、出る時の条件はなかった。
2004 年　アテネオリンピックで借金、70 億ユーロ（9,450 億円）。
　　　　バルファキス前財相「ドイツとフランスが最大の貸付だ」
2009 年　パパンドレウ政権誕生で、粉飾財政と財政赤字発覚。
2010 年～2012 年　EU、IMF は、総額 2400 億ユーロ（33 兆円）を金融支援。ただし、GDP　30％低下。失業率、25％に。
2015 年 2 月、EU など融資凍結。
同年 7 月　IMF への債務延滞。先進国では初めて。債務残高 42 兆円。緊急流動性支援。

ギリシャが抱える主な特徴と問題点

・貧困率は　ギリシャ 35％、EU は 23％。
・領収書など消費税をはじめ税システムがいい加減。
・GDP の 3 割が地下経済。
・失業率：25.6％。25 歳未満、49.7％。（2015 年 3 月時点）
・人口流出、2010 年以降、20 万人以上。
・地政学的意味　アフリカ、中東、東欧に接し、宗教、移民・難民問題。
・ドラクマ（かつてのギリシャ通貨）、信用ないため、復帰すれば激しいインフレになる可能性が高い。
・ギリシャ中央銀行は、2009 年債務問題が発覚してから、金（ゴールド）を直後に売ったが、4 年かけて買い戻している。（2009～2015 年）112.5 トン。（IMF データより）

年金と GDP との比較（OECD 統計 2009 年）

・日本……………………33.9％
・アメリカ………………38.7％

- ドイツ……………………43.0%
- フランス…………………59.3%
- ギリシャ…………………95.7%

EUの特徴的対応
① EUは、「平和と共存」を柱としている。
② 第1次大戦後、ケインズがドイツへの賠償金額が、過酷な負担になると指摘。そのことが原因で、戦争になると主張。ワイマール共和国は過酷な負担を軽減するよう訴え、戦勝国と交渉した。その後、国民的不満を利用して、ナチが台頭した。EUは、こうした歴史を教訓としてギリシャ問題に対応している。
③ 国家破産の国際法がない。　例）破産したからと言って、領土を取れない。
④ 他国との関係……リトアニアなどは、ギリシャよりも最低賃金が少ない。
　アイスランドなどのデフォルト（債務不履行）の場合、1〜2年は大変だったが、3年後リカヴァリー（回復）した。
⑤ 2015年末、スペイン、総選挙。イギリスは、翌年総選挙。ギリシャ問題が波及する可能性がある
⑥ EU、28カ国加盟している。財政赤字、3％以下であることが条件であった。
⑦ ロシア、パイプライン建設で資金協力申し入れ。ロシアは、ギリシャの40兆円を超す借金があるため、面倒を見る余裕がない。スペインぐらいの経済力しかない。中国も支援を訴えているが、アジアインフラ投資銀行（AIIB）の関連あり。
⑧ ユーロには脱退には、規則がない。
　EUには、ルールの見直しが必要だ。

日本とギリシャとの債務の比較

	債務額	対 GDP
日本（2016 年 3 月末）	1,035 兆円	205%
ギリシャ	42 兆円	180%

(6) ギリシャ、初の国有資産の民営化

　2009 年にギリシャ財政赤字が表面化してから、EU は支援をしているが、民営化が大きな課題だ。

　最大 860 億ユーロ規模に上る第 3 次ギリシャ救済策の一環として、8 月 19 日チプラス首相は一連の民営化の着手に合意した。

　ギリシャ政府官報によれば、国有資産の売却を監督する政府審議会は、ドイツの航空運営会社フラポートとギリシャの複合事業開発会社コペロウソス・グループの事業部門に対し、地方 14 カ所の空港運営権を認めた。契約金は 12 億ユーロ（約 1,645 億円）、期間は 40 年。

　今回の民営化計画によると、フラポートは契約期間が満了するまでに 14 億ユーロを投じて空港を改築し、年間保証リース料として 2,290 万ユーロを支払う。　　　　　　　　　　（2015 年 8 月 20 日　ブルームバーグ）

　なお、ここで注目すべきことは、ここで発表されている「運営権」とは、日本において 2011 年に改正した PFI 法の中の「運営権の譲渡」を意味する「コンセッション」とほぼ同じ内容であることだ。

中国のギリシャ「支援」の実態

　一方、EU とは別に大胆に進められている、これまでのギリシャに対する中国の支援の在り方を見ておきたい。今後のアジアインフラ投資銀行（AIIB）の在り方を暗示している。

　中国は、これまで 500 億円を投資してきた。中国の海のシルク道路という国家戦略で行っている。その特徴を列挙する。
・中国企業ユスコの賃金条件は、ギリシャと比べると 30 ～ 40％安い。
・月、16 日、12 万円の賃金。直接雇用せず、下請けの物流会社。5 つの孫請け会社に分けているため、労働組合をつくらせない。下請けなので、直

- 接文句を言えない。
- 1カ月24日間、土日、夜も働かせて、17万円。労災（機械が落ちてきて大けが）に対して、文句を言ったら、解雇された。
- 半分以上、中国が株を持つならば、港湾労働者・労働組合は反対し、2015年5月7日、24時間スト。海運大臣に面会して抗議した。
- 中国は、それでも2号、3号の港を700億円で買収、民営化しようとしている。

「中国企業の進出は、何をもたらすか、追いつめられるピレウス港労働者たち」　　　　　　　　　　　（ドキュメンタリー NHK WAVE 2015.5.10）

(7) キプロス危機を教訓としなかったギリシャ

　ギリシャは、唐突にして、ギリシャ問題を起こしたわけでないことは、上記(5)で述べた。加えて、ギリシャは、自国のデフォルト（債務不履行）が大きな原因となって、隣国キプロス問題を引き起こしていながら、これを教訓として生かしていなかった。

- キプロスはかつて銀行封鎖したことがある。40億ユーロの価値を5億ユーロで売却された。35億ユーロの利益を得た「債権者」がいた。
- この時、GDPの10%の資産が国外へ持ち出されていた。

キプロス財政危機とは

　繰り返すが、2009年、ギリシャで巨額の財政赤字の隠蔽が発覚して、財政破綻という危機的状況に陥った。この一連の流れと共にギリシャ国債の評価は著しく下落した。

　このため、キプロスの大手金融機関が保有していたギリシャ国債は不良債権と化した。

　キプロスの銀行の預金者には、ロシアをはじめとする諸外国の富裕者層が多く含まれていた。金融業によって立つキプロスの銀行が抱えた不良債権は、自国政府でまかなうにはあまりに大きな規模になっていた。このため、当然ながらキプロス政府は財政破綻を回避するため、EUなどに支援を要請した。

　キプロス政府は12年6月、欧州連合（EU）ユーロ圏諸国と国際通貨基金

(IMF)(これをトロイカと呼ぶ)に金融支援を要請した。銀行の救済に必要な金額は、国内総生産(GDP)に匹敵する約170億ユーロ(約2兆円)とみられた。

2013年3月、ユーロ圏諸国はキプロスに対して総額100億ユーロの支援を行うことを決定した。これによってキプロスの財政破綻は免れることとなった。

ただし、支援を受けるためには、キプロスが自国財源から58億ユーロを確保することが必要であるという条件が提示された。キプロス側は、財源捻出のため、銀行預金者に対して預金額に応じて強制的に課税した。

こうして、キプロスは、アイスランド、スペインなどとともに「債務不履行国」から脱却し、経済は回復傾向にあるという。

3章 非正規は正規を規定する

**アベノミクスの非正規に対する雇用政策は、
大企業正規社員と公務員を巻き込み、超格差社会を導く**

「非正規は正規を規定する」とは、今日の日本のグローバル化した資本主義が「負け組」の領域を超えて、「勝ち組」にも入り「超競争、超格差社会」に導くことを強く警告する叫びである。非正規雇用の在り方が、「勝ち組」の大企業の正規社員や公務員の分野にも侵入して、その雇用のあり方をどのように変えるのだろうか。

なお、ここで言う「非正規労働者」とは、「嘱託社員」「期間従業員」「パートタイム労働者」「臨時雇用・労働者」「派遣社員」「請負労働者」「アルバイト」の7区分とする。

賃金・雇用制度

1. 賃金について

(1) GNP（国民総生産）、GDP（国内総生産）、GNI（国民総所得）と賃金

GNP（国民総生産）は、1980年代頃までよく使われていた用語で、国内だけなく、外国に住む国民の生産量も含む国民経済計算の指標である。

GDP（国内総生産）は、外国資本も含め日本国内に住む国民生産が生み出す指標であり、今日多く使われる用語である。

安倍総理は、これらの経済指標に加えて、GNI国民総所得という用語を使い、「10年後に年収が150万円増える」と選挙で演説したが、正しくは、GNI国民総所得150万とは、国民一人ずつ150万円受け取れるわけではなく、その半分は、企業の所得・減価償却であり、他方、従業員の給与・年収は、残りの約75万円ほどである。安倍総理が間違うほど、簡単に国民の年収が

増える訳ではない。

(2) 80年代、90年代の春闘・賃上げ

80年代までは、「生産性を基準に賃金を決めていくルール」が労使間で形成されていたが、90年代半ば過ぎから始まったデフレが進む中で、「春闘は形骸化している」と組合員のみならず、経済・金融研究機関、マスコミも評価するようになっている。

経団連は、2013年までは「ベアは論外」として賃上げに否定的であったが、14春闘を前に、デフレ脱却を名目に賃上げの必要性を認めるスタンスに転換した。

経団連側は、賃金の持続的上昇を可能にするためには、次の2つのことが必要になるとしている。

一つは、企業収益の増加・生産性の向上を実現すること。

二つは、収益増・生産性向上を賃金増加に結び付ける仕組みを構築することである。

こうした考えに立って、経団連は90年代の長期低迷期に労働分配率が高止まりしたとして、新興国への生産移転を進めた。

この結果、労働側は、雇用維持優先スタンスを強める一方、使用者側は、非正規雇用比率を高めると同時に年功賃金の是正、及び賃金抑制を強めた。

(3) 14春闘と第2次安倍内閣

第2次安倍政権として、14春闘を前にして、政労使協議を急いだのは、同政権が誕生してから1年たって、アベノミクス3本の矢のうち、すでに放った2本の矢（大胆な金融政策、機動的な財政政策）の効果を「実証」する必要があったからでもある。

従って、「労使自治に任せていては賃上げのメカニズムは働かないために、政労使協議が行われ、……この結果賃上げにつながった」と評価する学者知識人やマスコミ関係者の考え方は意外に多い。

今後も、政府の役割は、労使の賃金決定に直接的に介入することではなく「場づくり」と「環境整備」にあるとして動いてくると予想されるが、他方、

1図　GDPと賃金水準の推移

賃金水準指数は、1997年＝100

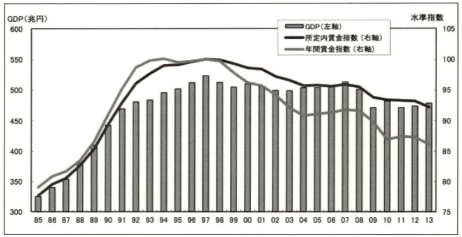

連合 2014年10月31日掲載（抜粋）

労働側として、アベノミクスによる高揚感のある状況から、経済の下降傾向へはっきりと変わってきた場合に、こうした政府の関与が、「労使が自主的に決着する」ことができなくなるという不安を将来に残した。

また、「雇用の流動化」がすでに進められている状況において、「雇用制度・労働条件の改悪反対の意見表明」をしても、規制改革会議、成長戦略会議などの場を通じて、政府、経団連側は一方的に「賃金と切り離して」進めるという傾向が強まっている。

1997年がターニングポイント

GDP 国内総生産と賃金水準のターニングポイントが同じ1997年ごろであったということは、決して偶然ではない。1998年以降、ふたつが互いに影響し合い、現在にまで続くデフレーションがつくられてきたわけである。

つまり「賃金水準の低下」は「消費の低迷」につながり、モノが売れないことで、物価は下落する。それによって「企業収益が悪化」し、「生産縮小」や「投資減」といった事態につながり、雇用面に影響が及び、「人員削減」や正社員が「非正規労働者」に置き換えられるようになった。

低賃金労働者が、増大することにより「賃金格差」が拡大し、結果として全体的な「賃金水準低下」がもたらされる。それによってさらに消費が低迷することになる。この悪循環は「デフレスパイラル」と呼ばれる。

GDPの6割が民間消費

本来であれば、この悪循環を断ちきり、消費拡大⇒生産拡大・企業収益改善⇒雇用拡大・賃金水準上昇という好循環をつくらなければならない。その鍵は、日本のGDPの約6割を占める「民間消費」にあり、「民間消費拡大のためには賃金水準向上が絶対に必要」というのが、今日の大命題なのである。

2013年来の賃金の動きを、厚生労働省の毎月勤労統計のデータを使って、月単位でみたのが下記の2図である。「所定内給与」に加え、時間外・休日手当まで含めた「決まって支給する給与」、賞与・一時金まで含めた「給与総額」の3つについて、前年同月比の数字を示している。

注目すべきは、所定内賃金の動きである。2014年3月までプラスマイナスゼロ近傍を上下していたものが、4月以降は継続的に上昇線をたどっている。7月の前年同月比は、所定内給与プラス0.6％、決まって支給する給与

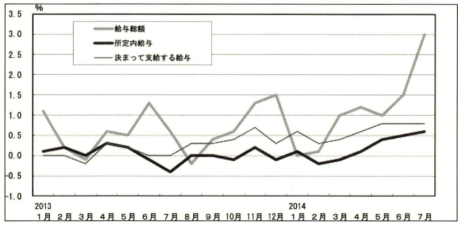

2図　平均給与額の前年同月比推移
　　　2013年～2014年　毎月勤労統計・5人以上規模・一般労働者就業形態計

プラス 0.8％、給与総額は夏季賞与が前年度比で大きく上昇したためプラス 3.0％である。

　この数字は消費拡大に直結するものであるかどうかといえば、不十分と言わざるをえない。

　14 春闘期において、6,921 の組合が要求を提出し、4,271 の組合が回答を得たが、4 月時点では約 3 割の組合は交渉継続している。

・回答額（組合員数加重平均）は、6,103 円、2.11％。昨年同時期を 1,103 円、0.37 ポイント上回る。

　また、300 人未満の中小組合では、回答額は 4,422 円、1.84％となり、引き続き交渉が行われている。

・一時金については、年間分の月数回答は 5.05 月（昨年同時期比＋ 0.48 月）、額回答は 1,575,150 円（昨年同時期比＋ 93,802 円）といずれも増額回答である。

・非正規労働者の賃上げは、時給で 12 円（組合数 208、昨年同時期比 38 組合増、＋ 1 円）というプラス回答であった。

(4) 労働生産性と賃金の推移（実質、マンアワーベース）
　　最近の賃上げの動きと実質賃金の評価について（抜粋）

内閣府マンスリートピックスNo.035　　2014 年 9 月 19 日
参事官付　坂本貴広、吉田陽一
※執筆者個人的見解とことわっている。

　政労使会議における共通認識の醸成の効果もあり、賃金引上げ率は 15 年ぶりの 2％台となり、連合「春季生活闘争」では、連合に所属する組合を対象に賃金の引上げ状況を毎年調査している。2014 年の定期昇給を含む賃金引上げ率は 2.07％となった。

　しかし、実質賃金は、2000 年以降継続的に下落し、2014 年までに実質賃金がおよそ 1 割減少している。一方で、家計最終消費支出デフレーターで除した実質賃金は、2000 年から 2014 年にわたり概ね横ばい圏内で推移している。

......近年、働き方の多様化により、パートタイム労働者や非正規労働者が大きく増加している。

......フルタイムの正規労働者が大半という雇用形態が、硬直的であった時代には働き口が見つからなかったであろう女性や高齢の労働者が、働き方の柔軟化によって労働市場に参入した影響も大きい。

こうした雇用形態の変化は、相対的に一人当たり賃金の低い労働者数の割合を増やすため、一人当たり賃金の全体平均を押し下げてしまう。

......雇用形態の変化が......一人当たり実質賃金の全体平均を押し下げてしまうことが明らかである。

※なお、野口悠紀雄氏は、中小企業と賃金との関係について、次のように述べている。「5年間ベアストップだったが、中小企業や非正規には厳しい。賃金が増えなかったから利益が増えた。原価の中に賃金が入っている。労働市場が決める。賃金は90年代から12％ほど落ちている。その原因は産業構造が変わっているからだ。

賃金が高い産業が縮小し、中小企業、福祉企業等が増えている。本来労使で決めることであり、経営者側が判断することだ。政府が関与するならば、最低賃金等についてもっと責任をもって引き上げるべきだ。」
（2014.2.9　TBS.日曜時事放談）

(5) 15春闘と第3次安倍内閣　政労使会議合意

2015年春闘に向け、安倍政権は2014年12月16日の政労使会議で賃上げに向けた合意文書をまとめ、「実質賃金の伸びがプラスとなる大幅賃上げ」への期待を表明した。ただし、今年は賃上げしたものの、物価の大幅上昇で購買力を示す実質賃金は、前年割れにとどまっており、中小企業は円安によるコスト増もあり、状況は厳しかった。

連合は、定期昇給とベースアップを合わせた賃上げ率は2.07％と、1999年以来15年ぶりに高い水準になったと発表した。

しかし物価の上昇分を加味した実質賃金は10月も前年同月比2.8％低下と、16カ月連続のマイナスとなった。4月に消費税率が5％から8％に上がった

うえ、円安による輸入価格の上昇もあり日用品が値上がりしたためだ。消費増税の影響を除いてもマイナス0.8％程度で、物価の上昇に賃金の伸びが追いついていない。

　日銀の見通しでは2015年度の物価上昇率は、生鮮食品を除く総合ベースで前年度比1.7％上昇する。これに追いつくには、2％ベアが必要だ。

　焦点は賃上げが中小企業に波及するかどうか。2013年の賃上げ率をみると大企業・中堅企業は2.12％だが、中小企業は1.76％にとどまった。

　2014年12月の日銀短観で大企業の今年度の経常増益率は1.6％と、前年度（35.0％）に比べ大きく縮んだ。榊原経団連会長は12月16日の会議後、「賞与・手当を含めた賃金の引き上げに最大限努力する」と語り、ベアへの言及を避けた。

実質賃金は3年連続減少、給与は4年ぶり増加なれど
　厚生労働省は2015年5月19日、3月の毎月勤労統計調査を発表した。

現金給与総額（1人平均）は、横ばいの27万4,536円、所定内給与は同0.2％増の23万9,475円、残業代などの所定外給与は、同1.8％減の1万9,776円。

　所定内給与と所定外給与を合わせた「定期給与」は、横ばいの25万9,251円で、同0.1％増から下方修正された。

　ボーナスなどは同0.5％増の1万5,285円で、同1.6％増から下方修正された。

　2014年度の実質賃金指数は、前年度比3.0％減と4年連続減少し、1990年度の統計開始以来、最大の下げ幅を記録した。現金給与総額は同0.5％増の31万5,984円と、4年ぶりに増加した。

2.　アベノミクスの「雇用の流動化」と法整備
ジョブ型、メンバーシップ型、限定社員、派遣法改正、「残業代ゼロ」

　裁量労働、ホワイトカラー・エグゼンプション（その後「高度プロフェッショナル制度」に継承された）という言葉が躍る。

　アベノミクスは、「雇用の流動化」をうたい、賃金と仕事の在り方を、ジョブ型正社員・限定正社員に切り替えていくとしている。このため政府の中で、特に2012年から2015年2月期までの間、「経済財政諮問会議」「規制改革会議」「労働政策審議会」そして「産業競争力会議」などで議論が重ねられていた。

　アベノミクスは、「オランダモデル」（第1章イラスト「竹中平蔵氏のギャグ？逆格差」及び第1章末の竹中発言参照）のように都合の良いところだけ、欧米の雇用制度・労働法制の名前を利用し、かつ、歪曲して日本の制度に取り付けようとしている。

　こうしたこともあって、「雇用の流動化」と「経済・金融」などの理論的整理については、マスコミや経済・金融学会のみならず、労働組合も含め混乱している。

　産業競争力会議などで、JILPT（独立行政法人労働政策研究・研修機構）の濱口桂一郎氏は、善意からジョブ型をメンバーシップ型（日本型雇用シス

テム）との比較で説明している。結果としてよくあることだが、アベノミクスのシンクタンクに利用され、まるで限定正社員推進者のように扱われている。

　ジョブ型正社員と限定正社員とは、「雇用の流動化」を推進する側からすれば、実質的には同じとみてよいが、ここでは、問題整理のため、下記のとおり表にまとめ、あえてジョブ型、メンバーシップ型、限定社員、派遣法、裁量労働、ホワイトカラー・エグゼンプション（その後「高度プロフェッショナル制度」に継承された）に分けた。

　そして、先に結論的に述べるならば、安倍政権が雇用制度の法的経済的問題の解決を求めていることに対して必要なことは、濱口桂一郎氏のように善意にジョブ型、メンバーシップ型と分けて、「学者的に」問題整理することではない。

　企業にとって都合の良い非正規労働者を拡大するために、従来の正規労働者中心の「終身雇用制」と言われてきた日本型雇用システムが根底から破壊されることに対して、その矛盾を明らかにしながら、どのようにあるべき雇用制度を法整備するのか、という一点を明確にすべきであろう。

　なお、一連の「雇用の流動化」の中、労働者派遣法改正法案は、2015年9月の通常国会で可決成立したが、「残業代ゼロ」等労基法関連改正案については、2016年1月以降の通常国会で継続審議されることになった。詳細は下記(4)(5)で触れる。

(1) 厚生労働省労働政策審議会　報告書

　2015年2月6日に開かれた労働政策審議会では、労働組合側が「長時間働いても残業代が払われない。長時間労働の歯止めがなくなる」と反対表明した。

　今後さらに対象を拡大することにより、長時間労働による健康破壊が進み、かつ、その管理監督責任を棚上げし、本人責任にする狙いが明確である。

　表にすると次の通り。

※下線部分は新たに報告書案に加わった項目

<table>
<tr><td rowspan="4">制度見直しで働き方はこう変わる</td><td>「残業代ゼロ」となる働き方の創設</td></tr>
<tr><td>
・対象者の年収は1,075万円以上で、<u>※かつ労働者の平均給与額の3倍相当程度上回る</u>
・対象業務は、アナリスト、コンサルタント、為替ディーラー、研究会開発など
・以下の①〜③からいずれかの措置を講じる
①終業と始業の間に一定の休息時間を設け、<u>※深夜に働く回数を制限</u>
②在社時間と社外で仕事した時間の合計に上限
③4週間で4日以上かつ年間で104日以上の休日
・希望しない働き手には適用しない
</td></tr>
<tr><td>裁量労働（企画業務型）の拡大</td></tr>
<tr><td>
・提案型の営業業務などを対象に追加
・<u>※対象者には深夜業の回数制限や労働時間の上限を設ける</u>
・行政機関への届け出や定期報告の簡素化
</td></tr>
<tr><td></td><td>フレックスタイム制の拡大</td></tr>
<tr><td></td><td>
・働く時間を定める期間の上限を1カ月から3カ月に延長し、仕事の繁閑期に応じて柔軟に設定できるようにする
</td></tr>
<tr><td></td><td>働きすぎ抑制</td></tr>
<tr><td></td><td>
・<u>※年5日以上</u>の有給休暇の取得が進むよう企業に義務付け
・中小企業の月60時間超分の割増賃金を25％から50％以上に上げる（2019年度から）
</td></tr>
</table>

（2015.2　労政審資料から）

過労死・過労自殺など労災認定の推移

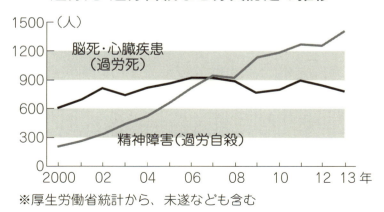

※厚生労働省統計から、未遂なども含む

(2) ジョブ型正社員（欧米型）とメンバーシップ型（日本型雇用システム）

　「ジョブ型正社員」という用語が、政府側から提案されたのは、2013年6月5日の規制改革会議の答申が初めてである。そのねらいは、これまでの主流をなしていた「日本型雇用システム」に「対比」「対立」した形をつくって、欧米型の雇用システムの都合の良いところだけ編集し、導入することである。

ジョブ型正社員は、労働時間、就職場所が原則限定される

　ジョブ型正社員は、職務、労働時間、勤務地が原則限定される。欠員補充で就「職」、職務消滅は、「正当な解雇理由」とされる。日本以外の国々で一般的な職務も労働時間も勤務場所も限定される場合は「ジョブ型」と呼ばれる。欧米では、ジョブ型就職といい、Job_Wage、（ジョブという言葉はここから発生している）、職務給ともいう。

メンバーシップ型は、使用者の命令で雇用形態がいくらでも変更に

　「メンバーシップ型」は、使用者の命令で雇用のあり方をいくらでも変えられる傾向が強い雇用のあり方をいう。企業という「共同体」のメンバーになるという意味で「メンバーシップ型」と呼ばれる。

欧米型で終身雇用、年功序列賃金が見直される

　いわゆる欧米型とは「今や、終身雇用、年功序列賃金を見直して、欧米のようにスキルアップしてジョブ型に変えないと駄目だ。職業訓練は充実する必要がある。解雇無効と判決が出た場合、事後的に金銭解決する必要がある」という主張に凝縮されている。

中小企業では、整理解雇4要件は形骸化して、解雇が自由に

　中小企業は、失業保険（雇用保険）に入っていないことが多いため、生活保護を受けるケースが多い。企業が最後までフォローすることができないために、労働審判制度によって国が介入することが多くなっている。

　また、中小企業では、一人で裁判などやれないので、泣き寝入りするケー

スが多い。労働審判でも金銭解決・和解が求められるケースが多い。中小企業では、特に整理解雇4要件は形骸化している。解雇問題で全国の労働局への相談件数は、年間約10万件、そのうちあっせん申請が約400件弱。そのうちの3割が金銭解決。解決金は約17万円。残りは未解決である。

とりわけ、中小企業では、限りなく解雇が自由である。

なお、裁判所の労働審判の解雇件数は、約2,000件。解決金は約100万円。裁判で争うのは、大企業に多く、中小企業は、各県の労働局へのあっせんがほとんどである。

2012年労働契約法の改正で非正規は正規になれるのか

1990年代以降、日本では非正規労働者が急増し、かつて2割以下だったが、今日4割を超えた。これに対処するため、2012年労働契約法が改正され、有期契約が反復され5年を超えれば、「無期契約」に転換できることになった。しかし、「無期」になることが、即「正規社員」になれることを意味しない。いわゆる「限定正社員」に条件づける「逃げ道」があるからである。

解雇しやすい、歪曲された「オランダモデル」を基調に

2014年以降、政府内の「経済財政諮問会議」「規制改革会議」「産業競争力会議」などでの議論が進むと、専門的なジョブ型について、有識者会議の中に「労働の流動化」として「解雇しやすい制度」に変えることを強調する意見が多くなってきた。このことが外部に出て批判されると、2014年後半では「解雇しやすい制度」ではなく「オランダモデル」のことだと、奇妙な「弁明」をして今日に至っている。

要するに、安倍政権は、欧米流の「ジョブ型」という言葉を前面に出して、EUの解雇法理をはじめとする「雇用ルール」を隠し、かつ、歪曲して「限定正社員」か、正社員でない「無限定正社員」かの二者択一を迫っている。

そして、有期労働や派遣労働の無期雇用について、「直接雇用」という名の転換制度の整備をすすめている。

しかし、同一労働、同一賃金を軸にした均等待遇・改善、最低賃金の引き上げ、失業給付、年金・健康保険等の社会保障制度の改善案等は、同時に提

案されるべきである。

アベノミクス、特に竹中路線の「雇用の流動化」のねらいは、非正規雇用の不安定、低賃金等を利用しながら、正規の雇用制度を変えることにある。アウトソーシング（外部化）やM&A（合併・買収）などを軸にした米国型のグローバル化に合わせることを意味している。

このため、日本の雇用や社会システムをいかに改革していくのかという方向性が見えないのである。「競争に勝つ」を第1の命題にすれば、EU（欧州連合）のような「規制」よりもアメリカ型の「規制緩和」に進むしかない。

つまり、表題の「非正規雇用は正規雇用を規定する」とは、こうしたことを指しているのである。

※オランダモデル

オランダモデルとは、政労使三者の合意（ワッセナー合意）のもと、「賃金の抑制」「労働市場の規制緩和」「パートタイムなど柔軟型雇用の普及促進」が三本柱とされた。

同時に、夫婦がともにパートタイムで働き、ともに家事・育児を担うという「コンビネーション・シナリオ」を導入した。

資料)

ジョブ型社員と思われる労働者の心情

JILPT コラム　研究員　西村　純

(1)　スウェーデンは、企業横断的な連帯は強く、また、雇用形態間の均衡処遇も進んでいる一方で、企業内においては職種間（特にブルーカラーとホワイトカラー）の階層化が見受けられ、それゆえ、企業内の連帯はそれほど強いとは言えない可能性があること。逆に、(2)　日本は、そうした類の階層は弱く、それゆえ、企業内の連帯は比較的強いと思われるが、その一方で、企業横断的な連帯は希薄で、かつ、雇用形態間の差も小さくはないこと。

　もちろん、日本といった場合の特徴は、大手企業の正社員ということになるのであるが、……かつて実施したスウェーデン現地調査の中で、スウ

ェーデン大手企業の組合代表が呟いた次の発言がある。「個人的には、日本の方が良いと思う…この国では、大学を出て大卒エンジニアとして新卒で採用されれば、仕事の経験がなくても、ラインで10年間働いた労働者よりも高い賃金を得ることができる。とてもとても良くないことだと思う。でもそれが事実なんだ」と。

　このように、職工間の格差が小さいという日本の企業内労働市場の特徴は、外国の労働者からすると羨望の的となっている場合もあるのである。スウェーデンの社員をジョブ型社員、日本の社員をメンバーシップ型社員とすると、ジョブ型社員の心情として、見逃せないものだと思われる。

　オランダ労働組合連盟（FNV）の代表者2人が、……オランダは、ジョブ型だそうなのであるが、日本を比較対象とすることで、自分たちの国のメリット・デメリットというものが、良く整理できたそうである。門外漢ではあるが、パートとフルタイムの均等処遇が進んでいると言われている国の当事者が、企業内における職種間の階層というものに理解を示したことが、印象深かった。　　　　　　　　　　（2014年5月16日掲載）

※なお、JILPT濱口桂一郎氏は、日本の正社員は「メンバーシップ型」として、「日本以外の国々ではフルタイム勤務、無期契約、直接雇用の3つを満たせば正規労働者である。……無限定、すなわち使用者の命令でいくらでも変えられてしまう雇用のあり方を、企業という［共同体のメンバー］になるという意味で［メンバーシップ型］と呼ぶ。……

　日本以外の国々で一般的な職務も労働時間も勤務場所も限定される［ジョブ型］と対比した。メンバーシップ型正社員には職務限定の権利もなければ、時間外労働拒否の権利もなく、遠距離配置転換拒否の権利もない（いずれも最高裁判所の判例）」と見解を述べている。（2013年11月5日付官邸資料、濱口桂一郎「ジョブ型正社員と日本型雇用システム」nippon.com）

(3) 限定正社員
「正規」と「非正規」の間に「限定正社員」を置く

規制改革会議は、「正規」と「非正規」の間に「限定正社員」とういう、あらたな「制度」（身分）を設けることを、当初2013年6月にまとめる予定であったが、「選挙を有利にするため」との見方が出る中で、参議院選挙後に「成長戦略」の中に盛り込むことにした。

その「利点」は、非正規社員に安定してもらい、子育てや介護と両立して働けるなど、転職市場の拡大として、これまで以上に女性を活用できるとしている。

かつて、バブルが破綻してから、いずれ景気が回復して、以前の終身雇用の企業に戻れると、「労使」は考えていた。しかし、正規社員では雇えず、結果として、非正規社員は全労働者の40％以上に伸びて、その中、若い人は半分近くになっているという問題について産業競争力会議では、「解決する方法」として、限定正社員制度を導入する方向でまとめようとしている。

経営側は、雇用保障の度合によっては、反対に回ると言われている。このため、政府に新たな「雇用ルール」を体系的に示すように求めている。

一方、連合は、「解雇しやすい働き方が広がる」ことに懸念して「反対」する旨の見解を出している。連合は、「労働者保護ルールの改悪を許すな！2014年5.24緊急集会」を開催し、「安倍政権は、解雇ルールについて、金銭解決制度や限定正社員（あるいはジョブ型正社員）といった形で議論を進めている。成熟産業から成長産業への労働移動の促進」といっているが、その狙いが、「企業側の都合による解雇を自由化しようとするものである」として抗議した。

限定正社員の「限定」とは

限定正社員とは、「異動しない、したくない社員」として位置付けられていて、
・賃金は1〜2割程度低く抑えられる。
・接客のみ、ITのみ、運転や現業系に限るといった、仕事の内容が限られる場合もある。

・職種（仕事内容）を限らず、地域だけに限定する場合もある。
・地域を限定した正社員として働いても、その地域の「支店」「工場」「支社」が「経営上」等の理由で、閉店、縮小整理・移転することになれば、本社、本店、子会社等の関係組織が例え経営上黒字であっても、いつでも解雇することができる。
・ジョブ型正社員ともいわれる。

　こうした従来の日本の雇用制度からすると「変則的な」労働契約が多くなることを意味している。

「有期雇用」が「無期（限）雇用」になっても「正社員」ではない？

　「無期（限）雇用」を希望しているのにもかかわらず、「有期雇用」を希望するかのように、アベノミクス、使用者側から受け止められる。ここには「労使問題」という範囲を超えて、社会のあり方が問われている。

　昨年から、「人手不足」のため、喫茶店チェーンなどで、「有期労働者が望めば、無期限（限）になれる」ケースが生まれている。しかし、それが、正社員かと言えばそうではない。

　あらためて、その社の「正規社員」になるための面接や試験に合格しなければならないからだ。ここでも、その法的整備が急がれている。

雇用の不安定化は、消費が低下し、経済も停滞し、社会保障費の負担が増加する

　グローバル化が進むと雇用の不安定化が進み、政府は社会保障などの支出を増やさざるを得ない。このことによって、「大きな政府」とならざるを得ないことをEUは立証している。

　また、ILO（国際労働機関）は、2015年5月19日、「正規雇用と非正規雇用の賃金格差を是正すれば、3兆7,000ドル（約440兆円）の経済効果があると発表した。

　ILOはフルタイムで継続雇用されている労働者を「正規労働者」として、それ以外のパートなどを「非正規労働者」と定義している。（※この点でも連合よりも単純明快である）そして、非正規の正規労働者化は、世界の

GDP 国内総生産を 3.6％押し上げるとみているという。

(2015 年 5 月 20 日　日経)

多産多死の社会だからこそ活力が生まれる？
　一方、「雇用の流動化」を正当化する使用者側の説明として、孫泰蔵（ソフトバンク孫正義の弟）モビーダジャパン社長は、「シリコンバレーでは毎年 17,000 社が起業し、13,000 社が廃業している。廃業したものは新しい企業に回るようになっている。多産多死の社会だからこそ活力が生まれると考える」と述べている。この考えが、雇用の流動化のイメージを表している。

(テレビ東京—カンブリア宮殿　2013 年 4 月 4 日)

野党の限定正社員についての考え方
　野党の限定正社員についての考え方として、民主党、社民党は反対。みんなの党（当時）は、金銭解決すべきで、同一労働同一賃金という考えを原則として、雇用調整基金を設け、消費税の値上げ分、非正規公務員も含めて公務員人件費を 2 割削減すべきだと表明した。みんな、維新、自民党は成長産業への労働力移転を主張。民主党、社民党は解雇条件緩和反対。
　一方、総務省は、2014 年 7 月 13 日に「非正規社員は 38％占める。（比較可能な統計）昭和 57 年以来、最悪である」と発表した。

※ユニクロ、限定正社員 16,000 人採用
　2014 年 3 月 18 日、ユニクロ＝ファーストリテイリングが、パート・アルバイト 16,000 人をこの 4 月から正社員に登用すると発表した。日本郵政の 4,700 人やスターバックス、三越伊勢丹、西友、ディーゼルジャパンなどでも同様の動きが出ている。
　なお、非正規労働者を正規社員として採用する企業が、2014 年から散見されるが、労働力人口の減少の波をまともに受けて欠員が生じないように「先取り」していると思われる。また、非正規では採用に応じない傾向が起きているからだと関係者は言う。

(4) 2015年労働者派遣法改正案が成立、人を代えれば無限に派遣労働者で

1985年の労働者派遣法成立以来、30年間、「臨時的・一時的業務に限る」「常用雇用の代替としない」とする原則を破って、労働者派遣法改正案は、自民、公明などの賛成により、9月11日、衆議院本会議で可決成立した。施行は、当初9月1日であったが、9月30日となった。39項目に上る付帯決議も採択された。ただし、法的拘束力はない。

与党は、「条文の事務的ミス」後、2度目となった労働者派遣法改正案を2015年4月から施行したい意向であったが、2014年11月21日の衆議院解散に伴い廃案となったため、今回で「3度目の正直」であった。

2015年派遣法改正案の問題点

この改正案の施行にあたり、厚生労働省の下に「具体的なルールづくりを話し合う審議会」においても、相変わらず限定的なものであり、問題点については、次の通りである。なお、この3章末に資料(6)として派遣ユニオンの関根書記長のインタビューを掲載しているので参考にしていただきたい。

■専門26業務という縛りが無くなり、全ての業務が派遣または非正規への道開く

専門26業務という縛りが無くなり、すべての業務について3年を上限とするが、すべての業務が人さえ代われば、可能となる。

「上限の3年」から延長して派遣労働の「人（担い手）が代わる」時に「労働組合への意見を聴取」することになっている。しかし、使用者側は「意見を聞く」だけであり、例え「反対され」ても、労働組合の意見に従う義務はなく、他の派遣社員に代われば「違法」とならない。

このため、全ての業務が派遣業務、あるいは非正規労働に代えられる道が開かれた。

また、これまでの専門26業務で働いていた50万人の「無期限」派遣労働者が、解雇される可能性がある。この50万人の派遣労働者の8割は、女性であり厳しい環境にあることが無視されている。特に女性の出産と（男性も含めた）育児に関する特別な処遇について改善措置が行われていない。

IT業界は、かなり労働集約的な世界であるが、中小企業の中に企業向けシステムの開発をしていることが多い。この分野に大量の派遣社員が低コストで働いている。

■派遣会社が「派遣先企業への直接雇用を求める」とは？

　派遣会社が、派遣先や他企業に「働き口」を紹介しても、実質「お願い」であり、勤務先が遠距離であったり、賃金が大幅に低下するなど、本人が飲めない条件を提示されることが多いだろう。例え、勤務できても「経営上の都合で」雇い止めとなる可能性があり、その「解雇」は「合法的」となる。

　また、派遣先の中で課単位の異動をもって、「新たな職場を紹介した」ことになり、同じ派遣先の職場で「定年」まで働いても、正規よりもはるかに劣悪な労働条件が固定化される可能性が高い。派遣先の責任制が曖昧である。

■教育訓練も「派遣会社任せ」で基準もない

　教育訓練などを派遣会社に義務付けるとしても、性質・内容が著しく低い、「形式的」といった問題が起こる。厚労省は、施行される9月末でも「年8時間以上」程度しか考えていない。派遣会社に任せるのでなく、社会的に統一的な基準で行うべきである。また、「義務」とは実質的には「努力目標」であって、処罰を含む法的規制ではない。

■派遣労働者が、派遣先に要求できるように、労働組合の在り方も改善すべきだ

　派遣先と派遣元・派遣会社との間においても、また、派遣先の正規労働者との間でも「均衡」ではなく「均等待遇」のために法的裏付けのある改善・法改正を今後も続けるべきだろう。

　過半数労働組合等の意見を聞けば、3年を超えてもよいとすることは、第5章で述べるように、派遣労働者を含む非正規労働者の声を反映するように労働組合自身が自らを変革すべきだろう。これまでもほとんどの労働組合が非正規の意見や要望を反映するような取り組みをしていなかったということが弱さの表れではないか。

非正規は正規よりも下、あるいは正規社員・公務員中心の労働組合からは「外側」という位置づけになっているのではないか。

派遣労働者は、不満があれば、雇い主の派遣元・派遣会社に訴えるしかない。派遣先の労働組合にも入れないことが多い。結果として、派遣会社は、雇用・労働条件について派遣労働者が「本人同意」したとして「自己責任」とする。「違法でない」と自らを正当化する。繰り返すが、「労使間」で解決するのには限界があり、社会システムの問題なのだ。

■ EU、独仏、北欧に学べ、「派遣法」と「一時的・臨時的な労働」

ドイツでは、派遣を無制限にしたら、派遣労働者は2.5倍も増えたために、格差が広がった。このため、2011年に「派遣法」を「一時的・臨時的な労働」に限ることにした。この結果、派遣労働者は増加せず、社会保険義務のある正規労働者が増加している。

フランスでも、一時的なものが原則で、派遣が可能な場合、原則18カ月とされ、例外的に24カ月が許されるに過ぎない。

こうした先進的な事例を教訓とした形跡が今回の改正案ではみられない。法的な拘束力がない付帯決議に、名ばかりの反映がされている。例えば、3として、「**欧州**において普及している協約賃金が雇用形態間で基本給格差を生じにくくさせている機能を果たしていることに鑑み、我が国においても特定最低賃金の活用について**検討**を行うこと」と述べている。

日本では、労使ともにEUから学びながら、「検討」ではなく、法的性格をもった「協議」をはじめるべきだ。また、労働組合は、組織率が低いという実態を踏まえ、その「代表性」について、自己変革すべきことを職場のみならず世に問うべきだろう。(この件について詳しくは5章で述べる)

■ 同一労働同一賃金推進法案は、後退した内容で可決された

なお、労働者派遣法改正案の付帯決議では (1)労働者派遣法の原則 (2)労働者派遣事業 (3)期間制限 (4)雇用安定措置 (5)派遣労働者の待遇——など8分野39項目を、同一労働同一賃金推進法案の付帯決議では (1)均等・均衡待遇規定の整備 (2)マージン率に対する国の関与のあり方——など11項

	該当人員と割合	平均月給
非正規労働者 　男性労働者全体の22% 　女性労働者全体の56%	1,973万人 37.6%	（男）　222,200円 （女性については不明）
正規労働者 　男性労働者全体の78% 　女性労働者全体の44%	3,271万人 62.4%	（男）　343,200円 （女性については不明）

総務省 2015 年 3 月

目について採択された。このうち民主、維新、生活の3党による「労働同一賃金推進法案」については、当初「待遇の均等の実現を図る」となっていたが、自公と維新によって「均衡」と修正され、可決された。これで、実質的に「同一労働、同一賃金」から後退した。

　竹中平蔵氏らの「同一労働・同一賃金」を「非正規」のレベルに合わせるという、逆さまのオランダモデルを進めることになるのではないか。86％の派遣労働者の年収は300万円である。

　ちなみに、改正労働者派遣法案が可決されると、竹中平蔵氏が会長をつとめるパソナの株が6％高となり、他の人材派遣企業も7％上昇した。

■**正規と非正規との格差は広がっている**

　派遣労働者は、約120万人（約2％）と、労働者全体の中では少ないが、今回の法改正で飛躍的に伸び、非正規の中でも多数・主流となり、結果、非正規労働者の総数は、正規労働者を上回るのではないか。まさに、「非正規は正規を規定する」のである。

(5)　「残業代ゼロ法案」等労働基準法関連改正法案は継続審議

　政府・自公は、労働者派遣法改正案とともに、「残業代ゼロ法案」等労働基準法関連法案についても、2015年9月までに成立させたい意向であった。しかし、安保関連法案を最優先することによる混乱もあり、2015年秋の臨時国会へ継続審議となった。

　この稿については、2015年9月の段階で提案されている範囲での「残業

代ゼロ法案」等労働基準法関連法案の内容について、問題点を述べる。

裁量労働、高度プロフェッショナル制度（旧ホワイトカラー・エグゼンプション）とは、本質的には、「労働時間にあった賃金を支払わない。サービス残業を自己責任にする。労働者を際限なく過労死の方向に進めておきながら、使用者側の責任を問わない社会システムを確立する」ことを狙っている。安倍政権は、この法案を、翌16年の通常国会で継続審議されるといわれている。

内容の違いもあり、4つに分けて整理する。

■裁量労働

厚生労働省は、2015年1月あらかじめ想定した（みなした）労働時間に応じて賃金を支払う「裁量労働制」について、対象業務を一部営業職に拡大することを労働政策審議会の報告書に盛り込んだ。また、働いた時間でなく成果で賃金を支払う「残業代ゼロ」となる研究職などの対象職務を追加した。

a．事業場外労働……（事業場外で業務に従事し、労働時間の算定が困難な業務）
　外回りの営業、在宅勤務
b．専門業務（クリエイティブな業務や、専門的業務）
　編集者、デザイナー、プロデューサー、弁護士、公認会計士など
c．企画業務
　事業運営に関する企画・立案・調査・分析業務など
　（シンクタンクやコンサルタント業務）
d．IT技術者（システムエンジニア）

裁量労働制を取り入れた企業の社員へのアンケート

ここに、注目しなければならないアンケート結果がある。

裁量労働制を取り入れた企業の社員へのアンケートでは、約7割〜8割が満足、またはやや満足と答えている。（JILPT 独立行政法人労働政策研究・研修機構　2014年年6月30日）

しかし、このアンケートの「裏側」にある実態……子育て、少子高齢化社

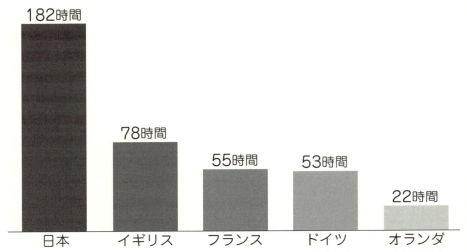

年間残業時間の国際比較(全産業平均)

European Foundation for The Improvement of Living and Working Conditione, "Working time development 2005"、厚労省『毎月勤労統計調査2013年確報』などから作成

会、福祉・医療制度の不備、正規社員が子育てなどで一度退職すれば、同じ職場に復帰できないという日本の遅れた福祉や教育、社会保障、雇用制度などの社会システムや法制度の不備などについての分析がなされていない。

　それにもかかわらず、安倍政権は、このアンケート結果を理由に一気に改正を進めようとしている。

■高度プロフェッショナル制度
　～　ホワイトカラー・エグゼンプションを引き継いで　～

　今回提案されている「高度プロフェッショナル制度」とは、2007年に管理職手前の人を対象にしたホワイトカラー・エグゼンプション（WE）が、世論の猛反発を受けて国会上程されなかった経過を無視して、名前を変えただけの「労働時間規制の原則を適用除外する」制度である。

この新制度は、深夜労働にも歯止めがかからない

この新制度は「残業代ゼロ」と言われているが、長時間働かせて、労働者の時間を際限なく奪うことができ、割増賃金を払う必要もなく、労働者の時間を支配できることにねらいがある。

使用者には、本来、労働者の命と健康を守る安全配慮義務がある。しかし、新制度では、労災の過労死認定基準である毎月80時間以上の時間外労働を命じても合法となる。対象者が働きすぎで過労死しても、使用者の責任を問えないことになる。

「柔軟な働き方」として、前述したように、「裁量労働制」や「フレックスタイム制」などがある。これに該当した人はすでに5割を超えている。

残業がなくなるかどうかは、業務量によるのである。

新制度では「本人の同意が必要」とされているが、これまで36協定に基づく協議を行っても、残業を拒否できるというのは極めて困難である。当人の昇給、昇格に影響すると思われるからである。

また、新制度が、採用時の労働条件となってしまえば、これに合意しなければ就職もできないことになる。

このため新制度は、過労死を助長することに変わりはない。

そもそも労働基準法は、法定労働時間（1日8時間、週40時間）を定め、使用者は原則として法定労働時間を超えて労働させてはならないとする労働時間制は、世界標準・スタンダードであり、「競争」する以前のルールである。

新制度は、こうした世界の標準や常識に反するものである。

■厚労省審議会法案要綱答申　「残業代ゼロ」へ
　労働時間でなく成果で…労基法改正案を閣議決定

安倍政権は2015年4月3日に、成長戦略の目玉の一つとして「働いた時間ではなく、成果に応じて賃金を決める」「脱時間給（高度プロフェッショナル）制度」を柱とする労働基準法改正案を閣議決定した。

現行の労基法は、深夜・休日勤務の場合、残業代や割増賃金を支払うことを義務づけているが、「脱時間給制度」はその例外となる。対象者が不利に

ならないよう、「本人の同意がなければ適用しない」としている。また、企業に年104日以上の休日を確保させるなどの健康管理措置を義務づけるなどの健康管理に配慮しているとしている。

　政府は、年収1,075万円以上で、為替ディーラーやアナリスト、研究開発職などの高度な専門業務への適用を想定している。年収要件や対象業務は法案成立後、省令で定める。省令改正で「安易に対象者を広げることを防ぐため」として、改正案では、年収要件を「平均給与額の3倍を相当程度上回る」と明記した。厚生労働省によると、昨年、会社員の平均給与額の3倍は940万円程度だった。

　また、改正案は、労使で決めた時間より長く働いても追加の残業代が支払われない「裁量労働制」の営業職などへの拡大も含まれる。

　塩崎厚労相は「年収要件は設けないが、企画立案能力を持った人で、対象者は絞られる」と説明している。しかし、「企画立案能力」は今日のIT化の普及により、特定の範囲に限られず、多数の労働者が対象となる可能性が高い。

　また、今日の労使の力関係のみならず、（過半数）労働組合・労働者代表が存在しないなどにより、事実上の一方的な「命令」によって残業が行われている実態があるため、日本全体がブラック企業化する恐れがある。こうしたことにより、労働基準監督官の過半数が、「労働強化につながる」として反対している。

(6) 自民党の差別を助長する外国人労働者・移民政策

　2014年6月24日、「アベノミクス三本の矢により始まりつつある経済の好循環を一過性のものに終わらせず、持続的な成長軌道につなげるべく」日本再興戦略・改訂2014を閣議決定した。

　ここで問題にしなければならないのは、外国人労働者や移民について、現在の非正規労働者を差別化している状況の延長線上で「労働人口の不足」をまるでモノのように穴埋めをする発想が繰り返されていることである。

　今回の改定版は、7年前の2008年「外国人材交流推進議員連盟」（中川秀直会長・当時）の「移民1千万人構想」が、福田内閣（当時）に報告された

が、これを継承して「改定」したものである。
　経団連は、2008年には、この（前回の）報告を受け「総合的な日本型移民政策を検討すべき時期に来た」と提起していた。
　しかし、今回の改定版の「雇用」の項では「外国人労働者、移民の検討が必要となる」と明記しながら、その具体的内容を明記した「10の挑戦」の「8．外国人が日本で活躍できる社会へ」では、「移民政策と誤解されないように配慮」したと全く矛盾しており、移民政策を表にしないで進めようとする公正性の欠いたものになっている。

外国人技能実習を3年から5年に延長しても予算措置が不明

　外国人技能実習を3年から5年に延長する一方、介護や家事支援などあらかじめ分野を定めるなどの差別性は助長されている問題について、対策が取られていない。
　例えば、「2014年に外国人の技能実習生2万5千人が失踪……過酷労働の悲劇」（2015年3月7日　産経新聞）といった問題が起きているが、その後も法的な措置がはかられていない。
　こうした外国人技能実習生の問題と移民政策とをわざわざ切り離している。
　移民への道が、オープンに討議するプロセスが全く明らかにされていない。
　また、外国人労働者、さらに移民に対しては、日本の社会に平等に生きる権利を保障するために、日本人以上に社会保障、教育、医療、その他、地域生活で平等に生活できるために多くの保障、補助が必要となるが、具体的予算措置は不明である。

資料　技能実習生突然姿消す

　徳島県で、中国人の技能実習生が突然姿を消した。仕事は、衣類縫製で、勤務時間は、8時20分〜17時で、日給2,742円。時給は、340円であった。
　全国の技能実習生の4割（38.4％）が、1年以内に失踪している。平成22年では、21.5％だった。
　現在16万人の技能実習生がいるが、職場を替えることは、原則禁止している。

北九州市のある建設会社では、日本語研修を行い、費用は会社負担している。しかし、1年後失踪している。こうしたケースは絶えない。転職は農業が多い。

　制度として、転職を認めるようにすべきではないかと、首都大学東京、円野清人教授は問題指摘している。また、技能実習生制度は、20年前に創設されたが、実態にそぐわないと述べた。　　　（2015.6.11　NHKニュース）

EUの移民、難民受け入れ政策から学べ

　EU（ヨーロッパ連合では「共通移民政策」に基づき「長期滞在外国人、職業訓練生、学生、非合法移民」等々について総合的な政策を確立するために、与党はもちろんのこと、野党、労働組合、自治体、各市民団体、地域などのレベルで積極的に話し合いを積み重ねている。加えて、最近拡大しているシリアをはじめとする中東、アフリカからの難民に対する支援や受け入れについて、混乱しながらも真摯な対応を始めているが、EUから日本は学ぶべきだろう。

　並行して、日本の非正規労働者に対して、いわゆる「自立して生活できる（親や親族から経済援助してもらわない）」賃金と雇用制度、社会保障制度などの確立をすべきであると、この冊子でも繰り返し述べたが、このことの無策を棚に上げたまま、あらたに外国人労働者、移民を「非正規労働」の「範囲」にあらかじめ組み入れ、「正規」の範囲に及ばないようにする差別があってはならない。

　そもそも、少子高齢化社会を口実とした「労働人口穴埋め論」は、日本の社会をGDP（国内総生産）第一主義、あるいは競争主義という目標・価値観を絶対とする考え方が前提となっている。

　EU（ヨーロッパ連合）、北欧のような「雇用制度、社会保障、教育、福祉の制度が安定し、幸福な人生を楽しむ」社会を目指すのでなく、「競争と格差拡大」のアメリカ型にアベノミクスが舵を切っている。

3. 厚生労働省、規制改革会議などの雇用に関する対応

(1) 産業競争力会議は、2013年5月に「解雇ルール」を見直し、民間部門では、「不当解雇の金銭解決」などを議論する方向で進めていると発表した。

ただし、2014年9月臨時国会などで、さらに具体的な内容が明らかにする予定であったが、解散総選挙のため中断した。議事録では次のように明らかになっている。

……〈3〉いままでパート労働者は、何度も契約を結んだ場合でも雇用ルールはなく、契約更新を繰り返していても、企業から突然雇い止めされる不安があった。

これが無条件にパート社員の方から申し出るだけで　無期限の雇用契約になるのだからパート労働者にとってはまちがいなく改正であると思われるが、ここであらためて改正された法律のポイントは次の三つである。

① これまで「転職」の際に活用されていた「雇用調整助成金制度」を廃止する。
② 終身雇用の「成熟産業」から成長戦略政策によって介護福祉、再生可能エネルギー、医療などの「成長産業」に雇用移転、移動することを目指すとしている。
③ これまでの「雇用調整助成金」を「雇用移転」（転職）の際の資金に回す。

というものである。

このように行われれば、「失業なき雇用の流動化」が進むとしている。

こうした理論的リードをしているのが、竹中平蔵慶大教授と八代尚宏国際基督教大学教授である。

ここには、セーフティネットが脆弱であるため「成熟産業」から解雇され、「負け組」に組み入れられたら、際限なく「解雇」の不安におびえるという、労働者の心理や精神などについての配慮が全くない。うつ病や自殺者が増加するのではないか。

言葉では「成熟産業」から「成長産業」へ「移行」させるというが、前の企業で「余剰人員」が生まれれば「首切り」して「新しい企業」に容易に移籍させることを意味する。
　しかし、例えばTPP参加によって、一層の企業間のM&A（吸収合併）が飛躍的に進行するが、（日本版）TUPE（事業譲渡と雇用保護法案）などがない日本では、「余剰人員」が多く生まれ、その分「解雇」が進むだけのことである。
　運良く「成長産業」へ「移籍」されるかどうか、それとも解雇されるかは、使用者側の腹一つで決まってしまうことになる。
(2)　当初「解雇特区」と言われた「解雇ルール」を見直しをする「特区」案については、弁護士、会計士など専門職に限定することに「限定」することになっていたが、2013年10月4日に政府有識者部会で「見送り」となった。今後、特区でなく全国的に、統一的に「解雇しやすい」基準を策定すると思われる。

【特区案の概要】
　国家戦略特区とは、地域を絞って雇用や農業分野を含む岩盤規制を緩め、経済を活性化する構想で、外国企業の誘致などに不都合な規制を外すねらいがある。当初案では、
(1)　解雇ルール、労働時間法制、有期雇用制度が見直し対象とされていた。解雇ルールについては、労働側と企業側がともに反対しており、政府が雇用契約の指針をつくり、企業に助言するという妥協案となった。
(2)　2013年4月1日施行の改正労働契約法により「有期雇用が5年を超えて更新された場合、無期雇用転換申し込み権付与（18条）と有期雇用を理由に不合理な労働条件の禁止（20条）」が適用された。しかし5年の直前で雇い止めが多くなる可能性が予想される。
(3)　日本や世界の経済の将来を話し合う国際会議「ラウンドテーブル・ジャパン」が・2013年6月15日まで東京都内で開かれた。規制改革会議の大田弘子議長代理（政策研究大学院大学教授）は「解雇の金銭解決の議論をすぐに始めるべきだ」と述べ、2013年秋にも再開する会議の論点として

取り上げる意向を示した。

人手不足であわてて正社員化する企業続出

一方で、企業側では、正規雇用化を図るケースも散見される。例えば、2014年にスターバックスは契約社員800人を正社員にした。

しかし、その理由は、景気回復による人手不足の解消と、少子化による若年世代の減少に加え、主婦パートの獲得も困難になってきているためである。

使用者にとっては、仮に時給1,000円のバイトを法定労働時間（月間160時間）で雇えば年間200万円以下の支払いですむが、正社員は定期昇給とボーナス加算で年齢とともになだらかに給与が上昇し、55歳前後に年収は800万円に達する（全国消費実態調査、勤労者世帯）。そうなれば、経営を圧迫すると、相変わらず「説明」がある。

このため、不景気が続き、機械化・ロボット化がすすめられた場合、スターバックスやユニクロなども、非正規を拡大・固定化することが想定される。

4. 官製ワーキングプア

官製ワーキングプアの問題については、民間の非正規労働者と比べて、あまり目立たなかったが、民間と同じように、国・地方ともに3割を超え、4割へ届こうとしている。

公務における非正規労働者の実態は、法の適用などでは民間よりもルーズで、長い間「慣行」として続けられていた。

「有期公務員」であるために、民間の有期契約労働者と比べて、労働契約法が適用されず、「民間並み」以下となっている。

平成24年8月の改正でも、労働契約法現20条（旧19条）は、「国家公務員及び地方公務員」を労働契約法の適用除外と明記している。

この「公務員は、労働契約でなく任用によって採用されている」として、実態からかけ離れている。この「公法、私法峻別論」は、民営化の際限のない拡大によって法理論的にも破綻している。

具体的問題について、「ワーキングプア研究会」による総務省通知の問題

点を紹介するとともに、筆者がこれまで職場交流をしてきた中で、象徴的な実態例を紹介する。

総務省の「臨時・非常勤職員及び任期付職員の任用等」新通知についての問題点

⑴ **総務省の「臨時・非常勤職員及び任期付職員の任用等」についての「新通知」**

　総務省は2014年7月4日、「臨時・非常勤職員及び任期付職員の任用等について」(以下、「新通知」という) を自治体や人事委員会などに通知した。「新通知」の主な内容は、つぎのとおりである。
① 職務の内容が補助的、定型的な労働者性の高い非常勤職員は、地方公務員法第三条特別職でなく、同法第17条一般職非常勤職員として任用すべきである
② 時間外報酬や交通費（費用弁償）については適切な取り扱いとすること
③ 地方公務員法上の非常勤職員として任用したとしても、地方自治法上では常勤職員と判断される場合（判例）があること
④ 任用と任用の間に空間期間をおいたとしても、実態として継続勤務である場合、年休付与及び社会保険等は継続したものとして取り扱うこと
⑤ 同法第17条の一般職非常勤職員には、地方公務員育児休業法、同育児介護休業法が適用されること
⑥ 一般職の臨時・非常勤職員には、研修や厚生福利に関する規定が適用されるので、適切な対応を図ること
⑦ 再度任用された場合、任用と任用の間に一定期間（空白期間）をおくことを求める法的根拠はないこと
⑧ 再度任用された場合、異なる職への任用であるから報酬額を変更することはできること
⑨ 短時間だけではなく、フルタイムの任期付職員制度も積極的に活用すること

(2) 「新通知」の主たる目的はなにか

　新通知の最大のねらいは、任期付職員の採用を促進することにある。

　臨時・非常勤職員の受け皿として、これまで任期付**短時間**勤務職員のみを想定していたが、これを**常勤**の任期付職員にまで拡大した。

　地方公務員任期付職員は、地方公務員任期付職員法に基づくものである。

　同法5条は、期間3年（5年）以内、短時間で、該当業務としては、同法4条の①②の場合のほか、③対住民サービスを向上する場合、④部分休業を取得した職員に代替する場合を想定している。

　「新通知」では任期付職員制度について、昇給や経験を踏まえた号給の決定を可能とする記述などがあり、旧通知からは大きく踏み込んだ。

(3) 地方公務員法の認識について

　臨時・非常勤職員問題の原点と言える事項について、以下箇条書きで述べる。

① 戦前の吏員・雇員・傭人・嘱託という差別的身分制度を改め、自治体に働くすべての労働者を「公務員」としたこと。

② 具体的には、自治体に必要な「職（職務内容と責任・職位）」に人を配置する（採用、昇任や転任などの方法）考え方をとっていること。つまり、戦前の「公務員」という「身分」の人に「職」を与えるやり方とは全く逆であること。

③ 公務員の任期は「無期（期間の定めなし）」が原則であり、唯一の例外は「地公法第22条の臨時任用職員」であること。

④「臨時職員」とは「一時的・季節的業務で1年以内に廃止が予定される『職』に従事する者」、「非常勤職員」とは「（恒常的業務に従事するもので）労働時間が常勤より短い職に従事する者」であり、明確に区分する必要があること。

　これらのいわば地方公務員の「常識」にあえて触れたのは、総務省がこれらの前提とすべき原則を混乱させ逸脱さえしているからである。

　かつて、東京都23区では、激しい身分差別撤廃闘争の結果、ようやく

1970年はじめに吏員・雇員・傭人制度が廃止された。「吏員昇任試験」も同時に廃止され「主事」と「主事補」が「主事」に一本化された。地方公務員法制定から実に20年を要した。

地方自治法から「吏員」の文言が削除され「職員」に置き換えられたのは2006年である。総務省は地方公務員法制定から56年間も放置し続けた。官僚の頭の中には、戦前の身分制度が色濃く残っているといわざるを得ない。

(ワーキングプア研究会研究ブックレット　2014.8) 抜粋

■臨時・非常勤職員の任用等を巡る新たな判例
・枚方市非常勤職員特別報酬支給訴訟 (2010.9.17　大阪高裁)
・茨木市臨時的任用職員期末手当支給訴訟 (2010.9.10　最高裁)
・中津川市非常勤職員退職手当支給請求訴訟 (2013.12.13　福岡高裁)
・東京都消費生活相談員に関する訴訟 (2014.2.7　最高裁)

なお、中野区の非常勤保育士の雇い止め訴訟について、07年11月に東京高裁は「臨時保育士に再任用を求めた請求権は認めない」としながらも「解雇権濫用を適用すべき程度まで違法性が高い」として慰謝料の支払いを言い渡した。(原告は、自治労連に所属)

資料　ある町役場の臨時職員の実態 (アンケートから)
臨時・非常勤職員の実態調査と交流を数件行った。総務省の通知が、現場といかに異なっており、また、労働組合があるかないかに関係なく、自治体でも、「労・労対立」の実態が浮かび上がっている。

特徴的なケースとして、ある町役場の学童保育を取り上げる。

学童保育には、統一的な呼び名はなく、地域や自治体によって様々である。主な呼び名には「学童クラブ」「学童保育所」「留守家庭児童会 (室)」「児童育成会 (室)」などがある。略称として単に「学童」と呼ばれる。

臨時職員の人たちと話し、アンケートに応じてもらったものを掲載する。

なお、この町役場に、職員労働組合はない。地方では多い。

(2013年10月時点)

1) 賃金　　時給　800円
2) 手当　　残業（あり。土曜保育の場合、一時間100円プラス）。
　　　　　年末手当、夏冬各約30,000円　計約60,000円）
3) 休暇　　6日（慶弔休暇あり）
4) 公務員と臨時職員との人数割合（現場単位）　1対5
5) 当局の無責任な対応
　　学童という基本的な仕事について当局自身が、認識不足。現場の公務員一人に任せ、管理職の指導監督は全く見えない。
6) 正規（公務員）と臨時職員との関係
　　労・労対立のパターン。正規が非正規労働者に対する「身分上の不安定」を利用した圧力さえ感ずるとの声が多い。「臨時職員は、専門的な知識や経験を必要としない」「公務員の言うとおりにしていれば良い」という態度が見えるという。
7) 臨時職員同士の日常的モメゴト
・臨時職員間で、生活費用のため必死に働く臨時職員と、子育ても終わった中高年の臨時職員との感情的対立。
・保育行政の認識の違いからくる現場の判断が混乱する。研修は年1回あり。
・半年ごとの契約更新を意識した臨時職員同士の不信感から、「足の引っ張り合い」がひどい。
・「短期間雇用」であることによって、連帯感と責任感すら弱くなる。仕事＝保育に全く関係ない、個人の性格、経歴などまで誹謗するケースが多くなる。
・殺伐とした職場にいたたまれず、契約終了する前に「辞職」するケースもある。
8) 現場の公務員は、スキルアップとモラルのアップが必要だと思える。

資料　都内の公立保育所職員　半数が「非正規」

　都内の公立保育所で働く保育士の半数近くが、臨時職員や非常勤など「非正規雇用」という実態調査結果が2015年1月8日、明らかになった。
　調査したのは明星大学の垣内国光教授で、31自治体と非正規雇用の保育士、

約3,600人から回答を得た。
　非正規が占める割合は平均で約45％だった。最も多かったのは多摩地域の市のケースで70％超だった。
　公立保育所の非正規職員の雇用期間は「原則1年未満」だが、契約の更新は可能で、今回の調査では、10年以上働いている人が25％いることが判明した。
　勤務年数などに応じた給与体系もあるが、交通費が支給されない場合もある。
　「子供には非正規も正規も関係ないが、園によっては、正規だけ『○○先生』と呼んで非正規は『○○さん』と呼ぶなどのケースもあった。
　舛添都知事は、1月9日の定例会見で、この調査結果に言及し、民間保育所を対象とした正規職員への促進策を挙げ、「公立保育所でも同じ方向で努力したい」とコメントした。
　必要に応じ、財政支援策も15年度予算案などを通じて検討する姿勢を示した。
　　　　　　　　　　　　　　　　　　（2015.1.13　都政新報）

5．アベノミクスの雇用政策の特徴
　　シンクタンクの竹中平蔵氏と八代尚宏氏をみる

　竹中平蔵氏と八代尚宏氏は、小泉元内閣と安倍内閣の下で労働政策審議会、戦略特区などで「豊富な知識」を使って「理論的リード」をするシンクタンクの役割を果たしている。
　第1章から5章まで、各章で彼らの理論を紹介し、意見を述べているので、ここでは非正規雇用に関する特徴的な「理論」の紹介にとどめる。

(1)　竹中平蔵氏
　　ワーキングプア
　「ワーキングプアといい、かわいそうな人たちという価値判断が含まれている」
　「低い賃金で仕事をしている人にとって必要なことは、強制的に高い賃金

を企業に強いたり、補助金をつけたりすることではない。高い賃金を強いられれば、国際的な競争にさらされている企業は、日本から脱出せざるをえなくなる。そんなことでは、日本の雇用は守れない」

　　竹中平蔵・南部靖之共編『これから「働き方」はどうなるのか』(PHP)

■同一労働・同一賃金、正社員をなくせ
　「改正派遣法の是非」について、竹中氏は、厚生労働省が実施した派遣に対する調査を例に挙げ、正社員に替わりたい人と非正規のままでいいという人では、非正規のままでいいという人の方が多い、という調査結果を紹介した。
　また竹中氏は、派遣雇用が増加した原因について「日本の正規労働というのが世界の中で見て異常に保護されているからなんです」と述べ、整理解雇の4要件について触れた。
　さらに竹中氏は、同一労働同一賃金について「（実現を目指すなら）正社員をなくしましょうって、やっぱり言わなきゃいけない」「全員を正社員にしようとしたから大変なことになった」と、日本の問題点を指摘した。
　　「朝まで生テレビ！　元旦スペシャル」(テレビ朝日系)　2015年1月1日

(2)　八代尚宏氏
　八代氏は『反グローバリズムの克服』(PHP)の中で次のように述べている。
　雇用の流動化、解雇について、「安定労働者層とそれに結びつく左派が、貧困労働者層を極めて軽視している」「正社員の待遇を非正規社員の水準に合わせる方向での検討も必要だ」と述べており、この点で、竹中平蔵氏と同じである。
　さらに「仕事能力に見合わない高賃金の労働者を容認することは、逆に言えば、仕事能力以下の賃金しかもらえない労働者を生むことになるが、こうした同一労働・同一賃金の原則に違反する労働者間の不公平を容認することは、経済全体の効率低下を招くだけの結果となる」と述べている。
　この発想は、EUや労働組合が言っている「同一労働、同一賃金」の意味

とは全く逆さまになっており、今後のアベノミクスの方向性を示唆している。

　また、同著では労働組合のあり方について「(日本の労働組合は) 雇用者の17%を代表するに過ぎない、企業別に組織化された労働組合等の反発が、反グローバリズムのもう一つの要因となる。……

　企業は市場競争にさらし、個人を政府が守るという、スウェーデン型の社会的安全弁に支えられた競争的な市場経済を目指す必要がある」と述べている。

■労・労対立
　　「いまこそ小泉構造改革に学ぶとき〜問題の核心は、労・労対立」(抜粋)
月刊誌『Voice』　2012年9月

「正規社員と比べて賃金の低い非正規社員の増加で、労働者間の賃金格差が広がるという論理は、雇用機会増加の効果を無視している。

　企業が新たに正規社員を雇えない状況では、景気が好転しても非正規社員を雇うか、または正規社員に残業させるかの二者択一となる。ここで非正規社員として就業できた者は賃金所得が増えることで、失業者も含めた労働力人口でみれば、所得格差はむしろ縮小する」

「このように、規制改革で賃金格差が拡大という論理は、就業機会の増加で所得が増える労働者を無視したものである。

　より重要な法改正は、(民主党政権下で) 2012年8月に国会で成立した、5年を超える有期雇用者を雇用保障のある無期雇用に転換させる労働契約法の改正案である。これは派遣を規制しても他の有期雇用に転換するだけという批判に対して、全部をまとめて規制すればよいという乱暴な論理である」

「長期の経済停滞期では、正規社員と非正規社員や大企業と中小企業など、大企業の内部と外部との労働者間の利害が矛盾する"労・労対立"が強まっている。……

　(これらの弱い立場にある) 非正規雇用の人びとに対して、労働市場の流動性を高めることで、条件の悪い企業から労働者が転職できるよう支援することが必要である。……これを正規社員の金銭補償付き解雇と合わせれば、正規社員と非正規社員との働き方の壁を引き下げる大きな手段となる」と述

べている。

6. EU（ヨーロッパ連合）の特徴

EUのグローバル化への対応については、第2章の11で触れたが、EUの雇用政策と会社法に限って、次のように紹介したい。

(1) EUの雇用政策
EUの雇用に関する加盟国への指令
〜EU指令により、加盟国が関係する国内法を整備・改正をしなければならない〜

EUは、1973年に「大量解雇指令」を制定したが、労働者への未払い賃金を保障する機関の設置と最低3カ月の賃金保護を加盟国に義務づける「賃金確保指令」を定めた。

また、1977年に制定され、1998年に全面改正された「企業譲渡における労働者保護指令」（いわゆるTUPE　事業譲渡と雇用保護法　Transfer of Undertakings and Protection of Employmentのことを指す）には、「労使が協議して雇用機会確保のために労働条件の不利益変更に合意した場合には、……合法とする」ことが追加された。

さらに、1990年代後半には、企業組織再編を「新たな機会」に変えるために、労働者も企業の意思決定に関与し、使用者とともに「変化をマネージする」べきだとして、新たに法整備がなされた。

スウェーデンは、「同一労働、同一賃金」を前提で「転職社会」でもある
北欧型の象徴であるスウェーデンでは、大量解雇の発表があると社内に特別室が設けられ、公的雇用サービス職員（ハローワーク）が来て相談に応じる。経営者側、労働組合側、双方が資金を出して再就職できるようにする「転職社会」でもある。約1年間無料で学校に通い、生活費も支給される。

EU 全体の失業率は 12.1%

EU 全体では、2014年3月の失業率は12.1％になり、1999年にEUが始まって以来最悪となり、スペイン、ギリシャは4人に1人が失業している。

加盟国への支援

アイルランドでは、それまでの財政破綻状態を、2013年末までにEUからの支援計画によって「卒業」できた。財政破綻の原因は、建設、不動産業への深入りと監督官庁の「管理・監督・規制」を行わなかったためである。EU各国の財政支援による景気下支えによって、その後雇用も改善された。

EU のグローバル化への対応

EUでは27カ国で結ぶリスボン条約が「憲法」である。フランスやドイツなどもその国の法（憲法も含めて）をEUの法に合わせている。グローバル化に合わせた加盟各国の「改正」は、欧州統合に向かうことになる。

日本は反対に、米国型グローバリズムに全面転換する一方、ナショナリズムを前面に出して憲法改正に着手している。

EUと比べ、日本は政治の分野と経済の分野においても、全く違う対応だ。このことは、民主主義の過程と位置づけが大きく異なっていることによって起きている。

なお、グローバル化には、国家の対立を激しくするという面がある。EUでは、通貨をユーロで統一しようとしているが、経済のみならず財政も「債務」の割合などでも「統一性」が求められている。

(2) 欧州会社法と日本との比較

欧州会社法は、2004年10月に施行された。この会社法は、欧州会社規則と労働者関与指令からなる。

2002年3月に「一般労使協議指令」が採択され、2005年3月に施行された。

この指令は、1994年に制定された「欧州労使協議指令」が、多国籍企業のみを対象にしていたのに対して、国内のみで活動する中小企業も適用対象

に含めた。

■ **日本の会社法の「透明性、公平性」の低さと労働組合の対応の遅れ**

2005年4月、欧州委員会は、「リストラと雇用」について報告書を発表し、労使団体との第2段階の協議を始めた。

一方、日本では、グローバル化に対応した会社法改正はどのように進んでいるのだろうか。2014年5月、法制審議会において、主に海外の機関投資家による、日本の上場企業のガバナンスに対する批判を受け、コーポレート・ガバナンスの強化を目的とした議論が行われた。

その一環として、最も実現性があると思われた「社外取締役の設置義務化」案も提案されていたが、2014年5月に見送りとなった。

一律に社外取締役を設置することを義務付けると、「柔軟なガバナンス体制の設計を阻害する」こと等の理由から、経団連など経済団体からの根強い反対意見があったからである。

一方、同年6月14日、トヨタは、初の社外取締役として日本生命相談役、元国税庁長官、元GM副社長ら三人が選任されたと発表した。このことは、法制度によらなくとも自主的にグローバル化に対応することを意味している。しかし、こうした社会性を求められる事案については、労働組合も含めた討議を積み重ねて、「透明性、公平性」を一層高めたシステムに変えるべきだろう。また、労働組合自身が、こうした認識が低く対応が遅れていることも大きな原因である。

グローバル化にともない、「透明性、公平性」を高めるために想起しなければならないことがある。日本が、1964年にOECDに加盟した際に、欧米資本が、日本企業に対して「買収攻撃」をしてくるのではないかという恐れから、「株式会社の持ち合い」制（複数の株式会社が、お互いに相手方の発行済株式を保有する状態）を導入した経緯がある。

この「株式会社の持ち合い」あるいは従来の「日本的会計基準・システム」などにより、従来の「日本的な企業運営」は一時的に守られたかに見えたが、企業・金融システムの「透明性、公平性」の欠落がさらに進み、結果として「バブル崩壊」へ突き進むことになった。

(3) 日本の雇用制度とEUとの比較

　民主党政権下で改正された労働契約法が、2013年4月に施行され、「非正規社員が5年を超えて継続した場合、本人が希望すれば正規社員になる」ことが可能になった。

　ところが、安倍政権は、雇用分野の規制緩和の一環として、この改正労働

契約法について「非正規で雇用できる期間を10年まで更新」できるよう、「改正」（＝改悪）する方針を2013年10月17日に決めた。つまり、正規社員になるまでの期間を2倍に伸ばしたことになる。

安倍政権は当初、地域を限定して大幅な規制緩和をする「国家戦略特区」として、「解雇しやすくするなどの特例を設ける」ことを検討していたが、厚労省の反発で予定を変更して「全国的に解雇しやすくする」規制緩和を行うことを決めたと言われている。

安倍政権は、日本が「雇用の流動化」「解雇しやすい社会」を目指すとすれば、労働者、企業だけに責任を押し付けるのではなく、どのように新たなセーフティネット・制度、法整備を作り直すのかについて、同時に明らかにすべきである。

第1章及び第2章でも触れたが、EUの場合、中でも北欧においては、「解雇しやすい」のではなく「転職しやすい」といった方が良い。また、EUの、「同一労働、同一賃金」の理念のもとに、転職にあたっての職業訓練や再就職までの生活保障（賃金が支給されているのと同程度の支給）や、十分な転職できるための期間を保障している。

オランダモデルがその象徴だが、それを全く逆の意味で紹介するという、竹中平蔵氏や八代尚宏氏をはじめとする困った大学教授たちについては、すでに述べた。

■非正規は1,870万人、割合は36.3％　総務省発表

2013年5月14日付の総務省の発表によると、正規の職員・従業員は3,281万人で、前年同期よりも53万人減った。非正規は1,870万人で前年同期よりも65万人増えた。雇用者全体に占める非正規の割合は36.3％だった。

さらに詳しく見てみると、非正規1,870万人のうち男性は600万人、女性は1,270万人であった。そのうち、男性は55歳以上の272万人、女性は35～54歳の610万人が最も多い年齢層になっている。

「正規の職員・従業員の仕事がないから」348万人（同19.9％）が不本意

　そして、「なぜ非正規の職員・従業員という雇用形態を選んだのか？」という質問に対して、「正規の職員・従業員の仕事がないから」と答えた人が、男性で171万人（全体の31.3％）、女性で177万人（同14.8％）となり、計348万人（同19.9％）が不本意ながらも非正規雇用を選んだ現状が浮き彫りになっている。

　こうした、不本意な形で「非正規雇用」を受けざるを得ない社会システムを「労使間」だけで片付けるには限界がある。「生きるに値する」どのような社会が好ましいのか、「人間同士が信頼しうる」社会を求めるEU型とは全く反対の方向に、アベノミクスは進んでいる。

ニュージーランド版TUPE（事業譲渡にともなう雇用保護法）の成立に学ぶ

　EUだからできるのではなく、ニュージーランドでもEUと同じ方向性を目指している。筆者は2007年2月に現地を訪れ、調査・交流を通じてそのことを学んだ。

　特にウェリントン市立病院では、清掃や給食の委託労働者が、（日本で言う指定管理者制度によって）使用者（落札者）が代わるたびに解雇されたことに抗議した。

　そして、ストライキや座り込みなどで闘い、ウェリントン市立病院からロックアウトされた。その後、この闘争に対して、全国の労働者・労働組合の連帯、マスコミの報道、労働党の支援などによって、雇用が継続されただけでなく、ニュージーランド版TUPE（事業譲渡にともなう雇用保護法）が成立することになった。

　この闘争の詳しい経過について、当時の指導者であるララポア委員長に直接聞いた。　　　　　　　　　　　　　　（自治労東京都本部HPに掲載）

　日本では、これほどの委託労働者の闘いに対して、既成の労働組合や政党の理解や支援はほとんどみられない。

　こうした委託の入札のたびに、労働者が雇用の不安を感じながら働かざる

を得ない状態について、労働組合側も「労使問題」というレベルを超えて、TUPE（事業譲渡にともなう雇用保護法）等について学び、政府や使用者側だけでなく、ルール作り・法整備をする社会的な運動として取り組むべきであろう。

7. 連合「企業組織再編にともなう労働者保護法案要綱案」（2010年6月）と日本版TUPE（事業譲渡と雇用保護法案）との比較

(1) 連合の「企業組織再編にともなう労働者保護法案要綱案」（2010年6月）（以下「要綱案」）は、2000年に急ごしらえされた政府の「労働契約承継法」の改正に対応して、法制化をめざした「対案」である。EUの関係法を踏まえており、大変画期的であり、この点は評価したい。

この要綱案について、経団連をはじめとする使用者側は、現在、全く問題認識を持っておらず、一方、（大企業のみならず、中小企業を含め）労働組合側も同様にほとんど認識しておらず、取り組む姿勢が、労使双方にあるのか全く疑問である。

この「要綱案」については、あらたな労働者代表制も提案されているが、連合本部が組織的な討議を深めているとは言えない。各県、地方の労働組合の幹部（専従者、書記）のほとんどが、「要綱案」の存在すら知らない。ましてや一般の組合員は何のことかわからないのが現状であり、非正規労働者となればなおさらである。

「要綱案」の内容以前に、連合をはじめ労働組合のこの問題に対する問題意識が低いという事態が重要な問題である。

このことは、「要綱案」の認識や取り組みの姿勢というよりも、労働組合、民主党などのグローバル化に対する認識と危機意識の弱さが原因で起きる現象であると言わざるを得ない。

(2) 「要綱案」は、雇用に係わるM&A（合併・買収）、倒産、業務移転、労働協約承継、グループ内企業内の事業の移転など全面的分野にわたっている。このこと自体間違いとは言わない。しかし、根本的あるいは本質的問

題が曖昧にされ「概略的、総合的」でありすぎることによって、雇用不安を解消する個別の解決策が見えなくなっている。
　個別的な問題をみてみよう。

事業再編にともなう労働契約の承継

　事業再編に伴って、本来、労働契約は承継されるべきだろう。しかし、「企業組織再編にともなう労働契約を承継する」ことは、その企業同士の労働契約・協約を承継することであっても、厳密には、即「雇用承継」（＝雇用保護）を意味していないということを明確にすべきである。

　資本主義において、「労働契約を承継」しても、合理化・解雇の提案については、「日常的な事柄」であり、「雇用保護」のためには、別個の法整備が特に日本では必要である。換言すると、「労働契約」の中に、組織の再編、リストラによって、「余剰人員」となって「解雇」されうることがあらかじめ含まれている、このことを労働者側は、特に認識しなければならない。

■「整理解雇の４要件」と「金銭解決・和解」

　解雇問題では、「整理解雇の４要件」が大きな役割を占めていることになっている。
　しかし、結局は労使交渉が進む中で、多くの場合、整理解雇は、どの規模で誰に対して、どのような条件で行うのか等といった限られた範囲で「条件整理」に押しこまれることが圧倒的に多い。この結果、今の日本では、限りなく「金銭解決・和解」の方向に進んでいる。

労働組合組織率の低下と弱体化が労働者個人の責任増大へ

　日本では現在17％台に労働組合組織率が低下していることに加え、EU（ヨーロッパ連合）と比べると、労働組合が使用者・事業主に対して、力関係ではきわめて弱い立場にある。こうした状況が「要綱案」にどのように反映されているのだろうか。
　例えば、「解雇の４要件」の形骸化が進んでいるばかりか、民法625条１項（使用者の権利の譲渡の制限等）「使用者は、労働者の承諾を得なければ、

その権利を第3者に譲り渡すことはできない」ことにより転籍・出向に対しては、「労働者の拒否権が認められている」はずだが、これも現場の労使関係では、「認識されていない」「否定されている」という実態がある。

■入社時の「包括的同意」

また、グローバル化が進み、転籍・出向については、入社時の「包括的同意」があれば、転籍・出向の都度、使用者が該当する労働者に対して「個別の同意」を得る必要はないという見解が、最近の判例の主流になってきている。

「包括的同意」とは、「入社時に、出向等の規定も含めた就業規則、労働協約を労働者が承認した」と一方的に解釈されていることを指す。このため、連合の「要綱案」は、こうした実態との関係で、「一般的」過ぎていないか。もっと実態を踏まえて「具体的、かつ実践的」であるべきではないか。労働組合や労働者代表がグラついている状況で、労働者個人が「個別の同意をしている」と使用者から主張された時にどのように対応するべきか、見えるようにすべきだろう。

「倒産」という資本主義の根本的、普遍的な問題も複雑な要因がある

また、「要綱案」では、倒産などについても触れているが、倒産そのものも原因が多様・複雑であることに加え、「解雇の4要件」が今日形骸化しているという実態を踏まえているとは言えない。「倒産」という資本主義の根本的、普遍的な問題について、「要綱案」が安易に対置できるように設定されているように思える。もっと実態を踏まえて、かつ体系的、法理論的説明がなされるべきではないだろうか。

■改正労働契約法第18条、19条、20条が早くも形骸化

労働契約法は、2008年（平成20年）3月から施行されたが、2012年（平成24年）8月に一部が下記のとおり改正された。特に18条、19条、20条については、どれも非正規労働者にとって重要な法律だが、これとの関係について「要綱案」がどのように絡んでくるのか。「要綱案」は2010年に作成さ

れたが、これ以降連合として「要綱案」の補足として具体的、実践的に説明すべきである。

　特に、改正労働契約法18条は、有期労働契約が繰り返し更新されて、通算5年を超えたときは、労働者の申込みによって、有期労働契約が無期労働契約（労働期間の定めのない雇用契約）に転換すると定めている。

　この18条では、使用者側が契約期間を一方的に短縮して「無期契約」としないような方策をとるであろう。また、安倍政権は、非正規雇用の期間を5年から10年に延ばす方向で法改正しようとしている。（2015年5月23日時点）

　このため「有期雇用の無期雇用」への転換が、いっそう困難になってくるが、「要綱案」はこうしたことを想定した内容に踏み込んでいない。

　改正労働契約法19条は、「期間の定めのある雇用契約があたかも期間の定めのない契約と実質的に異ならない状態で存在している場合」又は「労働者においてその期間満了後も雇用関係が継続されるものと期待することに合理性が認められる場合」については、当該雇用契約の雇止めは、「客観的に合理的な理由を欠き社会通念上相当であると認められない」場合には、許されないとしている。

　この19条では、「雇止めの合理性」を非正規労働者の立場の弱さにつけ込んで、仕事の内容を少しだけ変えたり、別の職場に事実上の「異動」をさせるなどの「雇用の形式的な違い」をもって、新たな雇用契約を結びなおすことを目論んでいるといえる。また、あえて遠距離通勤の職場に「異動」させて「辞職」を促すなどの「雇止めできる口実」などが想定されるが、これらに対する「歯止め」「規制」「禁止」条文を明確にする必要がある。

　改正労働契約法20条は、無期契約労働者と有期労働者の労働条件に相違（格差）がある場合に、その労働条件の相違が、
・労働者の業務の内容及び当該業務に伴う責任の程度
・当該業務の内容及び配置の変更の範囲
・その他の事務
を考慮して、不合理と認められるものであってはならないとしている。

　この20条では、使用者側が、無期労働者と有期労働者との「格差」を

「正当化」するために、仕事の内容をあえて少し変えることによって、「形式的、表面的な相違」を作り出し、これを常態化するのではないか。「格差」がどのような理由で「格差」であるのかないかの判断基準も早急に提起されるべきだろう。

　以上のように、民主党政権での労働契約法の「改正」によって、非正規に関係する事項は、現場では改善されるはずであった。しかし、早くも形骸化されているのである。
　このことは、2015年9月の通常国会で可決成立した改正派遣法の内容からも見てとれる。
　こうした実態と「企業組織再編にともなう労働者保護」との関係はどのように位置づけられるのであろうか。

■連合、加盟労働組合は「要綱案」の組織的討議を進めていない
　もう一つ問題であることは、「要綱案」は「企業組織再編にともなう労働者保護」のために、弱さを持ちながらも正当性を持っているが、連合及び加盟労働組合から「一顧だにされていない」という現状にある。
　そして、どのように「労働者保護」のための法整備化が、（政）労使間で進められているのであろうか。
　この「要綱案」の討議や具体化が、進められずに「停滞した状態」にあるのは、政府や使用者側に第1の原因があるのは言うまでもない。しかし、労働組合側にも大きな責任がある。「要綱案」が、「学者・研究者」による「学術論文」として扱われていて、現場にはどのように影響があるのか、ないのかについてあいまいなまま、「倉庫」に眠っているように思える。
　こうしたことによって、安倍政権下で進められている、派遣法改正をはじめとする雇用に関する関連法（案）に対して、連合が反対しても、非正規、正規の雇用不安定化に対する具体的対置案や長期的展望が見えない。

(3)　従って、いっぺんに「企業組織再編における労働者保護」という全般の問題解決を目指すことよりも、その中の1部門である「事業譲渡・移管に

ともなう雇用保護」に集中して取り組むことの方が、進め方として好ましいのではないか。

その方が、労働者にとって分かりやすいのではないか。この問題の解決に向けた取り組みは、結果として、事業譲渡以外の日本の全般的な産業再編にともなう雇用問題に広げることができるのではないか。

いわば「企業組織再編における労働者保護」という階段を、下から（＝実現性がある方からという意味で）1つずつ踏みながらのぼるべきではないだろうか。

もちろん、日常的には事業譲渡以外の原因によっても雇用問題は起きる。それは、これまでどおり、労働者の権利、あるいは連合の「要綱案」を踏まえた労使交渉を進め、妥結できない場合は、法廷闘争に持ち込むこともやむを得ないであろう。

(4) 「事業譲渡と雇用保護」を急ぐもう一つの大きな理由は、今日の公務員の労働組合にとって、特に中曽根政権から進められてきた「民営化」が、「一部委託」という範囲を超え、「全面的範囲」に達しているからである。繰り返すが、かつての国鉄問題が、3公社（国鉄、専売、電気通信）5現業（郵便、林野、印刷、造幣、アルコール）にとどまらずに、着実に全面的な公務員職場に広がっているという実情があるからである。

■公務員の非公務員化は竹中路線の一通過点

竹中路線によるアウトソーシング（外部化）が、民間だけでなく公務員の雇用・身分保障に関係してくること＝「公務員がクビになる」ことが、現実の問題としてようやく公務員自身が気づき始めている。こうした状況であるからこそ、日本版 TUPE（事業譲渡と雇用保護法案）の法制化が緊急性を要するのである。

日本の公務員は、まるで公務員がグローバル化・資本主義の世界から離れて「別の世界」で生きられるかのような錯覚に陥っていないだろうか。大企業の正規社員・エリートとともに「勝ち組」ワールドに留まっていられると思っていないだろうか。

PFI法は、第4章「官から民へ」で詳しく述べるが、これまでの公共サービス事業のように、落札した大企業等に税金をばら撒くという一方的で単純な構図ではなく、福祉・教育・環境からあらゆる事業にまたがり、かつ、これらを施設だけでなく、事業の内容を絡めるという点で全く異なっている。

かつての土光会長・第2臨調の現業部門に狙いを定めるという方法ではなく、上下水道、公営交通、病院などの公営企業部門をはじめ、予算編成では一般会計に入る道路事業、環境整備、さらにどの事業部門にもある庶務、経理、受付事務等の「共通事務」など全般にわたって、事業が相互に絡みつくように再整理されるようになる。

公共サービスが、日本の歴史上なかった、利益を生み出す事業、プロジェクト事業に直接参加することを目指しているのが、PFI事業である。

この事業を主導するのが、金融機関、インフラ企業などによるプロジェクトであることも明確になってきたが、公務員労働者も労働組合の説明もないままにマスコミなどを通して気付き始めている。

■PFI事業者や指定管理者への「事業譲渡」による「非公務員化・退職出向」

元社会保険庁を持ち出すまでもなく、PFI法等により、公務・公共事業は民間に事業譲渡できる分野が、圧倒的に多いということが明確になってきた。従って、民間では特にグローバル化によって急速に進んでいる事業譲渡による雇用問題がすでに発生している。

日本では、譲渡元の従業員は、まるで「倒産」と同じように「運の悪い労働者」であるかのように扱われ、雇用保護を保障する法律はほとんどないといってよい。最近の判例がそれを証明している。

そして、この事業譲渡にともなって、使用者側は「労働者の雇用保護をする必要がない（義務がない）」とする方程式・システムを受け止めている。しかし、公務員は、いまだにまるで公務員職場には雇用保護問題については、関係ないかのようにとらえられている。そして、一般の公務員のみならず、当該の公務員労働組合の幹部も同様に、雇用保護問題は関係ない（＝公務員はクビにならない）と信じ込んでいるようだ。ここには、グローバル化は公

務職場に関係ないという資本主義に対する認識の弱さがある。

　民間で進んでいる「事業譲渡」にともなう雇用・解雇問題が起きても、「官から民へ」の「事業譲渡」ともなう場合は、「公務員は特別だ」「公務員法で守られている」として「別の次元」として切り離されているのである。

■日本では事業譲渡にともなう解雇は当たり前？

　事業がA企業からB企業に譲渡された場合、労働者の人物評価、譲渡先の考え方と「合わない」、それまでの経歴で問題があるなどの理由をもって、労働者の一部または全部が解雇されても「違法ではない」する考え方が、最近の判例の傾向である。

　また、民間では、将来性のない子会社・関連会社等へ転籍・配転され、そこで「倒産」という「相当な理由」によって解雇されても「違法ではない」。こうした事案が日本全国で起きている。

　このように一方的に解雇されないようにするためには、安倍政権によって進められている「雇用の流動化」の問題を正確に受け止め、労働組合と労働者がその本質的問題について認識を深めることが必要だ。

　筆者の提起している「日本版TUPE（事業譲渡と雇用保護法案）」以外に、もっと早く分かりやすく、「官から民へ」「民から民へ」「正規から非正規へ」「非正規は非正規雇用のままで、最初に解雇する要員」などの問題について、取り組める法案を作成できるのであれば、それは大いに歓迎すべきことだ。

　しかし、そのような具体案は、現段階では、後述するような弱点があるにせよ、連合の「要綱案」の他に見当たらない。

　アベノミクスは、日本の資本主義をEU型ではなく、米国型に合わせたグローバル化の「集大成的事業」として、公務職場を全面的に民間へ事業譲渡することに狙いを定めている。

「非正規の正規労働者化」のために、わかりやすい法案の提起を

　繰り返すが、連合の「要綱案」は、官民合わせた産業再編とそれにともなう労働者保護の問題と関連付けて、さらに具体的に明記されるべきではないか。

一方の政府及び経団連をはじめとする使用者側は、積極的に産業再編とアウトソーシング（外部化）を進め、結果として「雇用の流動化」を進めるだろう。つまり、「要綱案」は、置いてきぼりされ「絵に描いた餅」にされている。

個々の使用者の問題というよりも資本主義というシステムにとって、合理化と労働者の解雇などの雇用政策は、「譲れない生命線」である。この生命線のところで、大闘争を組んで「逆転」できる力が、今日の日本の労働組合にあるとは残念ながら思えない。むしろ今後も、労働組合の組織率が低下し、さらに労働組合の力は弱まるのではないか。「官製春闘」とマスコミから揶揄されることもその表れと言える。

アベノミクスの風が吹き荒れる今日、「企業組織再編」「事業譲渡」「非正規の正規社員化」などの問題について、労働組合が速やかに取り組めるような、分かりやすい法案を提起し、政府や使用者側に突き付けることが必要である。

■連合の「要綱案」は、EU指令が基本になっているが

連合の「要綱案」は、EU指令が基本になっている点では画期的であり、大いに評価する。しかし、繰り返すが、この「要綱案」が全くと言ってよいように、組合員に知られていないし、関心も持たれていないのはどうしてだろうか。

ひとつは、EU指令が基本になっていても、連合が、民主党とともにグローバリズムについてのスタンスが、EU型なのか米国型なのか、それとも独自の方向性を求めているのかが曖昧だということである。こうした状況もあって、日本の資本主義についての基本的認識が、大企業、中小企業、公務員・非公務員、正規、非正規労働者において、同じ労働組合・連合でも整理されていないというが実態であり、根本的問題である。

もうひとつは、EU（欧州連合）の運動と日本のそれとの歴史的な積み上げに大きく差があるということである。

EUの場合は、150年以上前から「8時間労働、労働条件のための立法化」などの課題を国際的に取り組んできた第1インターナショナル・国際労働者

協会（1864年〜76年）や第2インターナショナル（1889年〜1914年）という歴史がある。

換言すれば、EU（欧州連合）の雇用に関する法体系は、労働者・労働組合と社会民主主義政党・社会主義政党が自ら勝ち取ってきた経過がある。また、労働者を代表する政党が政権をとり、他の国と連携しながら関係法の立法化を進めてきた実績と経過がある。

そこで培ったヨーロッパの経験や教訓を超えて、日本において一気に問題が多岐にわたる「要綱案」を提起しても、使用者はもちろんのこと、労組幹部ですら「日常の運動課題から離れている」「守備範囲（という言葉をよく聞く）を超えると分からない」という声に象徴されるように、「ハードルが高い」課題なのかもしれない。

しかし、この「ハードルが高い」難題に対して、欧州における法体系やシステム、そしてこれらが構築された経過を一つ一つ学ぶことによって、労組の弱さを克服するしかない。

■事業再編に伴う雇用保護法成立のために、丁寧な運動提起を

産業・事業再編に伴う雇用保護に関係する法律について、もう少し丁寧に整理する必要がないだろうか。例えば民法625条1項、労働契約法18、19、20条など一つ一つの課題を切り離してあらためて提起されるべきではない。

繰り返すが、その一つとして、「事業譲渡」だけを絞り込み、EUにおいて適用されているTUPEそのものに限定して、関係法を改正する案を提起することが、労働者をはじめ関係者に分かりやすいのではないか。

それは「官から民へ」という場合に、「官民」の労働者がともに連携して運動を広げる展望が求められているからである。

また、「非正規の正規社員化」という課題は、「民から民へ」あるいは「官から民へ」というアウトソーシング（外部化）だけではなく、竹中平蔵氏が、最近特に強調する「正規が非正規雇用を搾取する構造になっている。正規と非正規の壁をなくさなければいけない」という、「逆さまのオランダモデル」を追求するアベノミクスに対応するためには、避けて通れない課題となっている。

いずれにしても、「雇用の流動化」のための法制化が進められる今日において、学者、研究者と連合の幹部で「研究する」段階ではなく、連合評価委員会の問題提起（2002年）からも13年もたっているが、組合員はもちろんのこと、正規、非正規労働者を問わず、組合に入っていない労働者も参加した討議が必要である。

過半数労働組合にこだわらず、職場の労働者全員が参加できる運動提起として、産業再編・事業譲渡保護法の策定を急ぐべきだろう。

日本の労働組合のあり方が限界に達している

「非正規雇用」問題は、全体の一部の問題ではなく、日本のグローバル化の中心的問題である。なぜなら、全面的なアウトソーシングによって、非正規雇用は、正規の雇用条件を逆に縛り付ける段階に発展しているからだ。まさに「非正規は正規を規定する」ことが、労組幹部や労働者全般をおおっている問題である。そして、「非正規は正規を規定する」問題は、日本の労働組合と労働者の代表性のあり方にも発展している。

この問題については、第5章「問われる日本の労働組合の対応」で詳しく述べる。

8. 非正規雇用こそ「政労使」ですぐに確認すべき課題

春闘時の賃上げで政労使協議が行われているが、非正規雇用の賃金とともに社会保障関係の改善を確認し、制度の確立を急ぐべきである。

非正規雇用は、賃金が差別されているだけでなく、年金や健康保険などでも差別されている。制度上の一本化が現在進んでいるが、非正規には、使用者側の「負担回避・軽減」のため、国民年金・健康保険（本人全額負担）の選択を本人に迫っているのが実態だ。（資料1～3参照）

こうした状況を打開するために、制度上の一本化を法制化したうえで、使用者側は、アルバイト、パートをはじめとするすべての非正規労働者に関係する健康保険、年金、雇用保険等の使用者負担分について、支払うことを義務付けるべきである。

また、あらたに一本化した制度によって定められた規定には、事業規模等によって（国や地方自治体からの助成金交付などによって）異なる使用者の負担率が導入されるべきであろう。つまり、これにより使用者側が負担しやすい構造をつくることが重要だ。

　国及び地方自治体は、あらたに定められた規定（事業規模などを配慮・指数化して負担率を決める）に基づき、使用者負担率を明確にしたうえで、使用者側が本来50％負担すべきところを、負担できない「不足分」を使用者に対して補助金を交付すべきである。

　一方、非正規従業員については、あらかじめ年収に応じた自己負担分の軽減（国や自治体の補助による。詳細省略）をしたうえで本人「負担」分を、賃金から控除（＝源泉徴収）するようにシステム化すべきであろう。（資料4～6）

　こうした法整備を急ぐことが求められている。なお、その他の休暇、手当等については、正規労働者に準じるように、労働組合など多くの関係者から提起されているので省略する。

　本来、春闘期の賃金交渉は、労使が「自主的」「自律的」に解決すべき事項である。この分野にまるでアベノミクスの経済・金融政策の「正しさを立証」するかのように、安倍総理が出席してアピールした「政労使」交渉において、第一に確認すべきは、こうした非正規労働者の賃金・雇用・社会保障関係の「政治的」「法的」事項ではないか。

資料(1)　正社員との格差是正を求め、日本郵政を相手取り東京地裁に提訴

　日本郵便（東京都千代田区）の契約社員3人が、正社員に支払われる年末年始手当などが支払われないのは改正労働契約法に違反しているとして、日本郵便に計738万円の支払いなどを求め東京地裁に提訴した。

　今後、関西でも9人が同様の訴訟を起こす方針。日本郵便には約19万人の非正規労働者がおり、勝訴すれば大きな影響が予想される。

（毎日新聞　2014年5月8日）

資料(2)　〝正社員〟と〝非正規〟何が違う？

1. 非正規雇用とは

34歳までの人の割合だと、およそ3人に1人が非正規で働いている。

2. 正社員と非正規雇用はどう違うのか

(1)　一般的に正社員とは、一度会社に入ると、終身雇用、定時勤務、定期昇給、昇進、転勤などがある。
(2)　一方、非正規雇用とは、正社員以外のすべての働き方を指す。契約社員、派遣社員、アルバイトなど。

3. 待遇の違い

◆給料の違い
◆保険料の違い
・正社員は、厚生年金と、会社が加入していた健康保険に入って、保険料の半分を社員が払い、残りの半分は会社が払う。
・非正規は、国民年金と国民健康保険に加入。しかし、保険料は全額自分で支払う。
◆将来の年金受給額の違い
・正社員が加入している厚生年金は、国民年金に上乗せする形の年金なので、受け取る額も多くなる。非正規の場合はその分がないので、受け取る年金の額も少なくなる。
・ただし、非正規で働いていても、働く日数や時間によっては、正社員と同じ健康保険や年金に加入できるケースもある。

4．非正規でも正規でもない多様な雇用形態を

・あるコーヒーチェーン店では、1年ごとに契約更新があったため、いつ仕事を失うか心配していたが、会社は、1年契約の非正規の人は、3年以上働けばそのスキルを評価し、ずっと働き続けられる「無期雇用」に切り替えることを決めた。
・賃金は正社員より低いままだが、これまでより安定し、一部の人は正社員の試験を受けられるようになった。

(2015年6月27日　NHK週刊ニュース深読み)

資料(3)　総務省の「労働力調査　2013年1～3月期平均」

　正規が3,281万人と53万人減り、非正規が、1,870万人と65万人増えている。
　非正規は、短時間労働者でなければ、正規労働者の約8割年金を受給できるが、短時間労働者は正規の約5～6割の受給にとどまる。

(2014年11月11日　総務省)

資料(4)　東京都、非正規労働者処遇改善促進のため助成金

　東京都は、労働者の3人に1人以上が非正規労働者として働く中、非正規労働者の正規雇用化や処遇の改善のために、中小企業等の事業主に対し、2015年度から新たに「東京都非正規労働者処遇改善促進助成金」を創設し、募集を開始した。

助成金の概要

　パート、契約社員など非正規労働者を雇用する中小企業等が、非正規労働者の処遇、教育・研修、福利厚生に係る制度整備を行う場合に、助成金40万円を支給する。

(2015年5月19日　東京都HP)

資料(5) "超高齢社会・日本"の格差問題の留意点　国民年金未加入者1,800万人

　超高齢社会を迎えた日本で最も懸念されることのひとつは、無年金者や低年金者の増加だ。現在の国民年金の未加入者は1,800万人に上り、若年世代などの非正規雇用者の増加により未納率も4割と高い。

　今日の格差拡大が、将来の無（低）年金者の増大をもたらせば、貧困の世代連鎖を招くことになる。日本が豊かで安心できる高齢化社会を築くためには、将来の無（低）年金者を解消する施策が早急に必要なのだ。（2015.2.17　ニッセイ基礎研究所　土堤内　昭雄）

資料(6)　関根秀一郎派遣ユニオン書記長に聞く

　2008年12月末の日比谷公園「年越し派遣村」を知らない人はいないだろう。5,000人以上が集まり、社会的な関心が集まった。その事務局長を務めた関根秀一郎派遣ユニオン書記長に2014年12月17日に訪ねて、著書『派遣の逆襲』（朝日新書2009年5月30日）のことを含めて、これまでの取り組みと今後の課題を聞いた。

派遣法成立以降の派遣の違法性表面化

・日本に労働者派遣法ができたのは、この国がバブル景気へと向かう1985年だった。
・2004年、製造業にも派遣解禁。
・派遣労働者は、間接雇用。雇い主は、派遣会社。派遣先の会社とは、契約関係はない。派遣先企業は労働法の適用を受けない。
・2006年、「偽装請負」問題表面化。
・2007年、「日雇い派遣」問題表面化。
・2008年9月15日にリーマンショック。「派遣切り」問題表面化。
・同年12月16日、反貧困ネットワーク「派遣村」事務局4人で結成。
・同年12月31日、日比谷公園で「年越し派遣村」開村。5,000人以上が集まった。

主な非正規労働者の苦情や要望
・期間工、アルバイトは、派遣とは違い、勤務先に直接雇用されている。解雇から3日後に「寮から出ていけ」
・「定職がないと保証人代行は難しい」
・「貯蓄もない。市役所にも行ったが、生活保護は難しいと言われた」
・日産ディーゼルは、2008年12月までに200人を派遣切りし、2009年6月までに1,100人を派遣切りすると報道された。
・日産ディーゼルは、話し合いに応じず、団体交渉を拒否していた。
・一方、派遣会社は、話し合いに応じ、派遣元の解雇を撤回し、退寮通告も撤回した。
・借地借家法は、「6カ月の猶予をもって通告することが義務付けられている」が、「解雇は、少なくとも30日以上前の予告（労働基準法第20条）が必要」と同じにみなされ、30日ほどで退去させられ、ひどい時は1週間で退去してほしいと言われるなど違法な扱いを受けている。
・**派遣契約と労働契約との違い**
　2008年厚生労働省に「派遣切りをさせないよう派遣先に指導すること」を派遣ユニオンとして要請した。
・厚生労働省は「派遣先と派遣会社との間の契約は、雇用契約ではなく、企業間の商取引契約なので、契約途中で切っても違法でなく、問題ない」との回答をしてきた。
※派遣先と派遣会社との間の契約を派遣契約。派遣会社と派遣労働者との間の契約を雇用契約と呼ぶ。

改正派遣法改正の今後の主な課題として
（2015年9月に改正労働者派遣法は可決成立したが、課題は継続している）
(1)　登録型派遣を原則禁止すること
(2)　常用型派遣の定義を明確化すること
(3)　派遣先のみなし雇用規定を創設すること
・偽装請負、期間制限違反、事前面接など、派遣法を逸脱して派遣労働者を受け入れた場合、派遣先が直接雇用（無期限雇用）したものとみなすべき

である。
(4) 専（もっぱ）ら派遣を禁止すべきである
・グループ会社など同一の派遣先にもっぱら派遣する派遣事業を禁止すること。
(5) 派遣事業許可を厳格化し、違法行為がないように監視監督を厳しく行うこと。

資料(7) 景気と雇用は15年でどうなったか

		2000年	2014年	ダウン	アップ
名目GDP		509兆円	488兆円	⇓	
賃金（月平均）		35万5,474円	31万6,567円	⇓	
雇用者		4,346万人	4,680万人		⇑
	正規	3,468万人	3,285万人	⇓	
	非正規	877万人	1,395万人		⇑

WBS　テレビ東京　2015年2月19日

官から民へ

公務員の非公務員化はどのように進むのか
PFI の特異性、事業譲渡のかたち

1. 官から民へのねらい

(1) 官から民へは日本的グローバル化の推進役

　第３次安倍内閣にとって、国や自治体が行う事業を民間に移譲するということは、単なる行政改革ではなく、グローバル化を一層アメリカ型に完全に転換するうえで重要な政策である。

　官から民へは、株の上昇とともに「雇用の流動化」にも欠かせないものである。別な表現を使うならば、官から民へは、公務員の要らない公共サービスをどのように行い、収益を生みながら税金の支出を減らすのか。また、公務員という「身分」を要しない民間の「従業員」によって資本主義的に行政を効率的に動かすのか、ということに尽きる。

(2) 「日米構造協議」の積み重ねで民営化のメニューは決まっていた

　日本のグローバル化が米国型に完全に転換するベースは、80 年代後半から始まった「日米構造協議」を軸にして、米国側から一方的に押しつけられた産業再編・構造改革にある。

　官業として、国鉄、電電公社など旧３公社５現業がその先端を担っている。今後の国と特に地方自治体は、これらを真似るように「進化」することが、安倍政権の産業競争力会議、成長戦略会議、規制改革会議等で明確になってきた。

　さらに、公務員という「勝ち組」のために「悪いことをしなければクビにならない」という時代から、少子高齢化による自治体再編・民営化が進み、

「余剰人員」が生まれ「公務員は終身雇用という身分保障がなされている」という、法制度とも思われていた長い「慣行」が一気に崩壊する可能性が高くなってきた。

竹中平蔵氏の「同一労働・同一賃金」とは「正規雇用をなくし全部非正規雇用に」(2015年1月1日　テレビ東京、朝まで生テレビ) という考えが、民間の領域だけにとどまらなくなるということを意味している。

こうした雇用環境は、少しずつ「モノが言えない」雰囲気を作り、「公務の職場」にも浸透している。

やがて、「全体の奉仕者」として上司に異なる意見を述べたり、「人としての主張」「平和と民主主義のために主張する」という環境は抜き取られ、労働組合のバックアップを得て、不当な提案であれば「管理職と闘う」ということもなくなるのではないか。

こうした硬直した環境が、アベノミクスの憲法改正にもっとも良い温床となる。

これからの「官から民へ」は、戦後日本のあり方を根本から変えるためのアベノミクスの橋頭堡となるだろう。

2. PFI法の特異性とは
国と地方の民営化のこれまでの手法と違う

「官から民へ」は、安倍内閣の規制改革の一環であり、全体的な事項については、第1章8「規制緩和は、安倍内閣の1丁目1番地」の中で述べた。この5章では、特に国と地方のPFI事業と国の年金機構への譲渡に絞って述べたい。

(1) PFI法成立 (1999年)　サッチャー政権の行政改革手法を導入

PFI法が日本で成立した1999年には、PFI「発祥国」英国の「行政改革大推進者」サッチャー政権は、すでにメージャー政権 (同じ保守党) に替わっていたが、サッチャーリズムと呼ばれ、行政改革を進めていた。

その行政改革を批判して誕生したのが、労働党のブレア政権 (1997年5

月2日－2007年6月27日）であった。

　このように本場英国では、PFIについての評価がすでに下がっている状況にあったにもかかわらず、日本では、不思議なことにPFI法が国会ではほとんど審議されないまま成立した（1999年）。なお、この時、連合と自治労からは見解が出されなかった。

(2) PFIとPPP（官民連携）

　今日、PFIのことを、PFIを含む指定管理者制度など民間委託全体を指して、PPP（官民パートナーシップ　public-private partnership）と呼ぶことが多くなってきた。

　PPPは、「官民パートナーシップ」あるいは「公民連携」という「概念・理念」であって、実際の法的裏付けは、本質的にPFIと変わることはないため、この著ではPFIとして統一的に扱うことにする。

　1980年代後半から始まったグローバル化によって、日本企業の事業再編・構造改革は大手と中小企業を問わず、かつてない規模で進み、並行して、少子高齢化・自治体再編によって、官から民への移行も進んでいる。

　そして今後、「官から民へ」（民営化）の軸となるのはPFIであると、安倍政権の成長戦略会議、産業競争力会議、規制改革会議での審議の中で明らかになった

　PFIが他の民間委託とどのように違うのか、その特異性と、「官から民へ」「公務員の非公務員化」は、どのように進むのだろうか。

(3) PFIの特異性とは何か

　PFIは、他の民営化のツールとどのように違うのか。簡単に述べると、主に6点に集約される。

　①「民間の資金、経営能力及び技術能力を活用」することが第一にあって、これまでの行政サービス事業促進のために「不足する資金」を民間から借りるという事業方式を否定し、民間金融機関の「潤沢な（余った）資金」と民間企業の「内部留保」のはけ口として、プロジェクトファイナンスとしての長期安定型公的事業を創り出すことに目的がある。

この事業に関係する住民・国民の声が反映されない形で進められる。
② PFI 法として「民間事業者の技術の活用、創意工夫を発揮できるようにするため、これを妨げる規制」については、撤廃、緩和するように国及び地方に義務付けられている。

つまり、PFI 事業を推進するために、最初に規制緩和ありとされ、国や地方の法や条例がこれより下位におかれ、事業の推進を優先されている。
③ 企画立案、設計段階で、PFI 事業者に任せるため、イニシアチブが最初から行政側に与えられていない。これによって、その事業の適正や、他の事業との優先度の違い、透明性・公平性、公正などの点で、出発段階からあいまいとなる。
④ 施設建設と事業の維持管理運営権（後でコンセッションに関係する）に関する契約が 30 年から 50 年と長期にわたることが多く、契約終了までの間に、事業の当初参加者（落札者）が、第 3 者に権利を譲渡することが許される。このため、かつてのバブルの原因になったような利益優先となり、公益性が損なわれる可能性がある。
⑤ PFI 事業の対象が、病院、上下水道、道路、鉄道、病院、空港、港湾、河川、区画整理など、インフラ関係と公営企業会計関連の事業分野で、ほぼ全面的となっている。

この事業には、公務員の派遣・出向が含まれるが、かつての英国のサッチャー政権のように公務員の非公務員化が本人の意思に関係なく進められ、解雇されるものが出る可能性もある。日本では、EU（ヨーロッパ連合）における TUPE（事業譲渡と雇用保護法）がないために、その都度労使で協議しなければならないが、企画立案、設計段階では労働組合自身がアウトソース、はずされて、事業が一方的に進められてから、労働組合に事実上の「事後承認」を求めてくることになる。
⑥ PFI 事業は、アウトソーシング（外部化）という性格を持っているため、官・民双方の使用者側は、「管理運営事項」を理由に「労使問題」「労働条件」についてほとんど労働者・労働組合と事前協議する必要性を認めない傾向が強い。

⑤で述べたように、「中間報告」あるいは「結果報告」についての説明も、一方通行が主流となる。労働組合として、事業の中断を迫る事案でない限り、際限なく「了解」（妥結とは言えない）せざるを得ない。このため、「労働組合そのものの存在性が問われる」という事態が生じる。
（2000年8月23日付の自治労都庁職労組見解）

3. 2011年PFI法改正の重大性　コンセッション、公務員出向・派遣の問題

(1) 菅直人政権「新成長戦略2011」の中でPFI法改正を明記

PFI事業の歴史的な飛躍

日本において1999年にPFI法が成立する以前から、無条件に絶賛していた菅直人氏は、自らが総理となって「新成長戦略実現2011」の中でPFI法改正を次のように説明している。

① 民間活力により、低コストで高質な行政サービスを実現するため、コンセッション方式として、公共施設等運営事業権（仮称）に係る制度を創設することを内容とする。

　　として、PFI法の改正法案を国会に提出した。

② PFI専門家派遣制度（仮称）の創設及び「地方公共団体へのワンストップサービス（仮称）」の実施する。

③ 新たなPPP（官民連携）／PFIについて、具体的な案件の形成等を推進。
　※民間の創意工夫が発揮される魅力ある制度への改善を行い、案件を形成するための取組や、民間資金の活用方策の検討が必要。

こうして菅直人民主党政権の下で2011年5月24日にPFI法改正が成立した。同年政府関係機関は、全国に6カ所で説明会を行った。

筆者もこの説明会に出席したが、どの会場もインフラ関係事業者、金融機関など400人以上の人が集まり、熱心な質疑と盛り上がりで、開催を2回追加したほどであった。なお、労働組合関係者は、この説明会も知らず、また、出席したとの報告は全くなかった。

安倍政権は、この菅直人政権の「2011成長戦略」を引き継いで、これを

アベノミクスの柱として具体化していることに注目しなければならない。

(2) コンセッション（公共施設等運営権）

2011年PFI法改正の大きな特徴の一つは、コンセッション（公共施設等運営権）である。これは、公共インフラの運営権を民間企業に売って、代金を得る。運営権は財産として認められているので、権利を担保にすることができる。民間企業は料金などから収益を得ることができる。

これまでとどのように違うのか？ コンセッション方式では、民間事業者が経営主体となるのに対し、それ以外の方式では公的機関（水道事業であれば、水道事業者）が経営主体となる。経営主体となることは、当該事業に対する最終的な経営責任を持ち、重要な方針、計画や施策の決定権を持つことを意味する。

換言すると、コンセッション方式においては、当該事業における民間事業者の「責任」と経営の自由度・フリーハンド（転売も含む）が、はるかに大きくなることが、これまでにない大きな特徴である。

安倍政権の下で、2013年5月にPFIのガイドラインが作成され、黒田日銀総裁の金融緩和方針の影響もあって、これまでになく大規模に推進されることが決まった。

オーストラリアでは、ゴールドコースト空港がコンセッションによって収益が3倍になり、地元・地域に繁栄をもたらしていると宣伝されている。

こうした先例にならって、2015年3月に仙台空港がコンセッション適用の第1号となった。

(3) 当面のコンセッション、空港6件、上水道6件、下水道6件、道路1件を設定　2011年PFI法改正の具体化、公務員退職、出向へ

コンセッション対象事業

2013年6月14日に閣議決定された「日本再興戦略」では、空港、上下水道、道路を始めとする公共施設について、公共による管理から、民間事業者による経営へと転換することにより、サービスの向上や公共施設を活用した新しい価値を生み出す経営手法である公共施設等運営権制度コンセッション

の導入を推進することを決めた。

特にコンセッションの対象を仙台空港などの国管理空港等に拡大した。

2015年2月10日にはその「実行計画」を閣議決定した。

2016年度末までの3年間を集中強化期間として位置付け、公共施設等運営権方式コンセッションを活用したPFI事業の重点分野毎の数値目標として、空港6件、上水道6件、下水道6件、道路1件を設定するとともに2022年までの10年間で2〜3兆円としている目標を集中強化期間に前倒し、重点的な取組を行う。

公務員の待遇

こうした状況に合わせて、小泉進次郎政務官が中心となって、産業競争力会議において、PFI事業への出向にともなう公務員の待遇について関係省庁は具体的な詰めを行ってきた。仙台空港については、公務員の「退職出向」となった。

ただし、他の事業については、個別の法案として、あらためて公務員の処遇についてどうするのか提案することになった。

先行する大阪府・市

大阪府・市の場合はどうだろうか。

大阪市では、2014年4月9日水道の民営化方針を幹部会で決めた。30年間の運営権の最低売却額を約2,300億円で予定している。

該当の職員1,600人のうち一部を除き転籍させる方針だ。本人の同意を得られない場合は、「分限処分の対象にする」という。

非正規の契約職員はどうなるのか不明だ。

2015年11月22日に行われた大阪府知事と大阪市長のダブル選挙において、知事には松井一郎氏が再選され、市長には吉村洋文氏が初当選した。どちらも、大阪維新の会が、自民党が推薦し、民主、共産両党の地元組織が支援した候補者に圧勝した。

このことにより、「都構想」の再提案とともに、いったん「中断」している水道事業のコンセッション（運営権の譲渡）が推進されるだろう。結果と

して、地方公務員法第28条、(国家公務員の場合、78条) による職員の分限免職（整理解雇）が適用されるケースが多発するのではないか。

こうした事案が、日本では今後、国、自治体問わず多数起きると思われるが、日本では、TUPE（事業譲渡と雇用保護法）がまだ制度化されていないため、「公務員のクビ斬り」に対する「歯止め」「規制」はない。このことに、公務員が気づき始めるだろう。

筆者が発表した『公務員がクビになる日』（都政新報社）で触れた、こうした「憂慮すべき事態」は、この数年現実の問題になってきたが。

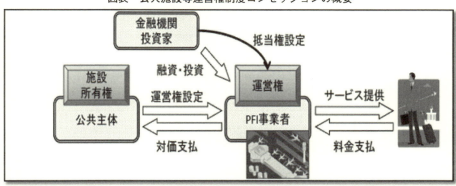

図表　公共施設等運営権制度コンセッションの概要

内閣府資料

行政改革推進会議　民間活用、府省・地方との連携強化、行政の革新の3本柱

行政改革推進会議は、2015年3月31日の会合で、行政の無駄を減らす強化策を決めた。民間活用などを軸に政策の改善策を少人数の有識者で議論する「重点課題検証」を新設。各省庁の事業内容の公開点検は毎年秋に定例化する。財政再建を見据え歳出削減を深掘りする。

重点課題検証は(1)民間活用　(2)府省、地方との連携強化　(3)行政の革新——の3本柱。

公開点検は、次年度予算に反映するため秋に年1回実施する。

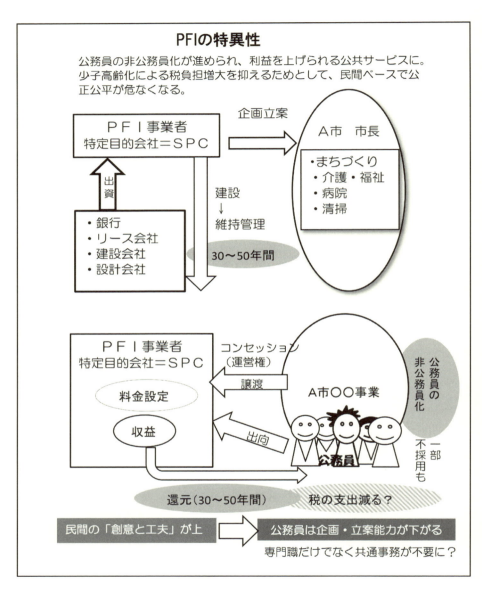

(4) コンセッション、最初の事業　仙台空港の場合

　コンセッション最初の適用事業となった仙台空港について、内閣府PPP／PFI（民間資金等活用事業）推進室は、あらためてコンセッションと公務

員の出向について、次のように説明している。

1. 制度の目的

　安全性確保等の観点から、公共施設等運営権者へ公務員を出向させ、公共施設等運営事業の運営等に係るノウハウの移転及び運営等の業務を行わせることにより、同事業の万全な実施を図る。

2. 制度の概要

(1)　対象法人
　　以下の要件を満たす公共施設等運営権者
○　公共施設等の運営等を行う者として、PFI法第16条に基づき公共施設等運営権が設定された者
○　運営事業の運営等に係るノウハウの移転が完了するまでの間、安全性確保等の観点から、当該ノウハウ移転及び当該運営等の業務を行うための人的援助が必要な者

(2)　出向前の手続き
○　任命権者と対象法人との間で業務内容、給与等について取決めを締結
○　職員に取決めの内容を明示
○　任命権者の要請に応じ、職員が退職（退職出向）

(3)　出向
○　出向対象となる職員：国家公務員又は地方公務員
○　期間：3年以内
○　人数：人数制限なし
○　業務内容：取決めに従って対象法人の業務に従事
○　給与：支給せず（運営権者が支給）
○　指揮命令権：業務遂行上の指揮命令権は運営権者に帰属

○ 年金保険：出向元の共済制度
○ 医療保険：出向先の医療保険
○ 雇用保険：出向先の雇用保険
○ 労災保険：出向先の労災保険

(4) 再採用
○ 再採用が前提

(5) 再採用後の処遇
○ 給与等：部内の職員との均衡を失することのないよう、必要な措置を講じ、又は適切な配慮をすることが前提
○ 退職手当：退職出向期間を100％通算
（内閣府PPP／PFI（民間資金等活用事業）推進室　2014年11月）

【在籍出向と転籍出向の違い】
ここで、在籍出向と転籍出向の違いについて整理しておこう。

【出向（在籍出向）】
　出向元との労働契約関係を維持したまま、出向先との間に労働契約関係を生じさせ、労働契約の一部が移転し、指揮命令権も出向先に移転する就業形態をいう。

【派遣】
　労働者派遣の場合、労働契約関係は派遣元との間にあるが、指揮命令権が派遣先に移転する就業形態のことをいう。

【在籍出向と転籍出向の違い】
在籍出向は、出向元との労働契約関係を維持したまま出向先に労働契約関係の一部と指揮命令権が移転するが、転籍出向は出向元との労働契約関係が全て転籍先に移転する。

◇在籍出向

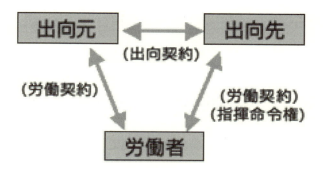

◇転籍出向

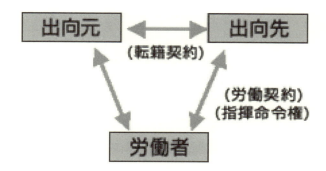

◇派遣

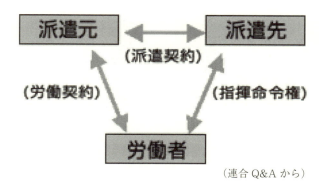

（連合 Q&A から）

4. PFIによる公務員の出向・派遣は広がる
非公務員化、退職、解雇はどうなるのか？

(1) 民営化は公営企業会計事業分野から一般会計事業分野へ広がる

　菅直人政権の下で決定された「公務員のPFIへの出向の円滑化」は、これまでの「公益法人等派遣法」の範囲をはみ出している。

　本来は、公務員の営利的企業への派遣は禁じられているが、指定管理者制度等の進行にともない、あいまいになってきた。PFI事業者（SPC）への公務員の出向については、さらに法整備が必要とされるが、安倍政権下で2014年11月に仙台空港に関連してその内容が明らかになった。

PFI事業者への公務員の出向は、個別法で定められる。

　自治体では、公営企業関係の事業の場合、事業を細切れしにくい、あるいは、細切れによる混乱が生じるなどの性格から、全部、民間・PFI事業者（SPC）へ譲渡されることが想定される。

　このため、今後、上下水道、公営交通、病院など公営企業会計（独立採算方式）関係事業から民営化が進み、やがて、一般会計の中の道路建設・維持、福祉関係等の事業譲渡へ広がる可能性が大きい。

　なぜなら、一般会計にある事業にも、例えば道路、河川、公園などの事業でも利益を上げられる可能性を持った事業（道の駅、パーキング、レストラン、オープンカフェ等）を内包しているからである。

　さらに、その他一般事務（共通事務）などにも広がることも想定できる。なぜなら、民間では、庶務、経理など「繰り返す仕事」は、その分野を細切れしてアウトソーシング（外部化）している企業が多くなっていること（例　会計事務、出勤簿事務など）と、すでに自治体で取り組んでいるケースが多くなっているからである。（日本公共サービス研究会平成26年中間報告　4章9参照）

　この分野を専門化し、他の自治体等との「IT化による事務の共有化と連携」を進め、一層効率化すると思われる。

人材派遣会社パソナ会長竹中平蔵氏は、この受け入れ口に立っている。

また、このことは同時に、市町村の合併を推進することになる。

まさにアベノミクスにとって、PFIは、一挙両得どころか、三、四得である。

資料 「諸外国における官民の役割分担の状況に関する調査研究」

　三菱UFJリサーチ＆コンサルティングは、総務省行政管理局から調査の委託を受け、2006年3月で、「諸外国における官民の役割分担の状況に関する調査研究」を発表した。以下、この資料（抜粋）を紹介する。

【ケース・スタディ】
事例1　アメリカ内国歳入庁※、庁内電子化に関する業務」のTUPE適用事例
　　※（アメリカ合衆国の連邦政府機関の一つで、連邦税に関する執行、徴収を司る）
・内国歳入庁は、1994年、庁内の電子化に関する業務
　（information technology solutions）について市場化テストを実施した。
　　入札には民間企業6社が参加し、EDS社の受注が決まった。
・EDS社への業務移管に伴い、全職員約2,250名のうち、約1,900名の従業員がEDS社に移管された。職員の移管は1994年と1996年の2回に分けて実施され、1994年に約1,100名、1996年に約800名が移管された。
・EDS社に移管された従業員には、**TUPE（事業譲渡と雇用保護法）の規定に従って、従前の雇用制度内容が保障されるとともに、将来その保障内容を変更する場合には、労使交渉が必要であることが確約された。**
　　また、移管された従業員の年金について、EDS社は、公務員年金制度と同等の保障を与える新年金制度を提供したが、希望者には従前の年金の継続加入も認められた。
・移管されなかった職員については、約300名は庁内に残った関連部門に再配置され、残り約50名は退職した。
　　業務の移管に際して人員の整理を見込んでいたEDS社に対して、内国歳入庁は、同社に対して事前に、余剰人員整理にかかる費用負担を見積書に含めることを求めていた。その結果、**解雇された従業員に支払われた解雇手当は、EDS社が負担した。**
・配置転換されずに庁内に残った約300名の職員は、EDS社との契約の執行状況のモニタリング等の業務に従事しているが、その職員規模は将来的に削減されることが見込まれている。

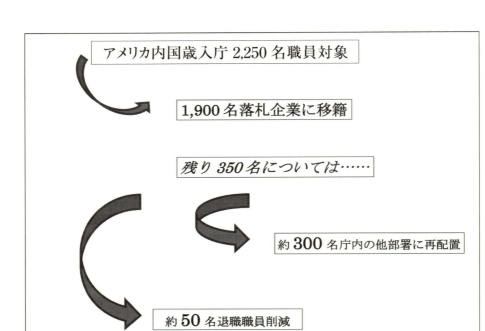

※三菱ＵＦＪリサーチ＆コンサルティング　第4章5（2）参照
※土木学会建設マネジメント委員会　5（5）参照

(2)　在籍出向と退職出向　非公務員化との関係

　事業譲渡されることに伴い、どのように「退職＝非公務員」は進められるだろうか。全部譲渡の場合、事業譲渡される当初からか、あるいは一定年数を経てから行われるという方法がとられる。

　一方、「在籍出向」（公務員の身分を有したまま出向する）は、その事業が施設の建設・維持管理に限った場合など10年程度で収束し、かつ同一行政地域において、同種の事業（例えば病院や介護福祉施設、公園等）が他にあれば、前の事業が収束し次第、新たな事業に異動することになる。この結果、出向期間が通算されるので10年以上となる。

　指定管理者制度の場合、このように出向が10年を過ぎることが、全国で多数発生している。

　しかし、出向先で「退職」して非公務員にすると、使用者（自治体当局）

側からすると、民間と違って「公務に支障が生じる」と判断している。

このため10年以上たっても出向、派遣の「辞令交付」を何回でも繰り返すという異常な事案が全国的に発生している。つまり、毎年1年間出向して年度末の3月31日に元の職場に戻って、翌日4月1日にあらたに出向する辞令（形式）が出されることが続いている。

全国の多くの指定管理者制度の場合「戻る職場」があるので、こうした不自然な「在籍出向」が継続される。

しかし、上下水道、公営交通、病院等については、事業途中で大きな問題が起こり、指定管理者制度やPFI（又はPFI方式）が中止となって、直営（公営）に戻すということが起きない限り、全部譲渡となり、職員の移籍は「一方通行」となり、「元の職場に戻る」ことはできない。

つまり、「元の職場に戻る」ことができない「片道切符」となり、予め転籍する際に「退職」を辞令交付されるか、10年程度してから出向先で「退職」することになる。

「在籍出向」か「退職（非公務員化）出向」かは、事業の性格によって異なる。

こうした違いが、今後も続くのだろうか。

期間を定めずに、10年以上変則的に出向・派遣させることがないように、あるいは、年金機構の場合のように一方的な「退職」を強いることがないようにするために「全部譲渡」する場合は、原則全職員を移籍させるという「雇用保護」（日本版TUPE・事業譲渡と雇用保護法案）を制度化することの方がはるかに安定する。

官から民への事業譲渡にともなう雇用問題に関係する最近の事案を2件紹介する。

1) 2013年12月16日、行政改革推進会議（議長・安倍首相）が、国立病院機構（143病院、常勤職員約5万5,000人）の職員を「非公務員」にすることを2015年春から実現したいと発表した。

(2013年12月16日　読売新聞)

2) 2010年の日本年金機構の発足に伴い、分限免職処分（解雇）とされた

旧社会保険庁職員15人が、処分取り消しや慰謝料を求めたが、2015年3月25日、大阪地裁は「裁量権の逸脱はなく適法」と訴えを棄却した。

(2015年3月25日　時事通信社)

なお、社会保険庁に関連する「有期雇用6,000人削減」提案（2014年12月時点）については、この4章5(4)で述べている。

(3) 民間では事業譲渡する時、譲渡元の社員の身分保障がないのが一般的

民間では、例えば、A信用金庫がB銀行に譲渡（吸収）される際に、A信用金庫の労働者の全員が解雇されるか、あるいはその一部が、職歴、家庭（被扶養者数）などの条件を配慮されて、譲渡先に移籍・採用されることがある。※2015年10月、東芝は、半導体設備、1,100人がソニーへ移籍し、残りの1,200人が配置転換や早期退職の見通しを発表した。

繰り返すが、日本では日本版TUPE（事業譲渡と雇用保護法）というものがないため、民間では、その都度、譲渡元と譲渡先との間で雇用（移籍）について「取り決め」なければならない。しかし、多くの場合、譲渡先は、A信用金庫の労働者を受け取らず（移籍を認めない条件で）、ほぼ全員が解雇されることが多い。

従って、官から民へ譲渡される場合、例え、事業の内容が同じであっても、事業譲渡元の「元公務員」についての身分保障は、その都度労使で事前に協議し、「確認」する必要がある。（議会で議決した後は変更不可能）

こうした認識が弱く、事前の使用者側に対する交渉が不十分である（情報の非対称性という）と、「民営化反対集会」を繰り返すものの、せいぜい地方労働委員会へ「訴える＝（あっせん申請）」を行っても、モノワカレ（和解せず）に終わるケースが多い。

要するに、民間での事業譲渡は、民間労働者は解雇されても、公務員は解雇されないという差別的な意識では対応できなくなる。対応が遅れると、下記の銚子市の場合のように、利用者・住民の犠牲を伴いながら、労働組合・組合員が爆砕されてしまう。

第 4 章 官から民へ

(4) 銚子市立病院の事業譲渡の場合、全員解雇（分限免職）
　公共サービスについて、譲渡されれば、すぐに譲渡先に人材が確保されている（譲渡先に、ほぼ同じ定数の新規採用枠が予定されているという意味）ならば、譲渡元の職員が「余剰人員」となって、全員解雇されるということは、一般的に考えにくいところだが、銚子市立病院の場合は、ほぼ全員分限免職となった。
　岡野俊昭市長（当時）は、2008 年 7 月 7 日、同市立総合病院を 2008 年 9 月 30 日で休止し、事務職員を除く、189 人の職員を分限免職すると発表した。
　同病院労組は、8 月 18 日に千葉県地方労働委員会へ不当労働行為の救済を申し立てた。
　千葉県労働委員会は、和解勧告を行ったが、不成立となった。
　市長部局に任用替えとなった 4 人を除く、職員 185 人が分限免職（整理解雇）となった。（医師 12 人、看護師 91 人、准看護師 30 人、医療技術者 37 人、看護助手等 15 人）
　このように、一部の自治体で始まった集団的な「公務員がクビになる」ケースは、2011 年 PFI 法改正を契機にアベノミクスの風に乗って全国的に波及すると思われる。こうした「官から民へ」がほぼ同時に全国的に起きる場合、該当する公務員の身分保障問題だけでなく、残された現職公務員にも賃金のみならず、退職手当、年金にも及ぶことは明白である。
　「勝ち組」の中に非正規問題の風が例外なく吹きまくるのである。

※詳細は、この 4 章 11 参照

(5) 事業譲渡の際の「退職」と「解雇」（分限免職）とは、どのように違うか
　全面的に事業譲渡される時に、上述の「片道切符」の場合、公務員及び関係する非正規労働者（臨時・非常勤職員）が、全員移籍することになるかという問題が起きる。
　全員が退職して移籍することになっても、恐らく一部の人が、「面接」「書類審査」（譲渡元の人物評価、前歴、成績評価などの書類を、譲渡先がそのまま使用することは、違法性があるが、労働組合等関係者はそのことに危機感が弱い）などを経て、不採用となるケースが起きる。つまり、クビ＝失業

になる可能性が高い。

2011年の法改正において、議事録では、自民党の議員がこの解雇につながることについて「入口」だけ触れている。

この時の付帯決議には、管理職等の「天下り」にならないようにするなどが明記されているが、事業譲渡にともなう一般公務員と臨時・非常勤職員の雇用保護問題については、何も明記されていない。

(6) 「官から民へ」が進むと、公務員の退職手当と年金も削減される

「官から民へ」の譲渡には、身分保障だけでなく、賃金はもちろんのこと退職手当や年金の問題にも跳ね返る。

① デトロイトやギリシャは対岸の火事ではない

デトロイトやギリシャにおける公務員の削減、賃金、年金の切り下げ問題は、日本にとって対岸の火事ではない。

これまでは、日本全体が「高度経済成長」「終身雇用」などの経済的、社会的慣行を背景に、特別な場合を除き、公務員の解雇（分限免職）、退職手当や年金の極端な切り下げはなかった。

しかし、少子高齢化が進むため、多くの自治体では、人件費の大幅な削減が進められる。ただし、法人の事業収益が極端に上がった場合は、結果として法人税関連の税収が伸びるということになるが、そうした例は、大都市に限られる。

② 民間での退職手当や年金削減の方法もコピー化される

民間では、退職手当について入社時よりも突然大幅に削減されることが多い。突然の退職手当の大幅な削減について、該当する労使間のやりとりとして問題があったとしても、結果として「経営上の理由」等により「違法」とならないケースが多い。このことが多くの自治体公務員にも起こりうる。

例えば、入庁した時は、退職手当の支給率が60カ月であっても、財政事情を理由に、退職時では20カ月以下ということも、起こりうる。首長や議員の有権者へのポピュリズム的、迎合的な意味を込めて強引な選択がとられ

ても、手続き上不正でなければ、こうした大幅削減は進められる。

資料(1) 構造改革特区法改正案を閣議決定／公社管理有料道路でコンセッション

　政府は 2014 年 10 月 31 日の閣議で、今国会に一括して提出予定の国家戦略特区法と構造改革特区法の両改正案を決定した。公共機関が施設を所有したまま運営権を民間に売却するコンセッション（公共施設等運営権）方式の導入を広めるため、道路整備特別措置法で認められていない公社管理有料道路のコンセッションを構造改革特区制度の特例措置として設定できるようにする。愛知県が全国に先駆けて計画している県道路公社の有料道路の民営化が解禁される。

（内閣府）

資料(2) 「PFI 事業に対する自治労都庁職見解」 2000 年 8 月 23 日付（抜粋）
15 年前指摘したことが、現在、全面的に具体化される

　「PFI 法第 2 条（定義）では、道路、鉄道、港湾、空港、河川、公園、水道、下水道、工業用水道等の公共施設、廃棄物処理施設、……市街地再開発事業、土地区画整理事業……準ずる施設等の建設、維持管理及び運営の促進をはかるとしており」
　第 17 条（規制緩和）（当時 17 条であったが、現在は 76 条に変更。）では、国及び地方公共団体は、特定事業の実施を促進するため、民間事業者の技術の活用及び創意工夫の十分な発揮を妨げるような規制の撤廃又は緩和を速やかに推進するものとする。……
　企画立案・設計段階まで民間事業者に任せることになり、行政のイニシアチブまで失う危険があります」と見解を発表した。

資料(3) 東京都 PPP・PFI 活用

　東京都は 2014 年 7 月 11 日、ニューヨークやロンドンに匹敵する国際金融拠点の形成を目指し、4 分野で計 20 項目の施策をまとめた。……
　例えば、民間の資金やノウハウを使う PPP の手法で、都有地に保育所などを整備する事業を拡充する。老朽化した都営住宅を集約・高層化して、新たな事業用地を創出することも検討する。官民連携によるファンドを通じた投資も再生エネルギーなどの分野で進める。
　都内に子育て支援施設や高齢者向け施設を増やすため、都会計管理局は来年度に官民連携福祉貢献インフラファンドを創設する。都が 50 億円を出資し、民間からも出資を募る考えだ。ファンドが特定目的会社（SPC）に出資し、SPC がビルに福祉施設、賃貸住宅などを集約し、都版 CCRC の整備を目指す。その賃料が配当金として出資者に還元される仕組みだ。

（東京都 HP から）

2020 年東京オリンピック・パラリンピック競技大会に向けて
　日本国内では、平成 23 年に PFI 法が改正され、コンセッション方式が導入された。また、前述のとおり、金融庁による規制緩和および東証におけるインフラ市場の創設など、国内における民間資金を活用したインフラ整備を活性化させる環境が整いつつある。

（東京都財務局 2014 年・平成 26 年 3 月 31 日）

資料(4)　小泉進次郎政務官、岩手県紫波町 PFI 調査
　　　　　　　　　　　　　2014 年 10 月 29 日　　衆議院地方創生特別委員会（抜粋）
小泉政務官：（岩手県紫波町 PFI）オガール・プロジェクトについて、感銘を受けた大きな理由が主に三点ある。
　一点目は、補助金を受けないかわりに、政府系の金融機関が出資をしたことで、民間の金融機関も出資を集め、金融面での成功に導いた。
　それに加えて、施設の中には「道の駅」のようなマルシェがあるが、農水省の補助金が入ると、制約がかかるが、置きたいものは自由に置きたい。この結果、補助金を使わない、と決めた。
　二点目は、施設の中の一部には、日本で唯一の国際基準のバレーボールの専用床を使ったバレーボール専門体育館がある。
　三点目は、金融、まちづくり、農業とか、それぞれの専門人材を集めて活用している。

資料(5)　PFI 事業者への国家公務員の派遣について
PFI 事業者への国家公務員の派遣について
　　　　　　　　　　　　　　　　　　　　　　　　　　　　　平成 26 年 3 月　人事院
1．PFI 事業者への国家公務員派遣
　PFI 事業者への国家公務員の派遣は、現在、国が管理する施設の運営を PFI 方式により受託する民間事業者に対し、「業務承継やノウハウ移転のために数十名〜数百名単位での出向」（産業競争力会議フォローアップ分科会（立地競争力等）（第 2 回）資料）を、組織的・継続的に行うため、当該業務承継等に係る関連業務に従事する国家公務員を派遣するものと承知。
2．既存制度との関係
　国家公務員を民間企業に派遣する制度として、国と民間企業との間の人事交流に関する法律（平成 11 年法律第 224 号　官民人事交流法）に基づく派遣があるが、この制度は、
・「行政運営における重要な役割を担うことが期待される職員について交流派遣をし、民間企業の実務を経験させることを通じて、効率的かつ機動的な業務遂行の手法を体得させ」
・「民間企業の実情に関する理解を深めさせることにより、行政の課題に柔軟かつ的確に対応するために必要な知識及び能力を有する人材の育成を図る」
ことが目的であることから（官民人事交流法第 1 条）、民間企業への業務支援を目的とする派遣は、この法律の目的に合致するとは言い難く、この制度により、PFI 事業者に職員を派遣することは困難かつ制度の範囲外と考える。
3．対応
　これまで空港の運営等を行ってきている成田国際空港株式会社、新関西国際空港株式会社、中部国際空港株式会社へ技術的支援等を行うために職員を派遣する場合には、国家公務員退職手当法（昭和 28 年法律第 182 号）に基づく退職手当通算による退職出向が活用されている。また、競争の導入による公共サービスの改革に関する法律（平成 18 年法律第 51 号　市場化テスト法）により、落札した民間事業者に退職した国家公務員が就職する場合に

第4章 官から民へ

も、退職手当に関する特例が講じられている。
　PFI事業の運営等を行う民間事業者へ技術的支援を行うために、退職した国家公務員を派遣することを目的とした措置を講じる場合には、その必要性等を整理した上で必要な法的措置を講じることとなると考えられる。
　他方、退職出向とは異なり、国家公務員の身分を持ったまま、数十名から数百名単位で5～10年にわたり、PFI事業者に派遣する必要があるとすれば、それを可能とする仕組みは現行制度にはなく、法律上の措置が必要と考える。この場合は、国家公務員が、民間事業者においてその業務に従事する趣旨、目的、理由等について関係府省において整理いただく必要がある。以上。

※仙台空港の場合、出向の形態を「在籍か退職か」半年間討議した後で、2015年（平成27年）3月、「退職出向」とすることが閣議決定された。

資料(6)　東京オリンピック、PFI導入を
　　　　　　　　　　　　　　　　　　　　　2013年9月13日　成長戦略会議
【PPP/PFIの大胆な活用等による効率的な施設整備の推進等】
　関連する施設やインフラの整備・運営にあたっては、財政負担を最小化しつつ、一過性に終わらず長期にわたって収益を生み出し、維持管理コストを低減できるよう、計画初期の段階からPPP/PFIの手法を最大限活用して進めるとともに、新しい技術導入を促進すべき。
　特に、骨太方針に掲げた首都高速道路の改修と都市再生をはじめとして、ナショナル・レジリエンスの観点も踏まえ、PPP/PFI事業を大胆に加速・拡大すべき。
【国家戦略特区の最大限の活用】
　国家戦略特区を活用し、東京大会までに、東京をどう変え、日本をどう変えるか、戦略的に検討する必要がある。医療、教育、都市計画、PPP/PFI等に係る規制改革を3～4年を目途に大胆に進め、オリンピックまでに全国展開すべき。

---

5. 安倍政権は、民間研究機関とも連携して規制緩和・民営化を推進している

(1) 民間資金等活用事業推進機構　発足

　2013年9月上旬にテレビ東京で「これからは、インフラ整備はPFI中心になる。オリンピックも。河川、河川敷整備も。具体的には、千葉県香取市（旧 佐原市）では、道の駅を中心に『儲かる行政サービス（筆者の造語）』、整備事業を進めている」と報道した。
　国の成長戦略の一環として、PFIという民間資金を活用したインフラ整備

を広げようと、この事業を支援する新たな官民ファンド「民間資金等活用事業推進機構」が2013年11月11日、発足した。

PFIは、大型の案件として、関西空港や仙台空港のほか、自治体の上下水道の運営権を民間に売却することなどが検討されている。

同機構は、政府保証の付いた資金を総額で3,000億円調達することができ、これを元手にPFIを行う事業者に融資したり出資したりするほか、事業に詳しい専門家の派遣なども行う予定である。

なお、産業競争力会議は、小泉進次郎内閣府政務官が中心となって、2014年3月以降精力的に、2011年PFI法改正にともなう具体化と法整備を進めてきた。

(2) 民営化に向けた民間研究調査機関の動向

こうした状況の下で、民間の研究機関も民営化について、積極的に具体的な研究課題に取り組んでいる。

現在、第2次から第3次へ安倍政権が進んでいることもあって、特に大手民間研究機関の見解発表は、かつての「このようになるであろう」という見通しではなく、政府関係機関と綿密に連絡調整を行ったうえでの「具体的対応」ともとれるレベルに発展していることがわかる。

ここでは、その一部として、三菱UFJリサーチ＆コンサルティングを紹介する。

(3) PFIと金融システム・プロジェクトファイナンス

PFIの特異性には、金融機関との関係が大きい。
一般的に、金融機関は国や自治体に対し、これまでの「モノを言わない」「口出ししない」で公共事業に資金提供（金貸し）する関係であった。

ところが、PFIの場合は、金融機関が、PFI事業に参加する民間企業者とともに、国や自治体と同じ立ち位置で、事業を企画立案し、推進し、資金回収する関係に発展する。これは、民間で進められているプロジェクトファイナンスの仕組みと同じであり、グローバル事業、多国籍事業などと本質的に同じであると言ってよい。

① これまでの一般の融資の場合、企業に対して融資する。
(日本の多くがこのパターンであった)

| 日本銀行 | ⇒ | ○○銀行 | ⇒ | ○○企業 |

※融資○○億円（融資額が小さい）

② プロジェクトファイナンスの場合、事業に対して融資する。

| メガバンク○○銀行、○○商事など複数による体制 | ⇒ | ○○事業 |

※融資○○○億円（融資額が大きい）

　プロジェクトファイナンスの場合、融資額が格別に大きい。このパターンが今後の21世紀のモデルになると言われている。発展途上国に今後100兆円規模の事業が予定されている。
　PFIは、こうしたプロジェクトファイナンスに自治体が約半分の資金提供をするパターンが多い。発注者の国・自治体が、目的会社（SPC）を設立する際に出資する。
　横道にそれるが、現在、中国が主導する**アジアインフラ投資銀行（AIIB）**は、このプロジェクトファイナンスをイメージしているものと思われる。ただし、中国の政治体制、社会システムの基盤が民主主義的でないように、この銀行のシステムにどのような透明性や公開性、責任制が保障されているのかは、なお未知数である。

PFIは、プロジェクトファイナンスが軸に動く

| 自治体＋メガバンクなど複数による体制 | ⇒ | PFI事業 |

※融資○兆円

| ○○特定目的会社SPC設立 | 事業収益 | ⇒ | 出資者へ配当・支払い元利返済 |

年○○○万円

メガバンク……みずほ銀行、三菱東京UFJなどが、他の地方銀行、証券

会社、消費者金融などを傘下に入れ、総合的な金融サービスする体制。金融ビッグバン、サブプライム問題以降、急速に発展・拡大している。

　企画段階から総合的で独創性が生まれやすく、規模が巨大になり、収益率が格段に高くなる。PFI事業も実質的には同じ。

　ただし、原油などが下がりすぎると損益に影響する。

※金融ビッグバン（1996年～2001年）、その一つがリーマンショック（2008年9月15日）。この時期から日本の金融機関は「護送船団方式」を崩し、証券制度改革を行った。こうした背景でプロジェクトファイナンスが主流となっている。

(4)　社会保険庁から年金機構へ
　　　あらたに有期雇用職員を6,000人削減提案の懸念
　　　その後の主な経過は、次のとおり（筆者メモ）

（2015年6月末時点）

　社会保険庁が廃止され、日本年金機構が発足して6年目になった。

　現在、日本年金機構は民営化した組織形態で、公的年金の業務運営を担っている。

　政府は、現在も2,000万件以上の年金記録が未統合な状況にもかかわらず、年金記録問題が収束しているとして、日本年金機構に対する予算を削減しようとしている。

　これに合わせて、国家公務員の525人分限免職処分に続き、職員全体の半数以上を占める有期雇用職員のうち、記録問題対応要員の6,000人分の予算確保が難しくなった。

【経過と主な問題点】

・平成20年7月29日、福田内閣議決によって「基本計画」として、機構の設立時点の人員数は、総数17,830人程度とし、10,880人程度を正規職員、6,950人程度を有期雇用職員。なお、社会保険庁の常勤職員により担われている業務のうち、機構設立後に削減することが予定されている業務量（システム刷新後の業務量）におおむね相当する人員数（1,400人程度）

については、機構の有期雇用職員（准職員）として整理された。
- また、システム刷新後には、機構の人員数は総数 14,470 人程度とし、うち 10,770 人程度を正規職員、3,700 人程度を有期雇用職員とすることが決定。
- 福田政権の後に麻生内閣が続き、鳩山内閣へ替わったが、この「内閣決議」は取り消しできなかった。

【予算確保にむけた取り組み】
- 年金記録問題への対応は、平成 25 年度末までに完了することが、政府の施策として決定された。
- 基本計画決定時には、想定していなかった記録問題の対応として、基本計画とは別に毎年度予算がついてきた。
- 平成 25 年度、正規・准職員約 16,400 人、特定・アシスタント約 9,300 人を雇用して対応した。
- このうち、平成 25 年度は、年金記録問題対応として、約 6,000 人（准・特定・アシスタント）の予算を確保して人員配置をしていた。
- しかし、この 6,000 人は、「年金記録問題対応」として予算確保をしているものの、現実には、「記録問題対応」には、経験のある正規職員を配置し、その分空いてしまった人員を有期雇用職員で補てんしており、多くの有期雇用職員が国民年金の適用や収納、厚生年金の適用や収納、年金相談など機構の基幹業務を担っている状況にあった。
- 平成 25 年度末には、一定の「記録問題対応」の節目を迎えたことにより、平成 26 年度予算では、記録対策要員（6,000 人）の経費が要求できない状況にあった。
- 基幹業務を担う多くの有期雇用職員が雇用できなくなれば、機構として業務を遂行することができなくなる恐れがあった。
- そのため、機構本部に対して 26 年度の予算確保を強く求めるとともに、知識・経験のある有期雇用職員の継続雇用を求め、労使交渉を行ってきた。
- 結果、平成 26 年度予算は、当初 6,000 人もの人員削減が想定されるなか、基幹業務での予算確保を含め、2,400 人の人員削減まで縮小させることが

でき、3,600 人は継続雇用することができた。
・平成 26 年度までは、予算を確保させ、今いる有期雇用職員の雇用を守る取り組みを進めてきた結果、平成 26 年度は、正規・非正規を含め約 23,300 人（予算ベース）が雇用されている。
・平成 27 年度の事業運営費交付金予算については、年金記録問題対応の縮小と、消費税増税の先送りにともない、年金生活者支援給付金や年金受給資格期間の短縮などの制度改正が先送りになったことにより、財務当局の厳しい査定が行われ、結果として今年度比で約 1,000 人の減員となった。

【無期転換にむけた取り組み】
・平成 26 年度末には多くの特定業務契約職員が就業規則に定める雇用期間上限である 5 年に、また、准職員も契約更新回数上限 4 回に達してしまうため、予算が確保されても、該当の人を期間満了で雇止めにして、新たに別の人を雇わなければならない事態となる。
・窓口業務をはじめ年金事務所の業務は、知識や経験がなければ遂行できるものではなく、多くの人の入れ替えがあれば、サービス低下を招くことから、今働く、知識・経験のある特定業務契約職員の継続雇用を求め、交渉をすすめてきた。
・交渉を進めてきた結果、機構本部より雇用期間上限に達する者を対象に、無期転換をすることが決定される。
・平成 26 年 11 月までの間で無期転換の選考を行い、結果、約半数の人が無期転換となったが、一方で多くの有期雇用職員が雇止めになった。

なお、**非正規の主な内容**は次のとおり。

① **非正規・「准職員」**
　システム刷新までの要員。正規職員と変わらない業務と「処遇」。ただし、7 年任期。新システムがスタートすれば、なくなる「ポスト」。
　なお、「記録問題対応」で雇用された准職員については、就業規則上、雇用期間としては 7 年としているが、更新回数が 4 回限度とする規定もあるた

め、雇用期間が5年で雇止めになる人もいる。
　※機構発足から7年後にシステム刷新の予定であったが、度重なる法改正によってシステム刷新は大幅に遅れている。

② アソシエイト職員
　准職員は将来的に廃止になる職種であり、十分な予算が確保できなかったことから、特定業務契約職員の枠で予算確保。事務センターの一部の准職員について処遇をそのままでアソシエイト職員として切り替えた。

③ 非正規・「特定業務契約職員」
　窓口年金相談業務、内部事務補助など。社会保険庁時代は謝金職員という。5年任期。(休暇等、処遇・労働条件は低い。ボーナスなし)
　※機構発足から働いている「特定業務契約職員」が平成26年度末に雇用期間が5年に達する。合計約5,000人。

④ 非正規・「アシスタント契約職員」
　5年任期。障がい者雇用枠。(休暇等、処遇・労働条件は低い。ボーナスなし)

⑤ 非正規・「エルダー職員」
　再雇用制度。65歳まで。(休暇等、処遇・労働条件は低い。ボーナスなし)

「日本年金機構の当面の業務運営に関する基本計画」(2008年7月29日閣議決定)
➤機構設立時
　　正規職員　　10,880人程度
　　有期雇用職員　6,950人程度(うち1,400人程度は削減予定数を有期雇用化)
　　総数　17,830人

➤ 改革完了後（システム刷新後の 2 年後）
　　正規職員　　　10,770 人程度
　　有期雇用職員　3,700 人程度
　　総数　14,470 人

	正規・准職員	アソシエイト職員	特定業務（契約）・アシスタント（契約）職員	合計
2013 年度（平成 25 年度）	16,400 人	—	9,300 人	25,700 人
2014 年度（平成 26 年度）	14,000 人（▲ 2,400 人）	1,200 人（1,200 人）	8,100 人（▲ 1,200 人）	23,300 人（▲ 2,400 人）
2015 年度（平成 27 年度）	13,100 人（▲ 900 人）	1,700 人（500 人）	7,500 人（▲ 600 人）	22,300 人（▲ 1,000 人）

> **社保庁免職訴訟：原告側の請求棄却　大阪地裁で初判決**
> 　社会保険庁の解体に伴い、職員 525 人が民間の整理解雇に当たる分限免職処分を受けた問題で、分限免職処分（解雇）された元職員 15 人が、処分の取り消しや慰謝料を求めた訴訟の判決が 2015 年 3 月 25 日、大阪地裁であった。
> 　「処分は裁量権の逸脱や乱用に当たらない」として、原告側の請求を棄却した。同様の訴訟は全国 7 地裁に起こされているが、判決は初めて。
> 　京都府内の社会保険事務所などで働いていた原告の男女 15 人は過去の懲戒処分などを理由に分限免職され、社保庁の後継組織の日本年金機構に採用されず、厚生労働省への転任も認められなかった。
> 　分限免職について「年金制度への信頼回復を図るために合理性があった」としている。原告側は不満として控訴した。　　　　　（国公労連新聞などから抜粋 2015 年 3 月 25 日）

　なお、2015 年 5 月にサイバー攻撃によって年金の情報漏れが起きたが、この問題について、6 月末の段階で、厚生労働省をはじめとする関係省庁が、その原因の究明と対策を行っている途上にある。国民にとって極めて重大な問題であるが、この冊子の趣旨から、6 月時点では、この問題について、あえて触れないことにした。

(5)　ポーツマス市道路・修繕管理　PFI 事業と TUPE 適用
　【ポーツマス市道路の場合】

第 4 章　官から民へ

- ポーツマス市域の全域にわたる道路を対象として、大規模修繕、管理・運営を事業者に委ねる PFI 事業である。総延長 480km。
- 対象施設は、道路、橋、歩道橋、地下道、カルバート、擁壁、街路灯などが含まれる。
- 事業契約期間は、25 年間。
- 市職員の採用。本事業会社の職員は、161 名である。そのうち、市から移籍採用された 17 人については、TUPE（事業と雇用保護）措置が適用され、年金を含む公務的部門の雇用条件及び待遇が適用される。

（土木学会建設マネジメント委員会　2012 年 7 月）

このように、英国が TUPE 措置を適用していることは、日本にそのまま活用できる。

さらに、自治労など公務員関係労働組合は、自分たち公務員だけの「事業譲渡にともなう雇用保護」を主張するのでなく、民間労働者とともにその必要性と具体化の運動を進めていかなければならない。

(6) 包括的道路修繕・維持管理　PFI に関する調査研究報告書（中間報告）

（土木学会建設マネジメント委員会　2012 年 7 月）

様々な研究調査機関が、PFI の日本での適用・拡大のために、外国の例を基にした調査結果と日本での適用例を発表している。公営企業会計事業の水道、病院事業等ではない分野、一般会計事業の道路事業にも「サービス購入型」として実現可能としている。

土木学会建設マネジメント委員会による報告は、今後の日本の道路事業における PFI 事業の方向性を示している。

【日本の道路法の道路の場合】（抜粋）

土木学会建設マネジメント委員会として、一般道路、地方道・都道府県・市町村について、「ＰＦＩ法に基づき　サービス購入型として実現可能」と分析している。

なお、愛知県公社の有料道路について、2015 年安倍内閣は戦略特区として、全国初となるコンセッション・PFI 事業として組み入れることを決定した。

従って、土木学会建設マネジメント委員会の作成した下記表よりも進んでいる。

日本の道路法の道路	高速道路	高速道路会社が機構との協定により実施		
	指定都市高速		これら3つの道路については現時点では公共事業運営権の適用外。今後検討する。	
	一般有料道路 地方道路公社			
	有料橋・トンネル	指定管理者制度により管理運営		
	一般国道	指定管理者制度などによる管理運営	PFI法に基づき サービス購入型として実現可能	
	地方道・都道府県・市町村			
業務範囲		維持管理・運営	修繕	新設（バイパス・拡幅含む）

（土木学会建設マネジメント委員会作成 2012年）

日本版TUPE（事業譲渡と雇用保護）を急ごう

例）英国ポーツマス市、シェフィールド市などの道路建設管理PFI事業ではTUPEにより市職員をPFI事業団に出向、雇用、社員化（クビにしない）

●労働組合よりも三井物産戦略研究所、三菱UFJリサーチ＆コンサルティングなどの民間研究機関の方が進んでいるヨ

事業譲渡されれば、日本版TUPEは当たり前なのに

日本公務員労働組合幹部
まだそんなに多くないし…

楽観している日本の労働組合が危ない！

EU
グローバル化ダッチュウノー

アベノミクスでは解雇4要件、民活法625、労組法18，19，20条も骨抜き,雇用の流動化が進むのダ

(7) 上下水道の民営化構想

① 水道の民営化について、麻生太郎財務大臣は、2013年4月19日CSIS米戦略国際問題研究所で「3番目のバズーカ（3本目の矢＝成長戦略）」として、「既得権益が抵抗するが、国営、市営、町営の水道は、すべて民営化する」と突然述べた。

さらに水道というものは世界中ほとんどの国ではプライベートの会社が運営しているが、日本では自治省（現総務省）以外ではこの水道を扱うことはできない。

しかし、水道の料金を回収する99.99％というようなシステムを持っている国は、日本の水道会社以外にないけれども、この水道は全て国営もしくは市営・町営でできていて、こういったものを全て民営化する」

② 02年の水道法改正にともない、水道業務の民間への委託が解禁となった。このため、TPP云々する前から、日本では、上下水道を民営化する動きがあった。千葉県、広島県では下水処理場を外資系業者が運営している。愛媛県の上水場の場合、ノウハウの長けた外資系業者によって、水ビジネスが展開されている。

逆に、TPP参加以降、日本も海外の水市場に参入することを表明している。

③ メタウォーター、上下水道インフラの運営規模2.5倍に

総合水道事業大手のメタウォーターは2024年度までに国内の上下水道インフラ運営事業の規模を現在の2.5倍、1,000億円程度に引き上げる。自治体が上下水道事業の民間委託を拡大していることに加え、老朽インフラの更新や運営にPFI（民間資金を活用した社会資本整備）を活用する事例も動き出した。同分野で先行し、事業規模を拡大する。

メタウォーターが参加する特別目的会社（SPC）が、PFIで更新工事と20年間の運営を手掛ける横浜市の川井浄水場が2014年2月18日完成した。工事と運営を合わせた総事業費は約277億円。国内の浄水場の更新にPFIを使った初の案件となる。

メタウォーターは福島県会津若松市でも官民連携による浄水場の更新、運営事業の優先交渉権を得ている。

④ 大阪市上下水道分離民営化案決定

　水道事業の民営化を目指す大阪市は2014年4月9日、上下分離方式による基本方針案を幹部会議で決定した。2015年度中に新会社に業務を引き継ぐ予定であった。(2015年11月22日の市長選の関係で中断)

　市は13年6月、府内の42市町村でつくる大阪広域水道企業団との統合が頓挫したことから方針を転換。2014年11月に、市が100％出資する運営会社に、事業のみを引き継がせる上下分離方式での民営化方針を打ち出していた。

　方針案は、新会社との事業契約期間を30年に設定。経常収支シミュレーションによると、事業費の圧縮などで30年後の44年度には13億円の黒字になると試算している。

　人事制度をめぐっては職員1,600人のうち一部を除き転籍させる方針だが、同意を得られない場合は大阪市職員基本条例を適用し、分限処分の対象にするという。　　　　　　　　　　　　　　　　　　(2014.4.10　大阪日日)

　橋下徹市長はこの日の定例会見で「国家戦略にもかなっており、これに勝る制度はない。どこまで議会がレベルの高い議論をしてくれるかだ」と述べ、実現に自信を見せた。しかし、橋下市長は2015年8月、水道民営化条例案の提出を先延ばしした。

　市は14年度中に関連議案を提案する意向だが、審議は予断を許さない状況。市議会は13年5月、同企業団との統合について「市民にメリットがない」として否決している。

　2015年11月22日、大阪市長選挙の結果いかんで都構想を含めて今後の対応が橋下市長の下で明らかになると思われる。

⑤ 大阪広域水道企業団との統合協議の取り扱い及び今後の水道事業の方向性（案）　　　　　　　　　　　　　　　　　　　　　　（抜粋）

大阪市水道局（戦略会議資料　平成25年6月19日）

想定される民営化形態について

・事業経営を含めた民営化を前提とすると、資産（施設）を移管するかどうかで大きく2つに分かれる。
・さらに、民営化主体を誰が行うかによって2つに分かれる。

想定される民営化形態について

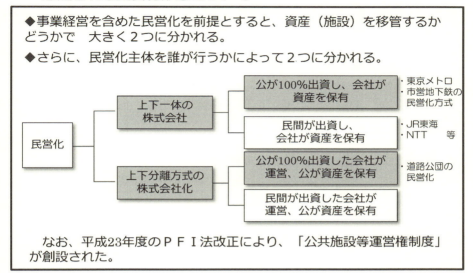

(8) 20万人以上都市へPFI導入原則　財政支援　政府、骨太方針盛り込みへ

　経済財政諮問会議は、2015年5月24日、上下水道や空港、公営住宅などの整備では、人口20万人以上の自治体に、原則としてPFIの導入を決めた。また、PFI導入により、コストを削減した地方自治体に対して、財政的な優遇措置を導入するように、2015年6月14日「骨太方針」に盛り込んだ。

　実現すれば、2020年・平成32年度に約2,400億円の歳出抑制ができるとしている。また、この閣議決定された骨太方針には、2020年・平成32年度の国と地方の基礎的財政収支（プライマリーバランス、PB）黒字化を目指す「財政健全化計画」が盛り込まれている。

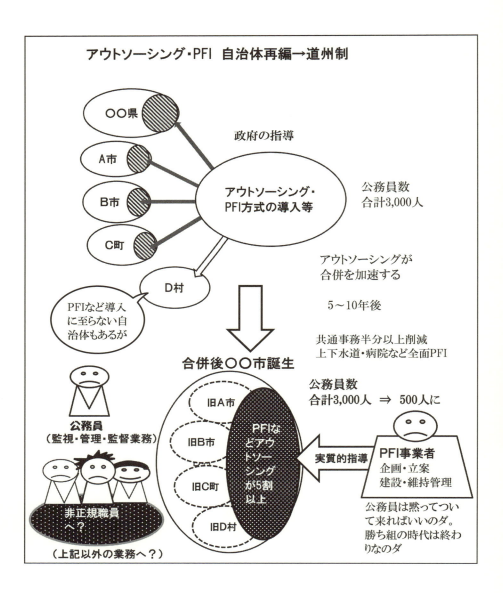

資料）民間研究機関の PFI への公務員派遣等調査研究
　　　直営事業・外郭団体の「民営化」可能性検討調査
　　　　　　　　　　　　　　　　　　　　三菱 UFJ リサーチ＆コンサルティング

　本調査は、自治体の直営事業や外郭団体（公益法人）で実施している事業を対象に、民営化スキームを構築し、効果的・効率的な事業運営を促進することを目的に実施するもので、標準期間　6 カ月

民営化の可能性と課題
1. 財務的側面の課題と民営化の可能性
　民営化会社の事業運営に必要な資産及び関連する負債等を整理する。民営化後の資産・負債の内容を想定しつつ、企業会計の方法を用い、対象事業の収支計算書をもとに事業損益の状況を把握する。
　特に次の情報の整理が必要となる。
〔必要な情報〕
・減価償却費や支払利息に関する資産・負債の情報
・地方債や補助金等に関する情報

2. 民営化に向けた法的・制度的課題
　株式会社を設立し、当該会社へ経営を移管するにあたり、多くの法的・制度的制限がある。関連する制度的・法的枠組みを整理し、課題を把握する。
〔必要な検討〕
・**自治体の譲渡**可能財産に関する枠組み
・**財産の譲渡**方法に関する枠組み
・補助金、起債等に関する枠組み
・**職員の異動**に関する枠組み

民営化スキームの立案
1. 課題解決に向けた代替案と事例分析
　民営化スキームの検討にあたり、まず課題解決に向けた代替案を複数設定する。先進事例を活用しながら代替案を評価する。
2. 民営化スキームの立案と経営のあり方
　以上の検討を踏まえ、実現可能な民間による運営スキームを立案する。
　また、財務上の目標を設定するとともに、目標管理、**人事管理**といったガバナンスの仕組みなど、民間組織として必要な機能のあり方を検討する。
（略）

6. 平成合併、自治体再編

(1) 平成合併した半分の 308 自治体が赤字

　平成合併した半分の 308 自治体が赤字となり、小渕政権は、地方交付税が、合併前より少なくなるため、10 年間はそのまま配分する特例措置をとった。10 年間の優遇は、7 割が国、3 割が自治体（市町村側）負担した。2014 年から 507 自治体が、3 年間交付税を減額される。

　兵庫県篠山市は、平成合併の第 1 号。1 つの市役所に広域のために 8 つの支所、4 つの自治体が合併。3 年後には、ハコモノが増えて、運営管理費も増えたが、人口は減った。

　香川県三豊市は、合併の後、高齢者に有償ボランティア（まちづくり支援隊）を募り、支所の業務のほとんどを担って、結果、年間 2 億円の人件費削減ができたという。

　なお、山形県矢祭町は、合併に反対し、節減し、その分を保育や教育などに回している。合併しない方が財政的にうまくいっているケースもある。

　こうした状況において、自公だけでなく民主党などほとんどの野党が「道州制」に賛成しているため、合併が大規模に進むが、PFI を中心とした民営化と高齢者を中心とした「臨時職員」「有償ボランティア」などに委託するパターンが増えると思われる。

(2) 市町村合併に伴う職員の分限免職　米内沢総合病院

　2011 年、秋田市・小阿仁村病院組合の解散に伴い、公立米内沢総合病院職員全員が分限免職された。

　廃止となった米内沢総合病院の元職員 5 人は、当時、米内沢総合病院を運営する組合の管理者であった津谷永光北秋田市市長が、分限免職を回避する措置を怠ったほか、新たに職員の一般募集を行うなど、そもそも分限免職の必要性はないと主張していた。

　分限免職（民間の解雇）の取り消しを求めている裁判の控訴審で、仙台高裁秋田支部は、訴えを退ける判決を 2013 年 7 月 31 日言い渡した。

第4章 官から民へ

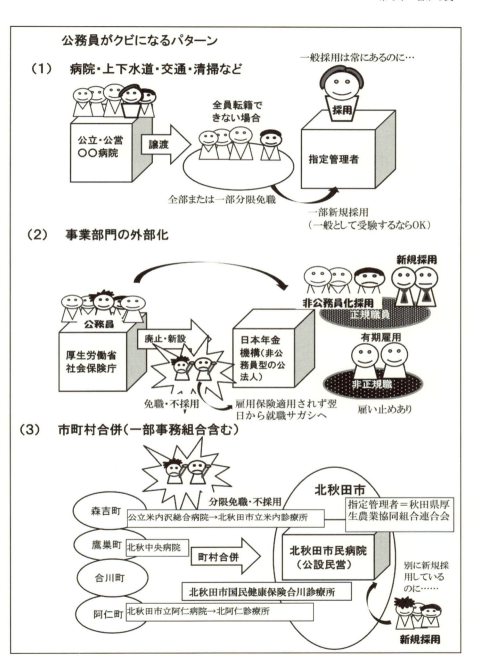

なお、公立米内沢病院は、「一部事務組合」として運営されていた「特別地方公共団体」でもある。

(3)　デトロイト市にみる財政破たんと再建への道
◆　デトロイト市は7月に財政破綻し、連邦破産法第11条の適用を申請した。負債総額は180億ドルで、米自治体の破綻としては過去最大。（ロイター 2014年11月8日）

◆　連邦破産裁判所は10月、市職員らの年金削減などで負債を70億ドル以上減らすことなどを柱とする市の再建計画案を承認しており、これを受けた措置。
　基幹産業の衰退によって人口が半減した。（2014年12月11日　日経）

(4)　銚子市、水道事業会計から4億円借り入れで赤字転落回避
　銚子市は、2015年7月、市の財政は、主に次の4つの理由から非常に厳しい状況となっている。このため、一般会計の平成26年度決算は、水道事業会計からの4億2,000万円の借入れにより、赤字決算を回避した。しかし、引き続き平成27年度以降の財政運営は、さらに厳しい状況が続くと発表した。
　銚子市は、主な理由として下記のように述べている。
① 人口減少（県内ワースト1）に伴う市税や地方交付税などの収入の減が続いていること
② 市立病院の運営に対し、多額の経費を要すること
③ 千葉科学大学建設時の補助や市立高校の建設などに伴う起債（借入）償還の負担が重なっていること
④ 財政調整基金（貯金）が底を突いていること

（銚子市HPから）

7. 債務残高　2060年度8,000兆円余に

　財政制度等審議会は、2014年4月28日、政府が今の財政健全化目標を達成できたとしても、その後、一段の収支改善策を実行しなければ、国と地方を合わせた債務残高は、2060年度には今の6倍を超える8,000兆円余りに膨らむという試算を初めて示した。

　それによると、実質で2％程度、名目で3％程度と高めの経済成長が続き、政策に充てる経費を税収などで賄えるかを示す「基礎的財政収支」を2020年度に黒字化する今の財政健全化目標を達成できたとしても、高齢化で医療や介護といった社会保障費が増え続けることなどから、現行の制度のままでは2060年度の国と地方を合わせた債務残高は今の6倍を超える8,157兆円に膨らむとしている。

　この場合、GDP＝国内総生産に対する債務残高の比率は、現在の1.6倍の397％にまで達することになり、財政危機の発生を防ぐためにも、債務残高の比率を速やかに下げていくことが不可欠だとしている。

　そして、今の財政健全化目標のあとの2021年度から2026年度の間に集中的に「基礎的財政収支」を改善させる場合、2060年度の債務残高の比率を、現在の水準に近い200％に抑えるには、6年間でおよそ30兆円の収支改善、比率を100％まで下げるにはおよそ45兆円の収支改善が必要だとしている。

同時並行でアベノミクスの政策総動員か
　消費税の増税だけで財政再建をしようとすると、税率は大変な引き上げ幅になる。

　このため、財政制度等審議会の出席者から「徹底的な成長戦略と、社会保障を中心とした歳出のカット、さらには増税。この3つをどれが先だということでなく、同時並行的に政策を総動員してやっていかないと、もはや日本の財政は立ちゆかなくなっていく」旨の意見が出された。

8. 公務員制度改革原案

(1) 2014年4月11日、国家公務員制度改革関連法案が参議院本会議で自民・公明・民主3党などの賛成多数で可決、成立した。

　今回で、4度目であり、2008年6月に福田内閣のもとで、国家公務員制度改革基本法が成立してから、6年が経過した。

　今回の改革法は、①各省庁の幹部公務員を一元管理する　②内閣人事局の新設　③内閣総理大臣補佐官・大臣補佐官、の3点にある。

　この中で重要な問題は、幹部公務員について、「任免システム」を導入することである。事務次官、企画官、審議官が対象。約600人と言われている。この任命権者は大臣。

　これまでも任命にあたっては、内閣の人事検討委員会に諮っているが、今回の改正で、総理大臣、官房長官、大臣の3者で行うことになった。

(2) 稲田大臣は、これまでは局長などは降格できなかったが、できるようになる旨の説明をしている。（内閣委員会　2013年11月27日）

　これまでの日本の公務員の任免の特徴は、「資格任用」というモノであったが、今回の改革によって「政治任用」という性格が強くなった。

　このようなシステムは、特にアメリカに似てきたと言える。「猟官運動」「猟官制」とも言われる。大統領が選挙で替われば、省庁の官僚も大統領の意向・政策に合った（政治的）任用を行う。

　この方式に近づいたが、そのことによる大きな問題は、担当大臣・内閣と利害が一体化することによって、公平性・中立性が失われる可能性が高くなることである。

(3) 「政治任用」という性格が強くなることによって、内閣のイエスマンが結集し、その部下も同じような政治姿勢を持つのが当然の成り行きだ。これまで問題とされた「官僚主義」の弊害を取り除いたとしても、政治の世界に「忠実」が「利害のため」となり、「選考」（＝公募）によって採用されたはずの公務員は、国民に眼を向けるだろうか。

　これまで以上に「弱い立場」の人の声を聞かないという、別の意味での

「官僚主義」が生まれ、内閣の方向性いかんでは、政策提案よりも「上昇志向の強い」バランスを欠いた公務員が多数を占めるのではないか。

　こうした国家公務員の傾向が地方公務員にも影響するとみてよいだろう。

　特定秘密保護法が施行されたが、戦争もできるために「秘密性・気密性」をもった「閉鎖的社会」に進むための方便ではないか。

9. 当局版の「自治研」「日本公共サービス研究会」足立区が呼びかけて　総務省も参画

アウトソーシングのために、板橋区は政策塾7年間で幕

　足立区は、2013年7月に「単純定型業務や技能系業務のアウトソーシング（外部化）を中心とする従来型の行財政改革の取組みに限界が見え始めている」として、新たな行財政改革の手法を構築するために、「日本公共サービス研究会」を立ち上げた。

　この研究会は、一般社団法人・日本経営協会の協賛を得て、総務省も参画して行われている。

(1)　足立区の「日本公共サービス研究会」の目的

　その目的は、一定の専門知識を必要とするものの、定型的な処理を行う「専門定型業務」の外部委託を中心に、「若年者雇用や教育・資格制度の創設を図るなど、自治体同士が協力して、様々な政策課題を包括的に解決していくことを目指す」こととしている。

　つまり、アウトソーシング（外部化）は、かつて第2次臨調（1981年3月16日第二次臨時行政調査会設置。会長・土光敏夫。1983年3月解散）路線によって、行政サービスから現業職を追い出す（アウトソーシングする）ことになった。これからは、行政職全般に広げることを意味している。

　2012年7月　第1回総会、北海道から沖縄までの153自治体が賛同。

　総務省自治行政局小川康則行政経営支援室長が出席、東大大学院金井利之教授が基調講演。関東学院大学大住壮四郎教授がコーディネーターとして参加。

2014年9月1日（月曜日）に第4回総会を日比谷図書文化館にて行われた。77団体、150名を超える自治体職員が出席した。

(2) 「日本公共サービス研究会」の特徴
　この研究会に関する取材を通じて、特徴と今後の足立区の方向性について、以下のように考えられる。
　① 当局側が、労働組合の「自治研」活動と同じような行動形式で行っていて、全国の市町村から参加を得て、5年の積み上げがある。
　② 足立区は、「受託者に直接の指揮命令権を行使」（偽装請負となる）とならないように、特例を国に求めたが、法的安定性の観点から、規制緩和が認められなかった。こうした失敗例を、全国的に教訓とし、改善するとしている。
　③ 現場での「公権力の行使」が、公務員が監督・監理しているとは言っても、実際の業務・事務は、受託業者・労働者、ボランティア等であるという委託の実態について、法理論・法や条例とのギャップがあることについて、行政側から調査研究している。
　④ アウトソーシング（外部化）を中心とする行政改革が、結果として経費削減、効率化に結びついているのか、初期段階ではどうなのか、時系列的にどのように変化するのか。人件費の官民比較とはどうあるべきか、などについて、国や学者、研究者らに問う等の分析と調査を積み上げている。
　⑤ この研究会に総務省が参画しているが、国からすれば、行政改革の成果や失敗を調べることができ、「傾向と対策」に役立つ「生の実験場」であり、政策や方針に反映できる。
　⑥ グローバル化にともなう民営化・規制緩和を推進するには、受託側の質やレベルが引き上げられなければならない。
　⑦ 民営化、アウトソーシング（外部化）の推進が、正規（公務員）との関係のみならず、非正規などとの関係、特に雇用条件、住民との関係について、事前に配慮した対応が求められている。
　※なお、足立区の「日本公共サービス研究会」と似た研究グループとして、

板橋区の「いたばし政策塾」がある。この政策塾は、自治政策研究と人材育成を目的として2008年4月に設立され、2015年3月に終結した。会員以外の人に参加を呼びかけた公開講座、福島県、宮城県の被災地視察などを行い、職員研修から「自主研究」運動を求めてきた。民営化等では、足立区の「日本公共サービス研究会」のシンクタンクと重なる人材が集まっていた。

(3) 労働組合側の対応の遅れ

　足立区の職員労働組合は、自治労連（全労連）に所属しており、自治労（連合）との連携はない。こうした産別の違いを超えた取り組みがなされるべきだろう。なぜなら、研究会に参加している団体・自治体には、自治労に加盟しているところもあるからだ。

　それより重要なことは、総務省がこの研究会に参画しており、扱われるテーマは、産別を超えていることだ。

　そして、最も重要で根本的なことは、規制改革・緩和とは、あらゆるハードル・境界線を越える、破壊することであること。また、それは資本主義の本質であり、アベノミクスの政策・制度・システム化であること。こうしたことに、労働組合は慎重に、かつ、もっと大胆に対応すべきだろう。産別の違いなどいかに超えるかが問われている。

　ちなみに、足立区の戸籍住民課の外部委託等、区の行政改革・アウトソーシングに対して、職員労働組合が、全労連系の団体や住民が参加して、反対運動を進めているが、それだけでよいのかという疑問がある。

　行政改革と日本公共サービス研究会とを切り離せるものではないが、一方の労働組合側は、こうした当局の研究会を頭から否定するだけでは、問題は残る。

　なぜなら、現実の問題として、わずか3年間で終わった民主党政権下で、PFI法改正（2011年）が行われたり、グローバル化、規制緩和・民営化が、全国の職場や地域社会に多方面に進められていること。足立区を超えて、理論的な整理、あるいは認識を深めるべきであり、こうした当局側の研究会と（バトル的？）交流することもいとわない「度量」や「冷静さ」が必要では

ないだろうか。

確かに、労働組合側も自治研という研究活動があるが、急激に変わる行財政システムに「追いつく」ための学習会となる場合や、「あるべき論」や「理想的行政サービス」等の発表会で終わっている、という参加者の不満や意見も多い。当局側の「公共サービス研究会」に耳を傾ける必要があるのではないか。

資料(1)　「特別区の2014年度組織・職員数　基幹業務で委託化が進む」

「戸籍・住民基本台帳事務、国民健康保険事務、会計・出納、窓口業務など定型的な業務の外部化。さらに14年度は介護保険業務を委託し、3人減らし、15年度から17年度の3か年で国保、会計管理、介護保険の3部門で80～90人を削減する見込みで、その削減で生み出された人材を地域コミュニティー活性化などの重点課題に振り向ける」としている。

渋谷区、荒川区、練馬区などにも同様の広がりを見せている。

指定管理者制度は、14年度も7区があらたに保育所、福祉作業所、児童館等に導入される。現業系では、清掃現場の見直しを9区、学校の給食調理、警備、用務の業務の見直しは10区となっている。

職員数が多い大田区や練馬区は、保育所の民営化や業務委託で50人規模の削減をしている。今後、単純定型業務に加え、専門定型的業務でも削減を図る2段構えで臨む方向だ。

（都政新報　2014年5月2日）

資料(2)　足立区「外部委託の中止を求める要請書」が提出される

足立区は業務委託業者が個人情報を漏洩した場合、公務員と同様の罰則を定める方針だと、6月3日の記者会見で近藤やよい区長が明らかにした。5月に住民団体から「外部委託の中止を求める要請書」が提出されたことに配慮し、不安の払しょくするためとしている。

足立区は、4事業で年間1億円のコスト削減が可能だと説明している。しかし、消費税の影響で、戸籍住民課の委託費用と以前の職員の人件費と比較すると年間1,100万円のコスト増になる。今後、業務の入れ替えと効率化を行うことで改善したい考えだ。

（都政新報　2014年6月6日）

資料(3)　足立区　外部委託範囲を縮小　段階的に違法状態是正

足立区は、東京都労働局から是正指示を受けていた戸籍住民課の外部委託事務について、委託範囲を縮小し一部業務を区職員が担当するように業務フローを是正することを決めた。……10月から来年2015年4月まで段階的に違法状態を解消する。

……区は外部化の方向性そのものは堅持し、来年度から部分的に外部化する国民健康保険業務などの分野でも、委託撤回しない方針だ。

(都政新報　2014年8月22日)

※ 2015年の区長選では、現職の近藤やよい氏が三選された。

10. アウトソーシング（外部化）は、官民全分野でどのように進むのか

アベノミクスはNTTを日本の雇用制度のモデルにする

　第2章で述べたように、グローバリズムは、特にアメリカ型の場合、市場万能主義・「むき出しの資本主義」を進め、その競争に勝つためには手段を選ばない特徴・傾向がある。今日、そのことによって起きている「不平等」「格差」問題が、米国の中でも大きく取り上げられ、抗議の市民運動も盛り上がっている。

　アベノミクスは、特に理論的指導者である竹中平蔵氏は、一貫して米国型のグローバリズムをそのまま日本に導入しようとしている。

NTTは、アウトソーシング（外部化）の中心的モデル

　特に、規制緩和の中でもアウトソーシング（外部化）は、重要な柱である。それはどのようなイメージなのか。日本で最大の民間企業になっているNTTは、その中心的モデルとなっていると言える。

　そこには、「官から民へ」、民間企業で進められている「M&A」（合併・買収）、「子会社化」等があり、それによって起きる労働者の「転籍」・「解雇」、「賃金の切り下げ」あるいは「労働組合対策」など、日本のアメリカ型のグローバル化のためには、「凝縮されたエキスの宝庫」でもある。

　特に1990年代以降は、日本の労働者は分断され、労働者階級として「他の産業、企業」から学ぶ横断的な交流や連携、調査研究は、極めて困難となっているだけにNTTは今後の日本資本主義の方向性を網羅しているといえる。

　この背景には、日米構造協議などで、あらかじめ「確認」させられたことによって、産業再編・構造改革が、一方的に進められてきたことがある。ア

ベノミクスはこうした流れを、さらに強めている。

NTT グループは、半数を超える 11 万人を雇用転換・合理化を進めた

NTT グループ（従業員 21 万人）は、2002 年から半数を超える 11 万人を対象とする大規模な雇用転換・合理化策を進めた。

① 中でも、51 歳以上の社員は、いったん退職し最大 3 割の賃金カットを受け入れて地域子会社に再雇用されるか、広域異動も覚悟で今の会社にとどまるか、という選択を迫られる。

② 合理化の対象は、NTT 東西とその子会社の従業員計 11 万人。電話の保守・管理や個人向け営業部門などを分離して、新設の地域子会社に移す。賃金は「地場企業並み」に抑える。

③ 50 歳以下で関連業務に就いている社員は、出向の形で移る。

55,000 人いる 51 歳以上（原則管理職も含む）は、「意向調査」のうえ、地域子会社に行くか、現在の会社での雇用継続か、退職一時金をもらっての早期退職かという選択を迫られる。

④ 東西を合わせて、早期退職応募者は数千人規模になった。

NTT 東西会社が、合理化に踏み切った背景には、急速な業績の悪化がある。電話料金や事業者向け接続料金の値下げが響き、01 年 3 月期決算では、西日本の経常赤字が 1,057 億円にまで拡大したとされる。

資料）　NTT 労働組合　雇用確保を優先

2001 年 11 月の NTT 労組臨時中央委員会で、合理化受け入れを決めた。

石津博士・交渉政策部長は、「いま改革に乗り出さなければ、NTT は市場から転落し、財務の悪化を乗り越えられない」と語っている。

「公務員と同じはずが…」　決断迫られる社員

ある男性社員（54）は、1 月中旬、子会社への転籍を決断した。「賃金 3 割カットなら、定年までの収入減は約 1,000 万円。補てん分の一時金をもらっても、（生涯賃金は）600 万円は下がる」。今は「新しい会社で、定年まで同じ仕事ができるのか」という不安感を持っている。

（2002 年 2 月 20 日　毎日新聞）

正規から非正規への流れ

```
                非正規労働者100
┌─────────────────┬──┐
│ A社             │  │
│ 正規労働者 900人│  │
└─────────────────┴──┘
        計1,000
```

↓

```
                非正規労働者200   アウトソーシング
┌─────────────┬────┐〜〜┐
│ A社         │    │   │   ┌──┐
│ 正規労働者  │    │   │→ │B社│
│ 700人       │    │   │   └──┘
└─────────────┴────┘〜〜┘
      計900人      ボキッ！
```

↓

```
         非正規労働者200      アウトソーシング
┌────────┬────┐〜〜┐            ┌──┐
│ A社    │    │   │     ┌──┐→│B'社│
│正規労働│    │   │ →  │B社│   └──┘
│者500人 │    │   │     └──┘→┌──┐
└────────┴────┘〜〜┘            │B"社│
    計700人    ボキッ！          └──┘
                      ┌──┐→┌──┐
                      │C社│  │C'社│
                      └──┘  └──┘
```

↓

```
       非正規労働者200人    アウトソーシング
                           200人出向  150人採用
┌──────┬────┐〜〜┐              ┌──┐
│A社   │    │   │       ┌──┐→│B'社│
│正規労│    │   │  →   │B社│  └──┘
│働者  │    │   │       └──┘→┌──┐
│300人 │    │   │              │B"社│
└──────┴────┘〜〜┘              └──┘
   計500人    ボキッ！  ┌──┐→┌──┐
                        │C社│  │C'社│
                        └──┘→└──┘
                                ┌──┐
                                │C"社│
                                └──┘
                        ┌──┐→┌──┐
                        │海外│ │海外│
                        └──┘  └──┘
                         150人採用→┌──┐
                                   │海外│
                                   └──┘
```

1980年 定年60才
正規9割

1990年 定年60才
勧奨退職58才
出向・派遣

2000年 定年55才
→出向・派遣
賃金3割カット
→非正規
現地採用

2010年 定年50才 退職手当3割カット
→出向・派遣
→非正規
海外採用
正規5割以下

2020年 A社M&A（買収・合併）で消え、労働組合も？

第4章 官から民へ

11. 公務員の非公務員化はどのように進むのか

　民営化が進めば、そこに働く「公務員の非公務員化」が起きる。
　規模や内容によって異なるが、特にPFI法が成立し、さらに2011年のPFI法改正が成立した今日、アベノミクスは、非公務員化と「余剰公務員」の処遇について、「最終段階」に向けて詰めを行っている。
　そもそも、国鉄をはじめとする三公社五現業の民営化の出来事は、国や地方自治体の公務員にとって、行革の流れとして「ヨソノの世界の出来事」と考えてはならない。
　また、アメリカ型アウトソーシング（外部化）については、第4章10、第5章の7でも触れているが、官民問わず、際限なく進み、これまでにない規模で進む。
　このため非正規労働者が4割に達したが、一方で「労働人口不足」「人員不足」が起きて、一部、「非正規の正規社員化」という竹中平蔵路線からすれば「逆の流れ」現象が起きている。
　このため安倍政権はあわてて「非正規の正規社員化」法制化をすると言っているが、その中身は「派遣労働者が派遣会社の正社員」「限定社員」などの差別的流れの中で、「負け組」の世界に押し込まれ、そこから這い上がるのには、極めて心身を憔悴することになるようなものである。
　公務員は「勝ち組」としてこうした世界とは別に、まるで「資本主義の世界とは関係ない、身分保障された」ままで、人生を全うできるのだろうか。まるで、民営化の波が、この「勝ち組」世界・島を避けて通るのであろうか。日本をアメリカ型グローバリズムに完全に舵を切った今日、そのようなことは、断じてありえない。

現職公務員が余剰人員でクビになったら、すぐに「シュウカツ」を
　公務員の非公務員化と「クビ斬り」の可能性に対する対置案として、筆者は、日本版TUPE（事業譲渡と雇用保護法案）を提起した。『公務員がクビになる日』（都政新報社）や、関連する資料下記(1)～(3)を参照されたい。

日本では、TUPE が今日、法制化されていない段階で、どのように対応すべきか。

　銚子市立病院の指定管理者制度移行にともなう公務員の分限免職・「全員解雇」（その後、一部（少数）再雇用・採用したが）されたが、そこでは、「公務員は民間の労働者と違って、身分保障されている」、「社会の勝ち組」として「終身雇用される」という考え方は、もはや受け入れられない。

　今後、多くの公務員が、民営化される時に非公務員化され、新組織・企業に移行・移籍することが、多数起きると思われるが、その際にどのような問題が起きるのだろうか。

　民間に事業譲渡され、譲渡先企業に「不採用」という首切り・分限免職事件も起きている。

　社会保険庁の場合、年金機構への移行の際に、大量の公務員が「余剰人員」として分限免職されたが、雇用保険に入っていないために、クビになった翌日から、収入は絶たれた。シュウカツ・就職活動は、民間労働者よりも急を要するのだ。

　ただし、すでに定年退職して再任用・再雇用として働いている公務員は、雇用保険を払っているため「失業手当」が支払われるが。

資料(1)
地方公共団体における指定管理者制度・市場化テストと地方公務員の処遇
　　　　　　　　　　　　　　　　　　　　　小川　正（自治労法律事務所弁護士）
　季刊『労働者の権利』267号　2006年10月
5　まとめ……①落札した企業に対する職員派遣、②落札企業に対する身分移管も考えられよう。
　①については、公益法人等派遣法の派遣制度が考えられるが、同法は「地方公共団体が人的援助を行うことが必要と認められる公益法人等の業務にもっぱら従事させるために職員を派遣する制度等を整備することにより、公益法人等の業務の円滑な実施の確保等を通じて、地域の振興、住民の生活の向上等に関する地方公共団体の諸施策の推進を図るもの（1条）であって、これを余剰人員対策に用いるには、制度目的、派遣先や派遣期間の法改正が必要であろう。
　ちなみに、イギリスでは営業譲渡規則（TUPE）によって、②の方法がある（稲沢克祐『自治体の市場化テスト』158頁　学陽書房）が、我が国では、そのような方法が存在しない。

※連合の事業再編と雇用保護についての研究会は、自治労の他に、JP労組、基幹労連、UIゼンセン同盟など各産別からの報告、また有識者の提起も踏まえて議論されている。詳しくは、第3章7「連合企業組織再編にともなう労働者保護法案要綱案」で触れている。

資料(2)　「強制的権力行使と公務員」

「強制的権力行使や検査を行う場合でも、組織として公的信用を得ていれば行使する職員が公務員である必然性がない。強制的権力行使は、本質的に公務員に付与されているのではなく、法律に基づく制度設計として形成されているに過ぎない」

PHP 政策研究レポート Vol.8　No.97　2005 年 11 月

資料(3)　PFI と関連労働者の雇用・労働条件
　　　早稲田大学社会科学総合学術院　清水敏教授　労働者保護法研究

2008 年 5 月 6 月合併号

「10 年にわたる英国公務員労働組合 UNISON の闘いから学ぶこと」として「UNISON は(1)PFI（民間資金等活用による公共施設整備）による民間への仕事の移行自体には反対しないが、……業務の委託によって、30 年間はそのまま病院（公務の職場）に残った職員の労働条件は保障すること。また、新しい民間事業者に移った労働者にも同じ条件を保障すること」を制度化した。

---

12. ルーズな公務員の出向・派遣の扱い　関係省庁への質疑応答
指定管理者、独立行政法人及び PFI 事業者への出向・派遣

この件で、2014 年 10 月、関係省庁—総務省自治行政局公務員公務員課、同局行政経営支援室、財務省主計局地方財政係、厚生労働省職業安定局需給調整事業課、国土交通省総合政策局官民提携政策課、内閣府民間資金等活用事業推進室（PFI 推進室）に質問し、回答があった。

主な内容、以下のとおり。

質問 1：指定管理者制度「原則 3 年、最高 5 年を限度」は、今日、有名無実ではないか？

指定管理者制度が発足して、公園、動物園、病院などで指定管理者に公務員が派遣されるケースが起きているが、原則3年、最高5年を限度としている。また、地方独立行政法人への派遣は最高10年としている。
　　　派遣期間が、実態として「無制限」となる傾向があるが、どのように認識しているか。
　　　また、本人の「同意」を得れば、任命権者は、年度末（3月末）に「派遣辞令の解除・終了」した翌日（新年度）の4月1日付で「あらたに派遣辞令」を出すことが、全国で「通例・慣行」となっている。今後「法改正」等を検討しているのか。

●総務省関係
（総務省自治行政局公務員課、同局行政経営支援室）

回答1：再度の職員派遣を行わないことによって、地方公共団体の施策推進が著しく損なわれるなど特別の事情がある場合にあっては、派遣の期間が満了した職員を、引き続いて同じ団体に再度職員を派遣することもあり得る。
　　　この場合にあっては、本人の同意を得るなどの手続きを改めて行った上で職員派遣を行う必要があると理解している。

⇒　この「回答」に対して当方として下記のとおり意見を述べた。
　「派遣期間が実態としてザル法になっている。少子高齢化が進むことによって財政が破綻する地方自治体が多発する時に、使用者側が、突然、派遣を終了し分限免職したり、派遣先の社員にする（公務員の非公務員化・身分切り替え）という「土壌」（条件づくり）になる可能性がある。こうした問題に対応策がない。

質問2：「在籍出向」と「退職出向」があるが、統一的な基準はあるのか。
　　　「退職出向」の後、出向先で「余剰人員」となれば、クビになるのか。

質問2−1：同じ指定管理者制度を取り入れた場合でも、「在籍出向」の場合もあるが、「退職」を取り入れる場合がある。任命権者、あるいは、議会の一方的な選択で決められるのか。統一的な基準があるのか。

質問2−2：「退職」の場合、あらたな指定管理者によって「不合格・不採用」となり、結果「余剰人員」とされ、分限免職・クビになるケースが出ているが、どのように考えるのか。

質問2−3：「余剰人員」とは、任命権者の「判断」に任せるのか。その内容は多様だが、政府として統一的な見解を持っているのか。

　　　　　これらに関係する具体的事例として、下記のとおり、北九州市、氷見市、銚子市、社会保険庁・年金機構をあげる。

●総務省・厚労省関係
（総務省自治行政局公務員課、同局行政経営支援室）

回答2−1：「派遣」のあり方について、「在籍出向」「退職出向（再任用で戻れる）」「退職移籍（民間企業で雇用され、再度公務員として復帰・再任用は不可能」である。

　　　　　派遣の在り方について、統一的基準というものはない。各自治体で法や条例に基づいて派遣していると理解している。

回答2−2：「余剰人員」について

　　　　　北九州市の場合、「過員」となって処理したケースと思われる。氷見市について、市長側として、やむを得ない財政事情等の理由で「該当職員を指定管理者へ移籍にせざるをえなかったと理解している。銚子市の場合、市長側として、やむ得ない財政事情等の理由で分限免職せざるをえなかったと聞いている。

回答2−3：社会保険庁に関する問題について、厚生労働省の中で配置転換できる場合は、行うところであったが、様々な事情があったと思われるが、詳しくは現在把握していない。

⇒　この「回答」に対して当方として、下記のとおり意見を述べた。

「任命権者が一方的に、在籍派遣か退職派遣か、余剰人員がどのくらいなのか等を決め、労働組合役員など当局にとって都合の悪い職員として、不採用にする可能性が消えていない。PFI事業者への派遣となれば、なおさらその可能性が大きくなる」

質問3：業務請負と公権力の行使と守秘義務との関係は？
　　　　　また、自治体再編などによって、公務員による業務執行から非公務員による業務の請負となることが多くなっている。これにともない、人員整理・配置が進められているが、このような場合、公権力の行使・守秘義務等のあり方について、「統一的な見解・基準」が出されているのか。例）香川県三豊市。

●総務省・厚労省関係
（総務省自治行政局公務員課、同局行政経営支援室、
　厚生労働省職業安定局需給調整事業課）

回答3：公権力の行使あるいは、守秘義務を要する業務については、公務員があたり、それ以外のところについて請負等の非公務員があたることと理解している。

⇒　この「回答」に対して当方として下記のとおり意見を述べた。
　「公権力の行使」や「守秘義務」が公務員の課された義務や役割と言えるが、実態としては、その範囲はグレーゾーンであり、かつ、時代や状況によって異なってくる。
1)　例えば、阪神大震災時に、道路の復旧や建物崩壊による障害物の撤去などの作業の主体は、民間の請負業者である。日常的にも重機を持って操作できるのも、主体は彼らであって、公務員ではない。
　「市民の生命財産を守る」ことが公務員の任務であるが、実態は違う。従って、「公権力の行使」といってもグレーゾーンであって、回答にあるような「線引き」が不明確となっているというのが正確だと思う。

このために、時代や時間の経過によって、あるいは県や市町村によっても「線引き」が異なってくるのではないだろうか。民営化、アウトソーシング（外部化）の発展過程が、地域や状況によって異なってくる。問題の整理を急ぐべきだ。

質問４：全面的なアウトソーシングによって、公務員を派遣すると起きる問題は？
　　　　　事業の効率化という観点からのアウトソーシング・委託が進められているが、その際に「偽装請負」などの問題が発生している。どのような「解決」を想定しているのか。
　　　　　いくつかの自治体では、こうした問題を避けるために指定管理者制度などを取り入れ、関係の事業のいっそうの委託を進め「丸投げ」し、そこに公務員を「派遣」することが多くなっている。政府は全面的な委託の推進を行うのか。

●総務省・厚労省関係
（総務省自治行政局公務員課、同局行政経営支援室、厚生労働省職業安定局需給調整事業課）

回答４：行政事務の委託については、公務員が行うべき業務と民間に委託できる業務を明確にし、委託された業務を受託者が独立して処理する必要があるが、いわゆる「偽装請負」のような労働者派遣法等の違反が疑われる事業に対しては、各都道府県労働局において調査を行い、行政指導等が必要と判断されれば、適時適切に指導監督を実施し、厳正に対処していく。

⇒　この「回答」に対して当方として下記のとおり意見を述べた。
　守秘義務の範囲も機械化等の工夫や公務員の関わり方、「請負」や委託・アウトソーシング（外部化）のあり方が異なってくる。指定管理者制度やPFIのように公務員が派遣・出向ということになれば、同じ「指示・監督」であっても、「偽装請負」のような「違法」とならないのか。

つまり、守秘義務や公権力の行使は、本質的な問題としてではなく、委託の方法の違いによって、「違法」「合法」とされるだけの、アウトソーシング（外部化）の手法のレベル（形式的な違い）だけで片づけられる問題になっている。

質問５：「委託率」のアップを要求と同様に「公務員の占める割合」を表にして「公務員ゼロ」に近い数値を求めることはないのか。
　　　　　これまで財務省などは、各地方自治体に対して、委託の推進を進めるために、「交付税」を人質にして「委託率」のアップを要求してきたことがあったが、今後、事業の執行にあたって「公務員の占める割合」を表にして、限りなく「公務員ゼロ」に近い数値を求めるということにならないか。
　　　　　地方自治体のあり方（大都市かそうでないか）、事業のあり方（少子高齢化による社会保障関係事業が増え、財政を圧迫する）等の多様性を配慮しているのか。
●総務省・財務省関係
（総務省自治行政局公務員課、同局行政経営支援室、財務省主計局地方財政係）

回答５：財務省は、第二臨調の答申などを踏まえて、従来から、地方全体の「技能労務」についての民間委託の推進を提言してきた。
　　　　　ただし、個別の自治体ごとや事務事業ごとに「公務員の占める割合」といったものを求めていない。

⇒　この「回答」に対して当方として下記のとおり意見を述べた。
　公共サービスについて、これまで「現業部門」（被差別的な表現である単純労務と規定された）エリアにおいて特に削減してきたが、「非現業部門」も削減してきた。
　そして、この「非現業部門」の中でも、上下水道や交通などの「公営企業会計部門」が民営化・アウトソーシング（外部化）の集中的な対象となって

いる。

　特に麻生財務相の上下水道の全面的民営化発言、大阪府・市の公営交通、上下水道の民営化・PFI化方針など。

　結果として、「公務員の占める割合」が、人件費の削減に影響するため、今後の行政改革の方向性として、行政職（非現業）部門の削減あるいは出向に重点を移す可能性が高くなるのではないか。

質問6：2011年PFI法改正によって「公務員の派遣のあり方」と関係法の改正は？
●総務省・国交省・内閣府
（総務省自治行政局公務員課、同局行政経営支援室、財務省主計局地方財政係、国土交通省総合政策局官民提携政策課、内閣府民間資金等活用事業推進室・PFI推進室）

回答6：産業競争力会議実行実現点検会合で、2014年10月2日に「法的措置による仙台空港への人的支援」について「確認」（決定）された。
(1) 公務員の身分のまま派遣又は公務員を退職して出向。
(2) 派遣又は出向した職員の公務への復帰が前提。
以上2点について「法的措置を行う（＝関係法の改正）」とした。
これにより、関係省庁はどのように法整備を行うか具体化を始めた。

⇒　この「回答」に対して当方として、下記のとおり意見を述べた。

　今回の産業競争力会議では仙台空港が緊急性を要して、PFIへの公務員の派遣・出向の対象になっているが、この会議も含めて、規制改革会議、地方創生等々の会議において、上下水道、病院、公園、街づくり、道路建設・維持管理など全面的な公共サービスをPFI事業の対象としている。このため公務員の派遣・出向も課題となる。

　この場合、病院の医師や看護師、公園の農園芸、動物園の飼育・獣医師等々の専門性の強い職の場合、PFI事業の「倒産」「事業譲渡」といった状況になれば、「公務員の身分」は保障されない可能性は高い。

また、PFI事業は、「利益性の追求」が求められるために、公務員であったものが、公務員の給料表よりも高い賃金を受けることができるケースも生まれる。公務員よりも有利な年金や退職手当が受け取れるはずであっても、最後に公務員として戻ることが当人には「不利」となるケースも出てくる。
　市場化テストの場合でもこのようなことは想定されたが、「最後に公務員に戻ること」や「雇用の安定」を約束するということは、時間がたつと「労働条件が悪化」する可能性が高くなるかもしれない。
　総じて言えることは、PFIに関して、「先進的役割」を果たした英国のサッチャー保守党政権やその後のブレア労働党政権における公務員の雇用保護＝TUPE（事業譲渡と雇用保護法）適用や労働条件の同一基準の確保なども含めて、どのように教訓とし、検討が進められてきたのか、政府としての統一性は不明確である。

資料(1)　北九州市病院給食職員分限免職事件

　北九州市病院局長は、経営状態が年々悪化し多額の累積赤字を抱えているとして、定数条例及び管理規程での定数を266人から0人としたうえ、昭和43年3月31日、病院職員のうち依願退職などを除く172名に分限免職を発令した。
　ところが、この分限処分の翌日、北九州市教育委員会は8名の学校給食調理員を新規採用した。
　そこで、172名のうち8名については、病院局から教育委員会への配転は容易であり、病院局長には配転義務違反があったのではないかが争点となった。
　福岡地裁は8名の職員について、配転が比較的容易であったのに、これを考慮しないで分限免職としたのは、手続き上の合理性を欠き、裁量権の濫用に当たるとして分限処分を取り消した。
　しかし、福岡高裁は任命権者が異なる場合は配転は容易でないとして、地裁判決を取り消した。
　福岡高判昭和62年1月29日（労働判例499号64頁・「判例解釈」松尾邦之・労働法律旬報1187号26～239頁1988年3月10日、平野達夫・地方公

務員月報293号50〜60頁1987年12月)

……要するに、教育委員会において、本件分限免職処分後に学校給食調理員8名が、新規採用されたからといって、そのことから直ちに、「本件分限免職処分対象者中、不特定の8名を教育委員会へ配置転換することが容易であったということはできず、他に配置転換が容易であったことを認めるに足りる証拠はない」とした。

資料(2)　氷見市、指定管理者への「移籍」で労組幹部を狙い撃ちか

① 2007年12月　堂故茂氷見市長は、1月10日期限で指定管理者(金沢医科大学)への公募を開始したが、自治労富山県本部は個別対応を拒否した。市側は、2008年1月28日までに応募に応じなければ、病院職員の優先採用を無くし、一般公募を行うと発表。

　1月25日、労働組合は、全体集会を開き「指定管理者の金沢医科大学へ全員応募する」ことを決定した。

② しかし、3月25日市側は、病院労働組合役員のうち委員長、副委員長、書記長の計3名については不採用とした。

　5月19日、労働委員会の立会いの下に、この3名については、病院に採用することを市側が「誓約」したため「和解」となった。

　しかし、その後、上記3名は技術者でもあったが、未経験の行政事務の仕事を、研修もないまま任された。職場環境が一変する中で、1人が精神疾患で病気休職し、残り2人も精神科・心療内科に通院する事態となった。3人の病院採用は実現されないまま推移した。

③ 2008年12月8日には、3人の内の1人については、市側が組合脱退工作などの不当労働行為をした上で、形式上は本人が一般公募に応募して採用された。

　残る2人の取り扱いについては、「1人は自主的に募集に応じて採用されたが、金沢医科大学は、「不採用者を市の斡旋によって採用する意思がない」として『就職斡旋の終了』を一方的に市議会に発表するに至った。

④ 県本部・現地闘争本部として直ちに抗議し、団体交渉を申し入れたが、

市当局は「交渉事項がなくなった」と拒否した。それ以降、2人の病院職場への復帰の道は、労働組合の存在自体を認めないという前近代的な金沢医科大学と、その「指定管理者に説得することができない」という氷見市当局の主体性のなさによって、暗礁に乗り上げた。

このため、2009年6月12日、富山地方裁判所に対して、「地位確認等請求事件」として労働組合は訴えた。

(2009.5.22　自治労富山県本部第72回中央委員会報告から)

⑤ 2011年10月19日、富山地裁は、原告2人に対して、1,100万円の損害賠償請求を棄却した。

「大学側が、2人を採用しなかった理由は、組合活動に対する嫌悪にある」と認めながらも「採用における自由の範囲内」などとして全面的に原告側の請求を棄却した。

(2011年　自治労富山県本部資料などから抜粋)

資料(3)　銚子市、指定管理者へ移行で、ほぼ全員「分限免職」

岡野俊昭市長（当時）は、2008年7月7日、銚子市立総合病院を2008年9月30日で休止し、事務職員を除く、189人の職員を分限免職すると発表した。

分限免職回避努力を放棄する病院当局

銚子病院労組と自治労千葉県本部は、市民とも連携して病院存続にむけた取り組みを進めるとともに、8月11日までに、計6回の団体交渉を病院当局と行った。

銚子病院労組は、8月18日に千葉県地方労働委員会へ不当労働行為の救済を申し立てた。

臨時議会で病院の休止を1票差で可決

2008年8月22日本会議で、賛成13、反対12、棄権1で、市長提案が採択。

9月25日、分限免職に伴う4億5,000万円の事務組合への特別負担金、千葉大学が運営する精神科診療所と夜間小児救急診療所の開設など、病院休止関連7議案が可決。

千葉県労働委員会　第1回審問で和解勧告

9月1日、千葉県労働委員会は、不誠実交渉であることなど、和解勧告を行った。

病院職員の雇用確保に全力傾注
銚子市立病院は「休止」

銚子市立病院は、2008年9月30日、「休止」となり、58年の歴史に一旦幕を閉じた。

そして、市長部局に任用替えとなった4人を除く、職員185人が分限免職（整理解雇）となった。（医師12人、看護師91人、准看護師30人、医療技術者37人、看護助手等15人）。

市長部局への任用替えに4人。追加3人計7人。

市長部局への任用替えについては9人の募集であったが、選考の結果4人採用となった。10月10日に再度、市長部局への採用試験を行い、その結果、3人が合格し11月1日から市に採用となった。

（2008年　自治労千葉県本部経過報告などから抜粋）

資料(4)　社会保険庁から年金機構への移行、525人分限免職
　　　　　6年目に有期雇用職員・准職員の整理問題が起きる

国家公務員の場合、社会保険庁では、機構への事業の全面的な移譲にともない、該当職員が厚生労働省内あるいは他の政府機関の省庁に「異動」「配置転換」という選択がほとんどできなかった。

現在も続いている雇用問題について、第4章5(4)「社会保険庁から年金機構へ」参照。

13. 公務員の雇用保護 TUPE の必要性と今後の課題

英国から PFI の日本への導入が進められる状況において、同時に TUPE が必要であるという認識に立っている研究機関は少なくない。

もちろん、英国と日本とは法体系や労使関係などが違うと前提としたうえで、1999年の PFI 法成立前後の約10年間、政府内閣府、通産省（当時）、

厚生労働省から委託された民間研究機関が、訪英し調査研究を積み重ねてきた。

行政改革、アウトソーシング（外部化）、PFI 導入などによって、民営化することにともなう雇用問題についても緻密に調査していた。この時に、公務員に関しては、非公務員化、解雇問題が生じること。これに対し、EU では TUPE（事業譲渡と雇用保護法）制度があり、英国はこれを受け入れたことについて共通認識をもった。

一方、連合は、こうしたグローバル的問題が日本でも起きていること、これにともなう雇用問題について対応することにした。

2010 年 10 月、連合総研による「企業組織再編における雇用保護要綱案」を連合として確認した。

しかし、この「要綱案」について討議は、あまり進められず、当時からほとんどの労働組合幹部はその存在すら気づかず、その具体的取り組みもほとんどない。このため、一般の組合員はその存在もその必要性も知らない。

PFI は、ストレートに官から民へ、部分的あるいは全面的に事業譲渡される。この場合、日本では、大阪府や市の職員条例をみるまでもなく、かならず「余剰人員」が生じる。

こうした問題認識をもっている民間研究機関を紹介し、今後の課題を述べたい。

なお、自治労東京都本部のホームページ www.tohonbu.jp/tupe/01_01.html に詳しく掲載しているため、ここでは簡単にまとめた。

(1) **森下正之広島国際大学教授**

石原慎太郎氏が 1999 年に東京都知事に立候補した時から、公約の PFI について、どの労働組合も「見解」が出されていなかった。このため、やむを得ず、筆者が独自に調査研究をして、PFI 法が成立してから半年後、「個人的見解」として発表した。

しかし、PFI 法が提案される前に小渕第 1 次内閣の下で、内閣府政策統括官室を中心に、内閣府、厚生労働省、総務省、経済産業省（当事、通産省）などの担当者と民間研究機関との合同 PT によって、雇用問題を含めた、

PFI法案作成について研究を積み上げ、最終段階に来ていた。

PFIについての著書は、当時、ほとんど出版されていなかったため、主にインターネットによる研究者の情報・見解と英国などの海外からの情報しか得られなかった。

日本で唯一まとまって市販されていたのが、森下教授がリーダーとなった広島国際大学による「PFI」であった。

これをさっそく読み、その中にTUPEのことが、約2〜3行、小さく説明されていた。「公務員の非公務員化」「公務員がPFI導入によって余剰人員が生まれること。その結果、英国ではサッチャー政権によって解雇された。このため、TUPEが必要とされた」旨記入されていた。

森下教授に直接電話して聞いた。教授は、何度も調査団の責任者として、訪英して調査しており、三井物産、三菱UFJなどの総合研究所と並行して、独自に調査を積み上げていた。さらに、PFI法成立まで内閣府のPFI法の研究に参画していた。

「英国でPFI導入によって、公務員が解雇されていたとしても、日本でも同じことが起こりうるのか」という素朴な質問を筆者がしたところ「そのこともあらためて議論してきた。英国で起きたことは日本でも起こりうるし、内閣のPFI研究会全体でほぼ問題認識の一致をしている」

そして、日本でもTUPEが必要である旨の説明があった。

※ 2005年6月付の内閣府政策統括官室で「行財政改革にともなう雇用問題」を公表した。その「第4節　官から民への動きを進めるうえでの諸課題」の中でもTUPEが紹介されている。

しかし、残念ながらPFI法案は、ほとんど国会で審議されないまま、成立した。

筆者が電話でPFIと公務員と民間労働者との雇用問題について森下教授に確認したのが、PFI法が成立した約1カ月後だった。

最後に森下教授は「そのこと（PFIによって公務員の非公務員化が加速されること。この中で"余剰人員"が生じること。このため、日本にもTUPEが必要になってくることの意味）は、当時の『自治労の幹部』（有志の自治労幹部か？）に説明をした。（筆者がそこに同席していたかのように誤解し

て）なぜ同じ質問をするのかと不満を述べた。その後、『自治労の幹部への説明』については、執行部が代わったこともあり、確認できなかった。

PFI法の成立前に、すでに筆者が多くの問題点を指摘して見解を表明したが、自治労都庁職員労働組合としては、自治労本部が見解をまだ表明していないことを主な理由として、しばらくの間、筆者の「個人的見解」にとどまった。

それが「公式見解」となるまで半年以上もかかった。

筆者のこの「個人見解」に理解を示し、「公式見解」となるために大きな役割をして頂いたのが、早稲田大学清水敏教授、現在地方自治総合研究所の菅原敏夫研究員、三井物産戦略研究所の美原融所長などの研究者であった。あらためてこの場を借りて礼を述べる。

その後、この「公式見解」を基に冊子「職場が民営化され、どう変わるか」（2004年7月）、「行政から公務員等が追い出される？」（2005年8月）を刊行し、自治労本部をはじめ、全国の自治労の県本部、県職労などに送った。

これ以降も森下教授は、経済産業省の下にある、中国（地域）経済産業局の特定非営利活動法人シンクバンク研究所の理事として、PFIの推進の必要性を講演しているが、その時は同時に「日本にもTUPE（事業譲渡と雇用保護法）が必要だ」と何度も、現在も繰り返し述べている。

※「PPP（公共サービスの民間開放）による地域活性化推進モデル構築調査」報告書

中国経済産業局　特定非営利活動法人シンクバンク研究所 2004年3月参照。

その後、2011年、菅直人政権下で「コンセッション・運営権（PFI事業者への）譲渡」を柱とするPFI法改正案が可決された。

結果として、現在の第3次安倍内閣、アベノミクスによって、上下水道、公営交通、道路行政をはじめとして、かつて自治労都庁職員労働組合公式見解や『公務員がクビになる日』（都政新報社）で指摘した、公務員の非公務員化とその過程で解雇（分限免職）が起きるという、憂慮すべき方向に明確に進んでいる。

　憂慮した事態が、間もなく「20万人以上の自治体にPFIを原則導入」（2015年骨太方針）により、全国的に起きようとしている。

　遅きに失したとはいえ、森下教授のほか、早稲田大学清水敏教授、自治労顧問弁護士小川正氏、をはじめとする学者・研究者の方々から、公務員関係の労働組合幹部は、素直に基本的問題について教わって運動することが強く求められる。

　また、自治労東京都本部・自治労都庁職共同編集『いまなぜ日本版TUPE（事業譲渡にともなう雇用保護法案）か』及び拙著『公務員がクビになる日』を参考にしていただきたい。

(2)　美原融三井物産戦略研究所長

　このほか、同様にPFIの調査研究を続けている民間研究機関で最も優れているのが、三井物産戦略研究所の美原融所長（当時。現在は大阪商業大学・アミューズメント産業研究所所長、2001年以降、日本プロジェクト産業協議会・複合観光施設研究会主査として東京都を始め様々な自治体によるカジノ研究を支援・補佐）である。

　1999年のPFI法成立までの間に、何度も英国に行って現地調査を積み重ねてきた。TUPEについても、大変造詣が深い。

　問題認識は森下教授と同じであるため、省略するが、自治労東京都本部ホームページの「いまなぜ日本版TUPEか」にも掲載している。

　なお、同氏は一橋大学ボート部で活躍し、同部の後輩には逢見直人連合事務局長（元UAゼンセン会長）がいる。

　美原氏の紹介を頂き、逢見直人連合事務局次長（当時）に面会し、冊子『いまなぜ日本版TUPE（事業譲渡と雇用保護法案）か』を手渡し、日本版TUPE（事業譲渡と雇用保護法案）を訴えたところ、連合総研でも企業組織

再編にともなう雇用保護について調査研究しているところなので、TUPEのことも伝える旨の返事があった。

こうした私たちの行為がどのくらい役だったか分からないが、その後、この連合総研の研究に、自治労担当役員、早稲田大学清水敏教授なども後から参加して頂き、企業組織再編にともなう民間労働者の新たな雇用保護法案について、公務員にも適用する旨の最終案が出されたとなっている。ただし、その後の具体的実現の取り組みは進んでいない。

ここでは、その他のPFIとTUPEに関係する民間研究活動の紹介は省略する。

このように、PFI法に関しては、グローバル化に備えて日本資本主義のあり方が必死に模索されている。一方、労働組合側の認識と危機意識の弱さもあって、グローバル化に対応する労働者保護の取り組みが遅れている。

○厚生労働省医政局
　医療関係PFIにおける公務員の利活用・移籍等に関する検討調査結果報告書
　第4章　公務員の処遇に係る多様な選択
　「単にPFI手法で医療周辺業務の委託を推進するだけでは、病院の合理化・効率化は限られる。自治体立病院としての組織や体制のあり方などを改革する試みが存在し、これにPFI手法を効果的にかみ合わせることにより公立病院の合理化が実現する。
　病院組織や人事体制の規模、員数を見直し、最適な病院の体制を検討することは、持続的な公立病院の健全性を確保するためには、必須の要素となる。
　病院組織の改革に際しては、職員の処遇や雇用の確保に配慮しつつも、職員の多様な利活用や移籍等を工夫することも重要な要素の一つになる」
　　　　　　　　　　　　　調査受託　㈱三井物産戦略研究所　2005年3月

---

(3)　TUPEに関係する日本の関係法

① 民法625条1項（使用者の権利の譲渡等）「労働者の承諾」とTUPE

日本の民法625条1項には「使用者は、労働者の承諾を得なければ、その権利を第三者に譲り渡すことができない」と規定されている。

この規定がそのまま適用されるならば、M&A（合併・買収）、事業譲渡や民営化に伴う「出向」「転籍」等に関して、日本版TUPE（事業譲渡と雇用保護法案）は特に必要ではなくなる。

しかし、最高裁判所は、「関連会社への在籍出向に際し、社内の配転と同様に本人の個別的同意は要らない」つまり、「片道切符の在籍出向でも、労働協約等が整備されていれば、**包括的同意のみで出向を命令できる**」と判示した。（2003年4月18日判決）

出向は、労働契約を結んでいる会社ではなく、別の会社で働く形を取る。このため、以前は、民法の原則に従い、出向には本人の個別的同意が必要とみる説も有力であった。

経済社会が複雑化し、複数の会社が陰に陽に結びつきを深め、ネットワークを構成するなか、出向は日常茶飯事という状況が生じた。

この社会情勢の変化を踏まえ、在籍出向については、入社時の「包括的同意」があれば、出向の都度、「個別の同意」は要らないという見解が主流になってきた。包括的同意とは、入社時に、出向規定も含めた就業規則、労働協約を承認したという意味である。

本事件では、親会社から関連会社への出向は慣例化し、訴えを起こした従業員は、個別的同意なしに3年の出向契約を3回延長され、事実上、本社への復帰は困難という状況になっていた。このため、同意なしで片道切符の在籍出向を命じるのは不当と訴えた。

判決文は「会社就業規則、労働協約には出向の規定があり、労働協約である社外勤務協定において、社外勤務の定義、出向期間、出向中の社員の地位、賃金、退職金、各種の出向手当、昇格・昇給等の査定その他処遇等に関して、出向労働者の利益に配慮した詳細な規定が設けられている」と事実認定した。

さらに、「社外勤務協定は、業務委託に伴う長期化が予想される在籍出向があり得ることを前提として締結されているものである」という条件を考慮し、片道切符に近い長期出向も、転籍と同視することはできず、権利濫用とは認められないと判断した。

② 労働契約承継法と TUPE

労働契約承継法（2000年成立）は、会社分割に伴う労働契約の承継について、会社法の特例として、労働者や労働組合等への通知や協議、異議申出の手続き、効力等を定めている。

会社分割を行う場合は、労働契約承継法の規定に従わなければならない。
　ここでいう「労働者」とは、分割会社との間で労働契約を締結している労働者全てを指す。したがって、パートや嘱託職員なども含め、雇用形態や会社での呼称にかかわらず、すべての労働者に対し労働契約承継法の手続きが必要である。
　分割会社は協議事項について、労働者に対し、当該分割会社の方針を説明し、労働者の希望を聴取した上で、両当事者間で十分協議することが必要とされているが、一方で「当該協議の結果、必ず合意を得ることまで求められているものではありません」と厚生労働省は見解を述べている。
　このため、労働契約承継法も、「譲渡に伴う労働条件」に係わり同意できない「困難な問題」（労働者の譲渡先への派遣・出向あるいは不採用等）が生じたときには、使用者側は「合意を要さない」ために、労働者側は「法廷で争う」選択をとらない限り、使用者側の一方的条件を「飲まざるを得ない」可能性が高くなる。
　このことは、国鉄改革法23条及びそれによってもたらされたJR採用拒否事件で、これを正当化した最高裁判所判決（2002年12月22日）を想起させる。
（自治労東京都本部『いまなぜ日本版TUPE（事業譲渡と雇用保護法案）か』参照）

　※なお、連合の「企業組織再編にともなう労働者保護法案要綱案」（2010年6月）とTUPEとの関係については、第3章「非正規は正規を規定する」で触れている。

14. 郵政民営化問題はまだ続いている

(1)　揺れる郵政民営化のねらい
　2007年10月1日から郵政民営化がスタートした。
　政府の主張するメリットは、①競争原理を導入し、利便性が向上する、②民営化で法人税や印紙税の義務が生じるため、国の税収が伸び、財政再建に

貢献する、③資金運用が自由となり、特殊法人の合理化が進む、と主張してきた。

しかし、郵政事業は、これまでユニバーサルサービス（どこでも利用可能な地理的公平性、誰でも利用できる公平性、均一な料金）を実施してきたが、郵政民営化に伴い、郵便貯金法等4法律が廃止されたことにより、「法律上の義務」がなくなるため、郵便局における金融（貯金、保険）のユニバーサルサービスの確保が、今後、困難となってくるだろう。

例えば、国が金融のユニバーサルサービスを義務付けしない理由について、竹中総務相（当時）は、①金融業務については、信用が競争上決定的に重要である、②金融2社については国の信用と関与を完全に断ち切り、民間金融機関と同一の競争条件下で自由な経営を行わせる、③したがって、金融2社に他の金融機関にない義務を特別に課すことは不適当である、と説明した。

その一方、郵便局において引き続き金融サービスを行うため、

① 法律等で郵便局設置を義務付けることによるサービス拠点の確保、
② 移行期間（民営化を実施した平成19年10月1日から完全民営化までの期間）を十分にカバーする長期安定的な代理店契約及び保険募集の委託契約が、郵便局株式会社との間にあることを条件とした金融2社に対するみなし免許の付与、
③ 過疎地の郵便局において、金融サービスが困難となる場合の社会・地域貢献基金からの地域貢献資金の交付による金融サービスの提供、
④ 移行期間終了後における株式の持ち合い等を通じた一体的経営確保による金融サービスの提供という制度設計を行った、と竹中大臣は説明している。

(2) 金融のユニバーサルサービス確保とそのための政府の諸施策の検討

民営化後も金融のユニバーサルサービス確保に関する不安は払拭されず、参議院に郵政株式処分停止法案が提出された理由の一つとなっていた。

金融2社と郵便局株式会社との代理店契約等の維持
移行期間終了後の代理店契約等の維持についての懸念

郵便局における金融のユニバーサルサービス提供については、移行期間中は郵便局株式会社との代理店契約等の締結が金融2社の免許付与の条件となっていることから、保証されているとしている。

しかし、移行期間終了後については、金融2社に対する法律上の義務がなく、不採算地域の郵便局において金融サービスが提供されなくなるのではないかと不安視されている。

法案審議時に竹中大臣は、移行期間終了後も金融2社が郵便局株式会社に全国一括の代理店契約等を引き続き維持することが想定される理由として、①金融2社にとっての郵便局ネットワークの重要性、②新たな自前の店舗網及び新たな募集体制の整備には膨大なコストを要することを挙げた。

しかし、金融2社は基本的に直営店を持たないという制度設計を行ったとの答弁にもかかわらず、民営化当初から金融2社は直営店を設置した。

(3)　郵政事業のグローバル化の今後の課題

郵政事業の民営化は、今後のグローバル化の一過程に過ぎない。

例えば、ゆうちょ銀行とかんぽ生命は、2017年9月末までに「株式完全売却」が明記されていた。

しかし、民主党政権の下で2009年末に「郵政株式売却凍結法」が成立し、さらに、2012年の改正民営化法では、金融2社の売却期限が撤廃され努力目標に「格下げ」された。

今回（2015年10月）の日本郵政の方針では、金融2社の株式売却は当面50％までとされたが、その時期も3～5年程度との目安が示されている。

このように、郵政3社上場の後も、株式売却スケジュールが不透明である。

最も憂慮すべきは、米国系金融機関・ファンドが、大胆に参入することによって、「利益優先」となるため、全国25,000カ所窓口の維持を放棄することにつながり、地域格差が拡大することだ。

また、経営の合理化・リストラ・アウトソーシングが一方的に進み、そして、日本国債よりも米国債を優先的に買わされることになるだろう。

こうした郵政関連のグローバル化について、労使をはじめ、利用者、各政党でどれだけ討議がなされているのか、問題は続いている。

現行の労働組合と新たな労働者代表制の併存の法制化を

グローバル化時代に労働組合の組織率の低下は何を意味しているのか

　安倍政権以前では、特に80年代後半以降、グローバル化によって、企業の再編が進められ、「中間層」と言われる多くの労働者の低賃金化、実質賃金の低下が進んでいる。

　一方、雇用については、今日、非正規雇用が36.6%（総務省　平成24年就業構造基本調査結果　2013年7月公表）となり、雇用の不安は増大している。（資料1、2）

　安倍政権において産業競争力会議民間議員、国家戦略特別区域諮問会議有識者議員でもある竹中平蔵氏は、かつて小泉政権時に進めたアメリカ型のグローバル化を、あらたにアベノミクスとして全面的に展開している。

　こうした労働者にとって厳しい状況において、本来労働者は労働組合に結集するはずだが、2014年で17.4%台（2014年労働組合組織率減少3年連続過去最低17.5%　NHK）にまで下がっている。

　この現状を踏まえて、今後の労働組合の課題として、9点にわたって述べたい。

1．2002年、笹森会長が設置した連合評価委員会の問題提起

　2002年に、連合の笹森会長（当時）は、組織率の低下と非正規雇用の増大などに対する強い危機感から、「連合評価委員会」（資料3）を設置した。
　この委員会「報告」の中で、特徴的な問題点のうち主に3点を紹介する。

(1)　日本の労働組合組織率の低下について
　歯止めがかからない組織率低下20.7%（2001年当時）を受け止め、労働組合そのものが「労働者の代表性（資料4）として疑問視される」と述べて

いる。

　その後、2013年から2014年の間に約半年かけて連合として改めて「過半数代表者のあり方に関する検討PT」が設置され、「2014-15政策制度の提言」（資料5）の中にも「提言」されているが、具体性に乏しい。加えてほとんどの労働組合役員はその討議をしていないばかりか、「提言」についてあまり認識していない。

(2)　**非正規雇用が増え、賃金と雇用はどのように改悪されたのか**

　連合評価委員会報告との関連で、非正規労働者の増加問題について、2009年の学習会で、ある連合の幹部が、「個人的意見だが」と断ったうえで、主に次のように述べている。

　「非正規労働者の増加の要因は、1995年に当時の日経連が提唱した雇用のポートフォリオ論（複数の雇用形態の組合せ）を労働組合が受け入れてしまったこと、そして、労働者派遣法の改正（適用対象業務を拡大）、この2つが大きな要因だ。大いに反省している点だ」と述べている。（配布されたレジュメから）「反省点」として押さえておくべきポイントだ。

(3)　**連合は組織化と格差是正のためにどのように取り組むのか**

　「連合評価委員会」では、笹森会長が「企業別労働組合の呪縛から抜け出そう」と提起し、また、市民活動家イーデス・ハンソン氏は「労働組合は、内部は上下関係が強く、非民主主義的で保守的な側面がある」という指摘をしている。

　中坊公平座長は、特に、非正規・派遣の格差に関係して「労働組合のナショナルセンターの役割は、社会的不条理に対して闘うことだ」「労働組合員が自分たちのために連帯するだけでなく、社会の不条理に立ち向かい、自分よりも弱い立場にある人々とともに闘うことが要請されているのである」と強調した。

　連合は、こうした指摘に対して、具体的対応を明示しないまま「労働組合の組織率を上げていくために、地方連合会という地域単位の連合で、非正規労働者、中小・地場企業労働者の組織化に取り組む」と結んでいる。

一方、日本の労働実態は、アウトソーシング（外部化）が企業・自治体等の中に浸透し、委託先・派遣先の正規・非正規労働者の労働条件は低下するばかりである。

　しかし、労働組合は、賃金・労働時間をはじめとする労働条件の「既得権」を守り、改善に日夜取り組むというが、アウトソーシングについては、時として、効率性が目の前に見える形で結果が出ている場合が多い。このため、労働組合や現場の労働者にとって、アウトソーシング問題は「外側の問題」として受け止められ、「自分の問題」として認識することが困難となる場合が多い。

　このことによって、非正規労働者の問題が、正規社員を中心とする労働組合にとっては、「抜け落ちる」構図が出来上がる傾向が多い。

　また、同じ職場で長期間働く派遣労働者、有期労働者などの非正規労働者の組合員化を、特に大手企業を中心とした労働組合の幹部が拒否した例を数件聞いた。

　事業のアウトソーシング（外部化）は、ハンマー投げのように、個々の労働条件だけでなく、労働組合そのものをも、労使交渉の場から、「外側の問題」として放り投げるようになる（疎外する）。

　労働組合は、「外側の問題」を「内側の問題」としてとらえて取り組むためには、資本主義、グローバル化、規制緩和についての認識の弱さを克服しなければならない。

　特に非正規労働者との日常的な交流や実態調査から始めるべきではないか。

　また、非正規労働者の声を使用者側にぶつける仕組みが日本では弱すぎる。労働組合を基軸としながらも、労働組合員以外の労働者（非組合員）の声を反映するために、新たな労働者代表制の必要性を第5章の6で述べたい。

第5章　現行の労働組合と新たな労働者代表制の併存の法制化を

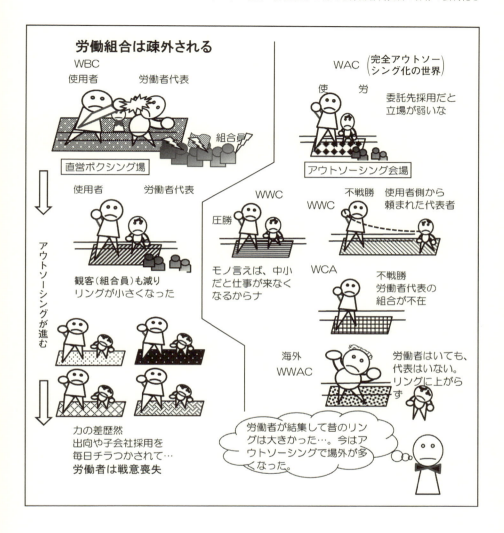

2. 労働組合として、日本のグローバル化に対する理論的整理を

(1) 笹森会長は、「連合評価委員会」（資料3）で、「連合のグローバリズムに対する基本的な認識について、特に米国型とEU（欧州連合）型との関係も含め統一されているとは言えない」と述べている。

また、寺嶋実郎氏は「労働組合の空洞化。……ソ連が崩壊し、冷戦構造が終焉を迎える中で、労働組合運動は理論枠の喪失という事態に直面したが、階級共同体（※社会主義のことを指している…筆者注釈）の実験が失敗したからと言って、資本主義の腐敗・荒廃という問題が解決した訳ではない。マネーゲーム化したグローバルな資本主義の腐敗、荒廃という問題が発生した。21世紀という時代は、ネットワーク共同体とも言うべき新しい視点が必要」という旨の発言をしている。

　　このように、連合ではグローバリズムについて統一的見解が出されたとは言えない。

　　従って、理論的整理と現状・実態の把握を、JILPT（独立行政法人労働政策研究・研修機構）などの「研究者・学者」の範囲だけでなく、単組・組合役員にも広げて、EUの労働組合や社会民主主義政党・政権幹部との交流を積極的に積み上げ、理論的整理と合意形成を進めるべきである。

(2)　このことは、連合が全面的に支援した民主党政権が崩壊し、安倍政権あるいは自民党与党政権の長期化と野党のあらたな再編が取りざたされて、一強多弱と言われる状況だけに、最も重要である。

　　職場で活動する組合役員は、グローバル化に伴う問題、例えばPFI法（民間資金等の活用による公共施設等の整備等の促進に関する法律）等に関しても、日常的労使関係・範囲からはみ出しているため、何が問題なのかと整理することは難しい。

　　また、米国型グローバリズムといった場合、日本では主に「日米構造協議」等によって具体化されることがベースになっている。

　　このため、日米の官僚と経団連をはじめとした使用者側があらかじめ規制緩和項目として「確認」（＝了解）し、それから1年〜2年たってから関係当局から労働組合に対して、M&A（合併・買収）、子会社化・アウトソーシング等の事業再編と、それにともなう出向・人員整理・あらたな賃金体系などの「労働条件」が提案されることがパターン化している。

(3)　この根拠については、第2章で詳述した。例えば、1992年にCSIS（戦略国際問題研究所）の報告書は、クリントン新政権への提言として、ブッシュ（父）前政権の対日政策の柱だった日米構造協議をやめ、政府だけで

なく経済界、学界、労働界を巻き込み、それまでよりも包括的な新しい協議機関を設置するよう求めている。

ところが、ある電気通信産業の大手企業労働組合役員のほとんどは、10年以上にわたって事業再編が進められてきた根拠となる「日米構造協議」等の具体的協議項目について、インターネットでも明らかになっているにも関わらず、「関係労働組合役員のほとんどは、全く知らされていなかった」と述べている。こうした例に枚挙のいとまがない。

つまり、グローバリズムというものは、「研究の対象」というレベルではなく、組合役員にとって、日常的に労働条件、労働環境、生活に直結する「具体的問題」として突き付けられている。にもかかわらず、運動の提起が「後追い」つまり、当局の提起に対して基本的に受け入れをせざるをえなくなっている。

一連のグローバル化・「規制緩和」による労働問題が、日常の労使関係・協議の「外側」に置かれるという傾向がある。その「外側」には、「追い出し部屋」や非正規労働者の深夜一人勤務、残業代不払、「ブラック企業」などが放置されている。

(4) 繰り返すが、グローバリゼーション・規制緩和問題の多くは、日本全体の労働者の問題の中心であるにもかかわらず、1つ1つの個別の企業内労働組合にとって、日常の労使関係の「外側」に起きるために、現場の労使双方の役員では、「理解があいまい」「解決困難」と思われることが多い。

しかし、時間的・空間的に整理すれば、具体的問題として目の前に明らかになってくる。自分と家族の運命がかかってくるからである。

従って、特に規制緩和・アウトソーシング（外部化）などについては、情報を使用者側が一方的に握っている（これを「情報の非対称性」という）ため、「事前」の交渉・協議の対象にすべきである。また、会社法をEUのように改正して、労働組合・労働者代表が監査委員に任命されることなどの社会的制度・ルールの確立が求められている。

また、日本ではまだ、そうした法整備が確立されていない間だからと言って、非正規労働者の「劣悪な労働環境の実態」について、交渉・協議の対象にせず、結果として実態や当事者の意見や要望を、使用者が把握しな

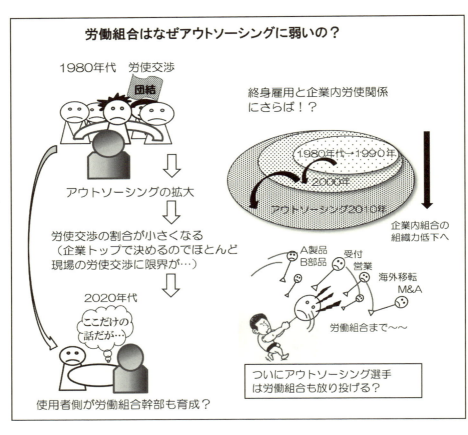

いことは正当化できるわけではない。

「非正規雇用」問題やアウトソーシング（外部化・委託化）全般について、使用者側と「正規労働者・公務員」との交渉・協議項目に入れておくべきである。会社法の改正、アウトソーシング・事業譲渡にともなう雇用問題などについて、法制化が整う前にも、労働組合は先行して「本来は、労使協議事項とすべき」だとして、実績を積み上げるべきだろうし、可能である。

このことは、非正規労働者のために新たな労働者代表制とともに、先行して並行して取り組むべきではないか。

3．4割にまで増大した非正規労働者の声を反映できるように

⑴　アベノミクスの中心的役割を担う竹中平蔵氏は、グローバル化と日本の雇用制度について次のように述べている。
　◆　不況期に非正規社員が失業せざるをえない状況に追いこまれる最大の原因は、正社員を解雇することが難しいことにある。労働契約法第16条は、「解雇は、客観的に合理的な理由を欠き、社会通念上相当であると認められない場合は、その権利を濫用したものとして、無効とする」と規定している。つまり、「客観的」「合理的」理由がなければ解雇できないし、「社会通念から見て妥当だ」と思われる理由がなければ、解雇できないのである。正社員の立場から見れば、まことに心強い法律である。
(2010年2月27日　竹中平蔵・南部靖之共編『これから働き方はどうなるのか』（PHP）
　◆　「問題は、今の正規雇用に関して、経営側に厳しすぎる解雇制約があることだ」「解雇規制を緩和する、新たな法律を制定することが必要だ」「（第1次）安倍晋三内閣で同一労働・同一賃金の法制化を行おうとしたが（労働ビッグバン）、既得権益を失う労働組合や、保険や年金の負担増を嫌う財界の反対で頓挫した」と述べている。
　　　　　　　　（2009年4月14日『勝間和代のお金の学校』日本経済新聞出版社）
⑵　これに対して、現在、連合は、「非正規労働者の意見を聴き、交流を進め、オルグ・説得して組合に入れる」という「囲い込み・取り込み」の運動を提起している。
　しかし、優先すべきは、非正規労働者が正規労働者と同等の立場で発言できる場、つまり後述する新たな労働者代表制の併存と労使協議制の充実である。非正規労働者が、使用者側に対するのはもちろんのこと、労働組合に対しても自由に自分たちの「意見や不満・要望を述べる」という「運動への参加」を日常的に同じ職場で提起すべきではないだろうか。
　この間、筆者が意見交換した非正規労働者のうち、パート、アルバイト、派遣労働者の多くは、正規社員・公務員の労働組合からそうした呼びかけ

を一回も受けていないという声が圧倒的であった。

(3) その他、「男女格差の問題」「労働安全衛生」「公契約条例（化）」、「人権」等々の非正規、正規を超えた事項については、立場の弱い非正規労働者にしわ寄せされている。このため、労働組合は、職場に出向いて直接非正規労働者と意見交換し、共同して使用者側、関係省庁・官公署に働きかける運動を強めるべきだ。

　こうした運動の積み上げは、EU（欧州連合）では組合への結集というレベルを超え、社会のあり方に影響している。

4. 労働組合は新たな労働者代表制併存の具体的な提起を急げ

現在の「過半数の代表者」選出と運営の問題点

　JILPT（独立行政法人労働政策研究・研修機構）によれば、2009年度の組織率は、18.5％であった。

　当時の「過半数代表者」制は、その選出や運営について、労基法施行規則で規定されている。しかし、代表者の「選挙による選出」は、16.9％という大変低い割合である。

　「社員会や親睦会等の代表者が自動的に労働者代表となる慣行」は、17.1％。
「事業主の指名」は、13.1％。選出された「過半数代表者」は1名で、従業員全体を意見反映するには無理があると報告している。
資料(4)（労働者の代表性 JILPT研究報告書№51　1994年2月）

　連合は、「2014-15政策制度要求・提言」資料(5)で、こうした実態について、「労基法施行規則」レベル以上まで改善するように提起をしている。

　しかし、問題の中心は、労働組合が現在、非正規労働者を含め「労働者全員を代表している」のかどうかだ。
資料(6)（JILPTコラム　労働組合は「組合員」のため？　「労働者」のため？　細川 良　2013年6月7日掲載）

　こうした「過半数代表者」の選出のあり方について、取り組むべきは、「新たな労働者代表制を併存」し、「労使協議制」を充実することであると考

え、下記のとおり具体的な提起をしたい。
(1) 非正規労働者は、使用者側にとって、景気、不景気期の雇用の「調整弁」と位置付けられており、「モノを言えないスケープゴート」という役割を与えられている。

こうした実態について、労働組合は存在感がないということは、どうしてだろうか。それは、日本のほとんどの企業内的労働組合が、正規雇用中心に組織化されているからである。

正規と非正規の非対称性というカベ

仮に非正規労働者を組合員化・組織化するという「囲い込み・取り込み」をすることができたとしても、実際には非正規労働者の賃上げや権利の拡大・向上を勝ち取るには大きなカベがある。

そのカベとは、組合（幹部）の意思とは別に、正規雇用と非正規雇用との間には、お互いに「競争」する「契約条件」という根本的な「経済的利害対立」があるからである。

つまり、民間企業の場合では、労働契約が正規社員と非正規社員とは異なっており、公務員の場合では、公務員法の適用を受けているもの（公務員）と、公務の職場で「委託された範囲」で働く者（非公務員）との条件の違いであるとされている。なお任用と労働契約とは、別個の法体系であるとする見解と他方、こうした二分化の見解を誤りとして、労働契約がベースであるとする見解があるが、前者が政府・自治体当局の見解の主流とされている。

使用者側は、このカベを理由に交渉の場を同一にしないことが多い。

ここに、同じ職場で働く者が、採用条件・身分によって、統一した行動をとれない原因がある。そして日本の労働組合のスローガンの「同一労働・同一賃金」が結果としてウワスベリとなっているのではないか。

労働契約の違いを超えて労使交渉ができるシステムを、現場の企業の労使関係で確立することは極めて困難である。その問題の解決は労使だけに任せるのではなく、根本的には、社会システム、法的規制によって解決されるべきである。この模範がEUにあり、それを日本に適用し、その具体案を提示することが求められている。

(2)「同一労働、同一賃金」とは、労働組合のスローガンにとどめられているのが現実で、使用者側が了解し「解決」するような域に達していない。90年代以降、むしろ、現実は民主党政権の時も含めて非正規労働者は増加している。その結果、格差が広がっている。

「同一労働、同一賃金」を理念だけでなく、具体的な形に示さないで、仮に組合員化した場合でも、正規の組合役員としては、日常的な運動として、非正規の組合員のためにどれだけのことができるのか。多くの役員は経験からも極めて困難であると述べている。

そこにはどのような課題があるのか。自分たち正規の賃金や権利の獲得だけでも、自分の家庭や健康などの「自己犠牲」を強いられている状態であり、この範囲を超えて非正規労働者のために運動を広げるほどの「余裕」はないとの意見が多い。

頑張っても、春闘期に使用者側に「要求項目」の一つに非正規労働者の賃金・労働条件の改善などを入れる程度ではないかという。

組合に期待26％、経営者と直接対話45％

どの組合役員も、勤務をしないで組合専従で運動しているならば別だが、勤務時間内組合活動の厳しい制限があるのに加え、日常的に組合員からも「期待されていない」〈労働者は利益を守るため、労働組合に望む（26％）よりは経営者との直接対話を望む（45％）資料16〉という状況では、組合役員のなり手がこの数年でいなくなり、組合が次々と「沈没」するような恐れさえある。

日本の社会全体にとって、労働組合がどのように位置づけられるべきなのかが、あらためて問われている。

(3) 繰り返すが、「同一労働、同一賃金」の問題解決は、職場・企業内の労使関係では限界がある。つまり、非正規雇用の問題は、正規と非正規の問題を超えて、資本主義の仕組みの根本的問題であり、社会の仕組みをどのように変えるのか、グローバル化時代の資本主義に対するガヴァナンス（統治・管理）についてどう対応するのかが、問われている。

具体的には、現行の労働組合に加え、新たな労働者代表制を併存させ、これをシステムとして法整備することだ。では、システム化や法整備が行

われるまでの間どうするのか。

EU の実態調査や交流と並行して、特に労働組合側が先行して、非正規労働者の参加を得て基盤づくり（先行例）を始めることではないのか。また、こうした取り組みについて、使用者側にこれを認めさせる取り組みを積み重ねることが重要である。

(4) もう一つは、社会保障部分（健康保険、年金保険、雇用保険）の一本化のための法整備を早期に完了し、パートやアルバイト、派遣、請負などすべての非正規労働者に対する使用者負担を義務付け、補助金交付が制度化されるべきだろう。

国・地方は、使用者側の負担分について、支給能力に応じて指数化（資産規模、法人税納税、従業員数などを基にして）し、基準による「不足分」について、補助金を交付する制度を確立・法整備をすべきである。

この制度は、外国人（訓練）労働者に対しても適用されるべきだ。特に自民党外国人材交流促進議員連盟は、2008 年 6 月に「今後 50 年間で労働人口不足に対して、1,000 万人の移民を受け入れる。移民庁を設置する」という構想を発表しており、いずれ将来は現実の問題になると思われるからである。

移民を労働人口の補てん・調整弁として使っておいて、不景気には、モノのように「使い捨て」をしてはならない。アメリカのみならず EU（ヨーロッパ連合）でも、人種差別問題と結びついて深刻な問題に発展していることを肝に銘じなければならない。

なお、最低賃金制、転職に伴う職業訓練、期間などの充実・改善は当然であるが、連合や各政党・団体でも「要求」しているのでここでは省略する。

5. 進まぬ連合の労働者代表制討議、あいまいな非正規労働者の位置づけ

「過半数」へのこだわりが、36 協定の形骸化など弊害を生む

日本では、労働組合の組織率の低下に加え、非正規労働者がさらに増加し、

その労働条件が限界に達している。また、自公政権の改正派遣法（2015年9月可決成立）にみられるように「非正規労働者の固定化」「正規労働者の非正規化」が進むことが予想される。

グローバル化と日本の社会のあり方を展望しながら、非正規雇用のあり方と同時に労働組合が自らをどのように変えるのかが問われている。

連合の「過半数労働組合」「過半数代表制」とフランス型労働者代表制
～非正規労働者への配慮と対応の違い～

連合は、2006年に「労働者代表法案骨子案」を発表した以降、ほとんど組織的討議がされていないにもかかわらず、2014年10月に「『過半数代表制』の適切な運用に向けた制度整備等に関する連合の考え方」をまとめた。

また、連合は、2010年に非正規労働者の組織化のために、「間接労働者に向けた取り組み　事例集」を発表している。

ここで、連合の「過半数代表制」のこだわりが、正規のみならず非正規労働者にも「逆効果」を生んでいるということについて述べる。

39.4％の「労働者代表」が「民主的選出とは言えない」実態を踏まえて

「過半数代表制」を強調しても、JILPT（独立行政法人　労働政策研究・研修機構）調査「労働条件決定システムの現状と方向性」（2007年3月）によると、過半数代表者の「選挙での選出」は8.3％にとどまる一方、信じられないことに「会社側が指名」が28.2％、「社員会・親睦会等の代表者が自動的に過半数代表者になった」というものが、11.2％となっている。

残念ながら、39.4％の割合で、「労働者の代表」が「民主的」とは自信を持って言えない形で選出されている。

こうした実態について、連合は「民主的とはいえない不適切な選出方法が採られている事例が多くみられる」として「その選出手続きを厳格化」し「非正規労働の組織化や1,000万連合の実現」を目指すとしている。

連合の労働者代表制の「考え方」では、連合を含めた労働組合の組織率17％台という深刻な実態を踏まえたとは言えるのであろうか。これまで自民党や使用者側からその都度、「2割も満たない労働組合が労働者の代表なのか」という指摘・批判を受けてきたことについて、対応が十分とは言えない。

さらに連合は、非正規労働者について、パンフレット「連合　間接労働者にむけた事例集」などで述べている。労働組合、労働者代表制との関係では「正規労働者と非正規労働者」の問題について、「直接雇用者」と「間接雇用者」について説明しているが、実態とかみ合っているのか不安を感じる。

　連合非正規労働センターにも確認したが、この非正規労働者についての「考え方」には、いくつかの懸念がある。

非正規労働者の組織化には、既設の労働組合の具体的支援を明確にすべきだ

(1)　そもそも、非正規労働者の場合、「正常な労使関係」が確立していないことの方が圧倒的に多いという実態を踏まえ、労働組合の結成や労働者代表制も提起されるべきではないのか。

　つまり、「正常でない労使関係」の状況の下で、非正規労働者に対して労働組合を結成し、連合に結集しろと直接に提起しても、そのことは、従来から言っている「労働組合を作って労働条件を改善しよう」という、一般的なスローガンと変わらないことになる。

(2)　非正規のパート・アルバイトや派遣労働者、請負労働者などは、労働組合を結成して、雇い主に交渉できるような「彼我の力関係」にほとんどないことから、労働組合を結成できないのであり、結果として組織率が低いのである。

　つまり、非正規労働者に対して「直接雇用」「間接雇用」の別なく、労働組合を結成したり、これに参加することが、逆に「労働契約の更改」期に「更新しない」（＝事実上の解雇される）ことを迫られるという「弱い立場」にあることをもっと把握したうえで提起すべきではないか。

(3)　非正規労働者には、すでにある労働組合が持っている経験やノウハウの知識もハンディキャップがある。このため、要求実現のために、どのように労働三権（団結権、団体交渉権、争議権）を行使するのかを、具体的に提起しなければあまり説得力がない。

(4)　例えば、労働災害が起きた時に、派遣労働者、請負労働者はその保障などについて雇い主（派遣会社・請負会社）に対して、要求する場合でも、派遣先と派遣元、請負会社と発注者との間で労災等に関する保障について

正しく契約がなされ、履行されれば問題はないが、そうではないケースが多い。

　不正行為を行う雇い主の下で、派遣労働者や請負労働者が「労働組合を結成すれば問題が解決できる」ということよりも、派遣先、請負の「発注者、委託者等」の職場サイドで、労働組合が存在することが多いので、そこに新たな労働者代表を選出するシステムを作り、これを法的に保障すれば、労災などに関する要求は実現するケースが多くなるし、派遣元や請負会社側も違法行為をしなくなるのではないか。

労働契約を超えた雇用保護はあるのか
　筆者が、公務職場における民間労働者の労働条件や雇用問題について経験したことを2つ紹介したい。
(1)　地公法の適用を受ける臨時・非常勤については、ここでは述べない。※3章2参照。公務職場には、公益法人（第3セクター）あるいは指定管理者に直接雇われている民間労働者が働いている。例えば、公園や動物園等では、レストランや売店、窓口等で働く労働者がいる。

　ここに働く労働者に、私たち公務員法の規制を受ける公務員労組とは別に、労働組合を結成することと並行して、関連労働組合に参加していただいた。実質的には、経験とノウハウを承知している私たち公務員労組が、「共闘・連携」して様々な「お膳立て」をして、結果として、賃金や労働環境などの改善を行った。
(2)　一方、公務職場には、多くの請負会社に雇われた請負労働者が働いている。公園の樹木の剪定や雑草の除去などを行う。かつては、電話交換手もいた。

　電話交換手に関して、大変衝撃的な問題が起きた。それは、電話交換手が、労働組合を結成したばかりの時に、彼らを雇っていた請負会社が労働組合からの脱退を電話交換手に強要するなど「恫喝」をしている事について、筆者の組合に相談があった。

　この不当労働行為を発注元の当局に訴えたところ、結局、請負会社が注意され、「恫喝」などはなくなった。ところが、その翌年の、電話交換の

入札の時には、同会社は落札できずに、結果として、労働組合を立ち上げた電話交換手は、「解雇」された。このことは、請負労働者が社会的「弱い立場」に立っていることを示唆している。
(3) この間、ブラックバイトや派遣労働者等と交流してきた。大手企業の労働組合は、「同一労働、同一賃金」と言っているけれど、正規中心の労働組合である。加入させてほしいと言ったところ、「派遣労働者ではだめだ」「パートでは受け入れられない」「本部から何も言われていないので」と断られたという多数の声を直接聞いた。

労働者は、どの労働組合にも参加し、組合結成できるとしても
(1) 労働者は、労働組合に自主的に参加し結成もできる。労働組合の「団結権」はもちろんある。しかし、公務員と非公務員、同じ民間企業の中でも、正規と非正規労働者とは労働契約が異なっていることから起きる問題がある。
(2) 請負労働者は、官でも民でも、入札によって仕事を受けるため、落札できなければ他の仕事がない限り、解雇される可能性が高い。こうした「弱い立場」に立つ請負労働者について、ニュージーランドでは、TUPE（事業譲渡と雇用保護法）を利用して、落札会社が代わっても、同じ仕事があるならば、それまでの労働者を継続するシステムが生まれたことを、筆者が直接現地で当事者から聞いた。　※自治労東京都本部HP「いまなぜ日本版TUPEか」参照

このことは、労働者代表や労働組合を作りさえすれば問題解決できるというよりも、社会システムの問題であることを示唆している。

改正派遣法にも対応した運動を
今年10月に改正された派遣法によれば、派遣期間が終了した場合、あらたな「働き口を紹介する」時に、同じ企業の中で「課」（改正法前は係単位であったが）が替われば、同じ派遣労働者を勤続させることは、違法ではないことになる。

実は大企業、公務職場では、同じ人が係の配属を替えるだけで10年以上

勤続していた非正規労働者は少なくなかった。

今後、改正派遣法により「合法的」に同じ企業・公務職場で、課が替わるだけの派遣労働者が半分以上を占めるようになるのではないか。

こうした長期間にわたる派遣労働者には、「派遣先」で、他の正規・非正規労働者とともに労働条件の改善を求める労働者代表が必要である。

グローバルな視点に立った労働者代表制を

労働契約の違いから、労働組合の形態をあらかじめ別々にしたならば、使用者側と同じテーブルで交渉ができないのかといえば、そうではない。ここに、あらたな労働者代表制併存を訴える理由がある。

連合は、労働者の代表を、「過半数代表者選出」にこだわっている。しかし、2014年12月25日付のJILPTの「労使コミュニケーションの実態と意義」の報告では、企業社長側の極めて興味のあるデータがあることに注意しなければならない。

① 労働組合が存在する企業の割合は、18.4％である。過半数組合は、12.5％に過ぎなかった。

② 過半数組合のない企業では、従業員過半数代表者が36協定等を締結することになっているが、その代表者の資格や選出方法が、労働基準法の施行規則・通達の要件を満たしているのが、35.7％。過半数組合のある企業12.5％を含めると48.2％に過ぎない。

　　連合は、アベノミクスの「残業代ゼロ」に反対して闘う時に、労働組合側の「足元」、こうした実態を見透かされているのではないか。

③ 企業が賃金改定の際に、労働者集団から意見を聞く割合は、合計22.5％（労働組合12.2％、労使協議機関6.7％、従業員組織3.6％）であり、集団的労使関係が一段と希薄化している。

④ 社長にとって、従業員代表制の法制化について、18.3％が賛成するが、24.1％が反対。法制化でないとすれば、25.6％が賛成で、14.1％が反対となり、逆転している。賛成の理由は、経営者側情報の従業員への正確な伝達、従業員側の意見や要望の正確な把握となっている。

⑤ こうした問題があることに、ほとんどの組合員は知らされていないま

までは、さらに組織率が低下するのではないのか。

　連合は1,000万に到達すると目標を立てているが、少子高齢化、労働人口の減少が進む中で、もう少し、グローバル的な観点に立って、深刻化する雇用情勢にスピード感を持った対応が求められているのではないのか。

⑥　そして、何よりも問題なことは、「過半数代表制」あるいは新たな「労働者代表制」という大きな問題について、一般の組合員はもちろんのこと、専従者を含む組合幹部もほとんどが討議に参加しているとは言えないことだ。連合の幹部側が従来の「考え方」を上から抑える形になっていないのかという声を聞く。

　こうした状況で、筆者は昨年（2014年）過半数労働組合、過半数労働者代表制の問題を述べると同時に非正規労働者、非組合員に対して「選挙権、被選挙権」を与えることを前提とした「フランス型労働者代表制」導入について「連合への提言」を行った。しかし、連合は理由も示さないまま今日に至っていることは、はなはだ遺憾なことである。

⑦　連合が「過半数労働組合」にこだわり、そうした労働組合がなければ、それに準じた過半数労働者代表に替えて対応させることは、無理があり、使用者側の一方的な労働条件・雇用条件を許すことになる。

　「過半数」にこだわらずに、（フランス型の）労働者代表制をモデルにして、初めから従業員全員に選挙権・被選挙権が与えられているならば、労働組合が、過半数であるかどうか関係なく、また、労働組合がなかった場合でも、労働者代表が、使用者側と協議することができるのである。

6．フランス型をモデルにした日本版の労働者代表制・労使協議制を

　日本では、現在の労働組合とともに新たな労働者代表制を併存・併置することについて、システム化・法整備ができない以上は、それができるまで待っているしかないのか。否である。グローバル化のテンポにこれ以上遅れてはならないからである。

フランスの場合は、1981年5月に、社会党員であるフランソワ・ミッテランが大統領に就任した翌82年、従業員代表と団体交渉を強化することを目的として、企業委員会が、より多くの権利を与えられる法改正（経営事項に関する職業訓練を受ける権利、よりよい情報提供を受けることなど）が成立した（オルー法）。

　その後、労働組合以外の代表と労働協約を締結する選択肢を企業に与えて、今日に至っている。

　日本では、政労使ともに労働者代表制について認識が乏しいと言わざるを得ないが、米国型のグローバル化に対して主体性を持って対応するために、EU、特にフランスの労働者代表制・労使協議制（資料7、JILPT　No.67 2010年3月）、（資料8、JILPT　労働組合と労使協議機関の併存の現実　立道信吾　Discussion Paper 08-06）などを参考にして、日本版の新たな「労働者代表制・労使協議制」を確立するとすれば、どのようなものになるのか、下記(1)～(6)で述べてみたい。

【仮定】日本版の新たな「労働者代表制・労使協議制」を確立した場合

(1)　あらたな労働者代表制の進め方

　現在ある労働組合のナショナルセンター（連合・全労連・全労協など。全労協は正確にはナショナルセンターではないが、ここでは同じとみなす）と使用者側（経団連、日本商工会議所、経済同友会など）、政府（総務省、厚生労働省など）、労働者代表制・労使協議制を併存・併置に賛同する非正規関係労働組合・団体の各代表が、一堂に会して趣旨、目的等の認識の統一をしてから、正式なルール作りの作成を始める。

(2)　非正規労働者・非組合員にも選挙権、被選挙権を

　この労働者代表制・労使協議制には、正規労働者はもちろんのこと、パート、アルバイト、有期雇用、派遣などの非正規従業員、所属センター・産別が異なる組合員および非正規組合員にも、代表委員に投票できる（選挙権）、及び立候補できる（被選挙権）ようにする。

　なお、派遣労働者については、派遣元企業にて権利義務があるというのは、

連合の考え方だが、(フランス、ドイツの場合、3カ月以上、507時間以上などでも可能だが、複雑なので省略)ここでは1年以上、派遣先で勤務した場合は、派遣先企業で選挙権・被選挙権を持つことができるとする。1年以内の場合は、派遣元に権利義務がある。

　また、非組合員、あるいはどこのナショナルセンターにも所属しない団体に加盟している労働者も選挙権、被選挙権を与えられる。

　日本でもこうしたシステムを導入すべきだと考えられる大きな根拠に、36(残業)協定や安全衛生委員会など、雇用関係(労使関係)だけではなく、職場環境などの実態を把握することを前提とすべきだと考えるからである。

(3)　正規と非正規の定義について
　①「正規労働者」とは、過去3年間12カ月間継続して労働し、11人以上の事業場において、「雇用期間の定めのない」労働者とする。
　②「非正規労働者」とは、使用者が認める、同じ事業場に12カ月間継続して労働するパート、有期雇用、派遣等の上記の「正規労働者」以外の労働者をさす。

(4)　「代表的な労働組合」等による代表委員の選出方法
　①　ナショナルセンター・産別で「組合員数」「独立性」「組合費」「大会等の機関運営の経過」などの条件(詳細省略)を満たしていると政府又は自治体、関係公共機関(厚生労働省、中央労働委員会、地方労働委員会等)などが認めた場合、「代表的な労働組合」及び「代表委員」となることができる。(※ここではA、B、Cの3つに例える)
　②　上記の全国レベルの「代表的な労働組合」(ナショナルセンター)に所属しない全国レベル又は地方レベルの労働組合及び各種労働団体は、新たにこの労働者代表制・労使協議制に参加するために所管の関係機関(厚生労働省、中央労働委員会及び地方労働委員会、人事院、人事委員会等)により認証を得なければならない。(詳細省略)
　③　使用者は、「代表的な組合」あるいは「過半数労働組合」との「協定書」などを尊重して選挙名簿を作成し、当該の労働組合との間で確認す

る。
④ 「代表的な組合」あるいは「過半数労働組合」の代表委員議席の配分については、使用者側、労働者側双方が認めた組合員数に応じて投票の1カ月以上前に決める。（第1回投票）
⑤ 第2回投票（比例）の代表委員候補者名簿は、代表的な労働組合及び労働者代表委員のほか代表的でない労働組合及び労働組合でない団体も提出できる。また、団体の推薦を受けられない個人候補、組合に所属しない従業員（非組合員）も提出可能である。

(5) 非正規労働者の選挙権の算出方法

非正規労働者については、上記(3)②に基づき、下記の算出基準により投票を行う。
① パート労働者については、事業場のパート労働者全員の総労働時間を事業場のフルタイム労働者の所定労働時間で割って、投票権を有する人数を算出する。
② 有期雇用労働者及び派遣労働者等の企業の労働者で、その企業に使用される労働者については、過去12カ月につきパート労働者と同様の方式により、投票権を有する人数を算出する。ただし、その者の労働が他の労働者によって代替されている場合及び労働契約停止の場合は、労働者数から除外される。
（資料4 労働者の代表性）参照

(6) 労働者代表委員選出（第1回及び第2回投票）のイメージ
　　ナショナルセンター、産別の場合

上記、(3)(4)(5)を基にナショナルセンター（第1回投票）、産別レベル（第2回投票）で労働者代表委員を選出する場合のイメージは、下記①～⑤のとおりである。

なお、企業内の労働者代表制については、ナショナルセンター・産別に所属しているか否か、従業員の多少に関わらず、別に代表者の人数、構成などを明記したうえで、比例・産別代表の選出と同様の方法により選出する。

第5章　現行の労働組合と新たな労働者代表制の併存の法制化を

労働組合とあらたな労働者代表制（イメージ）

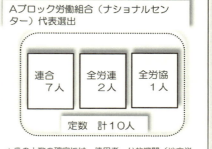

◆Aブロック労働組合代表は各労働組合が選挙ではなく指名する。定数合計10名とする。代表的組合に入っていない労働組合はAブロックの対象外である。
◆Bブロックは、比例選挙によって決める。非正規のうち、フルタイムの選挙権は正規と同じ資格者のため同数カウントである。短時間勤務の非正規は勤務時間数、日数によって按分する。派遣・請負労働者も1年以上同じ派遣・請負先で勤務した場合、権利を有する。

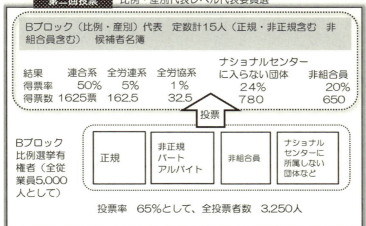

全国・ナショナルセンター、産別、企業別にも同じ労働者代表委員選出方法

＊全労協はナショナルセンターではないがここでは同一とみて計算

企業別および比例選挙において非正規には条件の制限があるが、全ての職場の労働者と被選挙権があり、ナショナルセンターや産別の違いを越えて、どの立候補者にも投票できる（比例選挙）ことにする。
＊派遣先企業に1年以上勤務した派遣労働者も

① 定数10とし、Aを連合系産別(7)、Bを全労連系産別(2)、Cを全労協(1)（ここでは産別とみなす）と仮に設定する。
② 使用者（当局）が認め、公的機関が承認した、登録された正規および非正規従業員組合員人数と非組合員数の合計が、選挙権を有する人数となる。
③ 1回目投票の段階で、労働組合の割り当て定数については、産別労組の構成数に比例して割り当てることを原則とする。その結果、候補者を産別労組が指名し、確定することとなる。

　　第1回の投票は結果として、選挙は事実上ないことになる。ただし、フランスでは、この無投票で確定することについては、ナショナルセンターを持たない団体などから異議が出され、現在も議論が続いている。
　　＊労働組合の優越性：フランスでは、労働者代表制について、労働組合がナショナルセンターを持たない団体や非組合員よりも優越性を認めている制度として出発している。
④ 2回目の比例・産業別投票の段階で、第1回目の割り当て数とは別に選挙人は、構成労働組合に所属しているか否かに関係なく、立候補者に投票することができ（選挙権）、また、自ら立候補することができる（被選挙権）。
⑤ 産別レベルの代表委員の配分は、企業別による投票の総数によって定められる。この産別レベルの代表委員（10名）とAブロックの代表者（15名）の合計25名によって（政）労使の交渉団を結成する。

(7) **労働者代表委員の主な任務と権限**
　① 苦情処理と情報提供等
　労働者代表委員は、「労使協議会」（※企業委員会、事業所委員会、職場委員会など呼び方は、別途検討する必要があるが、ここでは労使の協議の場であるという認識があればよいので、このように表現した）に出席し、各人が個々にその任務を遂行することができる。なお、労使による団交などのような合議体として任務を行うのとは異なる。
　　＊フランスでは、労働組合の優越性による「団交」などの合議体と労働者

代表委員による協議体との関係については、労働組合と代表委員のどちらが「上位」なのかという論争がある。なぜなら、労働組合が妥結した内容を労組員以外の多数の者が了解しないという事態が生じているからである。このことは、協議体を合議体（団体交渉）の下に置くことが職場の声を反映していないという矛盾が起きていることを示している。

② 使用者との会合

使用者は、毎月定期的に労働者代表委員全員を集めて、月例会を開かなければならない。

又、必要な場合には、労働者代表委員の請求により、臨時の会合を開かなければならない。

その上、労働者代表委員の求めにより、取り扱われる問題に応じて、個々の労働者代表委員と、又は職業分類ごとに、あるいは工場・部課・職業上の専門ごとに、使用者は労働者代表委員と面会しなければならない。

なお、労働者代表委員と使用者側との集団的労使関係については、別記資料(6)～(11)及び(15)(16)を参照

7. グローバル化は労働組合もアウトソーシング（外部化）している

日本のグローバル化（アベノミクス）は、企業組織再編を究極までに進め、日本的「終身雇用制」に終わりを告げ、非正規雇用を拡大し、正規雇用労働者に対しても競争・分断を進めている。

こうした状況において、労働組合役員の努力いかんにかかわらず、組合の組織率はさらに低下し、戦後積み上げてきた企業内的労使関係が行き詰まるという恐れがある。

連合の組織の中で「多数の正規組合員」を抱える「勝ち組」の大企業労働組合でも、M&A（合併と買収）、アウトソーシング（外部化）などによって、正規から非正規、派遣・出向、あるいは解雇へ進む道が敷かれている。

そして、もう一方の「勝ち組」の公務員関係労働組合も、少子高齢化による自治体再編と財政再建・行政改革、民営化によって、非公務員化と解雇

（分限免職）のケースが生まれている。

　アベノミクス・竹中平蔵路線が続けば、今後10年もかからずに、「決定的なレベル」にまで「正規の非正規雇用化」は加速するだろう。「決定的なレベル」とは、非正規労働者だけではなく、正規労働者や公務員も「雇用の流動化」が進み、「転職」というよりも「解雇」しやすい労働環境が全国に定着し、日本の社会構造が戦後最大の規模で変わることになろう。

　連合は、「全ての労働者を代表している」とは言えないという現実を率直に踏まえて、今後の日本のグローバル化に対応して、EU（欧州連合）を教訓とした社会的合意形成を目指すべきだろう。

　日本のグローバル化（アベノミクス）が、雇用の流動化によって、労働条件が下がるだけでなく、権利を主張できないような状況が進み、労働組合のあり方が旧態依然としてモタツク間に、日本の民主主義が骨抜きにされはしないか。

　働くすべての者が、公平に「自分の声で意見や権利を主張できる」職場や社会にするためにも「新たな労働者代表制を併存して労使協議体制を確立する」ことは、働く場を超えた大きな歴史的・社会的役割を果たすことになるだろう。

8. 現状の「過半数労働組合・過半数労働者代表」と新たな労働者代表制併存法制化を

　本来、労使間で36協定を締結し、残業を協議し労働者側が承認するシステムは、過半数労働組合あるいは過半数代表によって行われなければならい。しかし、組織率の低下もあって、「過半数」の労働組合は少数になっていることに加え、労働組合がないために「本人承認」さえ得られれば構わないということで、残業のみならず解雇まで広げられている。アウトソーシング（外部化）が進む中で、あらためて「過半数」と労働者の代表について問われている。

第5章　現行の労働組合と新たな労働者代表制の併存の法制化を

(1)　**現状の過半数労働組合・過半数労働者代表に非正規と非組合員の権利を**
　すでに過半数労働者（労働組合）が組織化されて、「あらたな労働者代表制を必要としない」ことが、それまでの構成員によって「全体の合意」とする場合、6(2)、(3)で前述した関連する非正規労働者、及び非組合員全員に対しても、同一時に「民主的な投票」によって「意思の確認を行うこと」とする。（ただし、定数上の制限は別途定める）
　新たな労働者代表を選出する要領は、使用者、関係機関の関与も含めて、それまでの「過半数労働者代表」を選出した組合員のみならず、該当する非正規労働者、非組合員全員も含めて確認・決定することが明記されるべきである。

(2)　**対照的な北欧と米国**
　なお、スウェーデンなど北欧の場合、労働組合が9割以上など高い組織率を持っているため、労働組合と労働者代表制とを別に持つ必要がないとの認識から、労使ともにあらたな労働者代表制を併存する義務がないことについて、了解されている。
　一方、アメリカの組織率は、2013年では11.3％まで低下しているが、一元的に過半数代表の労働組合だけが認められるようにしている。
　米国の政府と使用者側は、労働組合の問題意識が高まらないうちに、一部労働組合を巻き込んでいると言われており、日本もその方向に持っていこうとしていると言われている。

(3)　**選挙権および被選挙権の対象の範囲**
　労働者代表選出に関わる選挙権及び被選挙権の労働者の対象の範囲は、当該事業場に直接雇用される正規労働者、パート、アルバイト、契約社員等、その他名称の如何に関わらず、すべての労働者を対象とすることを原則とするべきだろう。
　ただし、（連合が言う）間接雇用労働者（※派遣、請負労働者を指す）は、直接の雇用元での対象とし、当面は「労務提供先」での対象としないが、間接労働者の意見が委託先に反映できる仕組みを今後検討すべきである。

その他の「労働者代表委員会」の任務・権限、運営については省略するが、（厳密には、団交、ストライキ行使等については与えられていない）現在の労働組合がとるべき行動と、ほぼ同様の内容になると認識することが求められている。（資料16）

(4) これまでの過半数労働組合と過半数代表制に新たな労働者代表制の併存を

　前述のとおり、過半数労働組合は実態として極めて少なく、かつ過半数代表は、非民主的な形で決められることもあり、形骸化している。この過半数労働組合と過半数代表制に固執した従来の運動形態では、労働三権（団結権、団体交渉権、争議権）の形骸化を食い止めることにはならないのではないか。

　今日の労使の力関係の中で、アウトソーシング（外部化）やM&A（合併・買収）が進んでいる状況を考えると現状の過半数労働組合と過半数労働者代表制を存続させながら新たにフランス型をモデルにした労働者代表制を併存させることが好ましいのではないか。

　そのことによって、日常的に使用者側から情報提供を受け、職場の全労働者（非組合員も含めた）の意見・苦情や要求をまとめて使用者側に伝え、返事（回答）を得るシステムは、具体的で、かつ、可能な運動・闘争につながるのではないか。

　このことは、労働組合が17%台という組織率であり、今後さらに下がり続けると言われている状況を踏まえるならば、こうした労働者代表制のあり方について、議論を促進し、選択を急ぐべきであろう。

9. 労働組合は、組合員だけの私物ではない

　労働組合は、組合員だけの私物やモノではない。ましてや労組幹部のモノではない。社会全体のために存在している。

　そもそも労働組合は、資本主義以降はもちろんのこと、それ以前の封建時代、ヨーロッパの徒弟制度時代からも広い意味で引き継いでいる。それは長い歴史を経て生まれた。

　労働組合は、労働者の劣悪な労働条件の改善のために命を懸けて闘った。

第5章　現行の労働組合と新たな労働者代表制の併存の法制化を

　一方、家庭環境において、人間は自ら生まれる以前から、様々な可能性と規制や条件を与えられている。
　そして、生まれることができて、例え健康であっても、貧困であるがゆえに文化や教育の面で初めからオモリをつけられ、ハンディを背負いながら競争をさせられることが多い。それは、負けることに慣れるための競争ではないかとさえ思われ、「負け癖」ともいう。
　労働組合は、その職場の労働条件の改善のために組合員によって運営される。
　しかし、その職場にいる非正規労働者や「理解と協力」を得られない非組合員の意見や要望を無視してよいとはならない。
　労働組合は、それが生まれる前から、そして生まれ、育てられる時も、労働組合以外からも力を与えられて存在している。このため、労働組合は、構成している組合員だけでなく、同じ職場で働く非正規労働者や非組合員、そして社会のためにも活動する義務や任務がある。
　少なくとも、彼らの声を使用者側に伝える場や機会の提供に努めるべきである。そしてそのことによって、社会全体が労働組合を組合員だけの利害団体・圧力団体としてだけではなく、民主主義の発展と社会の向上のために、最も民主主義的な団体の一つとして評価されるだろう。
　あらたな労働者代表制は、その道しるべになるのではないか。
　この労働者代表制については、連合の中でも様々な討議が重ねられてきた。
　この中で、これまで労働者代表制に関する議論で散見される疑問や意見がある。代表的な意見として2つ挙げられる。
　第1に、労働組合が、非正規労働者、非組合員のために、組合費が使われることに納得がいかない。
　第2に、組合に入らないで、労働者代表を選出できるのでは、労働組合に入る必要がないのではないか。また、組織率の低下がかえって進むのではないのか。
　こうした代表的な意見については、次のような問題点があり、前向きに解決すべきではないだろうか。
(1)「非組合員のために組合費が使われることに疑問を感じる」「労働組合員

以外の人が労働者代表になることに違和感がある」「甘えすぎだ。自分たちで労働組合を立ち上げるなり、独り立ちすべきだ」等々の不満や意見が出された。しかし、その前に重大な問題認識を整理する必要がある。

　つまり、繰り返すが、日本には4割もの非正規労働者がすでに存在しており、労働組合の組織率が17％台であり、さらに組織率は下降を続けると言われている。こうした現状の下で、「職場の労働者を代表している」といっても、実態を反映しているとはいえない。実態とはかけ離れているこうした現状の労働組合のあり方を続けることは、労働組合の社会的信用・評価を損ねる恐れがある。（第3章5(2)）

(2)　労働組合が非組合員に対して、労働組合加盟を促す時にも必要経費は掛かる。現在組合員である人も、元々は新規採用時も含めて非組合員であったことを想起すべきである。

　このため、非正規労働者あるいは非組合員に対する呼びかけは、結果として同じ労働組合に入ることがなかったとしても、使用者側に対する権利や生活の向上ための共同行動として、また長期的な観点からしても、社会的に評価されるだろう。

(3)　公務員労組が委託労働者を組織化する場合、前者が主に公務員法に縛られているのに対して、後者が主に労働組合法、労働契約法に縛られていることによって、同じ（職員）組合、労働組合に所属することには限界性がある。結果として「関連労働組合」として協力し合う関係にしなければならない。

(4)　同じように民間の中で、親会社と子会社、委託元会社と委託先会社との関係でも、使用者側との関係において、お互いが「関係労働組合」という位置関係にある。（民・民の関係）

　労働組合の組織化に様々な取り組みの違いが生じても、組織化が、トータル的には関係労働者の生活や地位向上に役立つことは明白である。このことは、子会社、関連会社への出向・派遣問題との関係でも重要になる。

(5)　労働組合に入らない状態で、労働者代表制を併存・確立しても、運動は変わらないというのは、正しくはない。

　労働者代表の選挙権と被選挙権は与えられていても、その行動には自ず

と労働組合との関係で、制限や条件の違いは生じる。フランスの場合でも、労働組合の優越性により、第1回投票では労働組合の指名投票が認められている。このため、非正規、非組合員にとって選挙運動の量的・質的条件にもハンディ（制限というよりは、自主的な立候補や他者を当選させるための選挙運動に要する費用や時間等）が生じることは、ある程度やむを得ないだろう。

(6) あらたな労働者代表制併存の法制化によって、使用者はもちろんのこと、時の政権と政府関係省庁の一方的な政策・法制度に押しつぶされることなく、特に非正規労働者が自分たちの意見や要望を述べてこそ、新たな運動を展開する場が与えられるのである。

　こうした積み重ねが、非正規労働者だけでなく、正規労働者の出向や派遣、中小企業労働者、事業譲渡にともなう雇用問題などにも影響する。さらに、その運動の輪は、様々な社会運動、民主主義運動に大きな波紋を呼び、政党や国会にもインパクトを与えるだろう。

　つまり、新たな労働者代表制は、労働組合の否定ではなく、労働組合という範囲を超えて、労働運動そのものの社会的存在意義に大きく貢献するのである。

(7) 労働組合とあらたな労働者代表制併存の法制化は、日本の資本主義が米国型のグローバル化を進めている時だけに、雇用制度のあり方、労働者の立ち位置を、EU（ヨーロッパ連合）の視点・軸足に移しながら、21世紀の道を探るための代えがたい選択肢なのである。（資料10「フランスにおける企業内従業員代表制度」シルヴェーヌ・ロロム）

資料(1)　総務省　平成24年就業構造基本調査結果（2013年7月公表）

○ 有業率は男性が68.8％、5年前に比べ2.8ポイント低下、女性が48.2％で0.6ポイント低下。
○ 年齢階級別の有業率は、男性は全ての年齢階級で低下、女性は25歳から39歳までの各年齢階級で上昇するとともに、M字型カーブの底が「30〜34歳」から「35〜39歳」に移行。
○ 5年前に比べ「正規の職員・従業員」「労働者派遣事業所の派遣社員」は

減少、「パート」「契約社員」などは増加。
○「雇用者（役員を除く）」は「雇用契約期間の定めがない（定年までの雇用を含む）」者が 68.5％、「雇用契約期間の定めがある」者が 22.6％。
○「非正規の職員・従業員」は「雇用契約期間の定めがない（定年までの雇用を含む）」者が 30.2％、「雇用契約期間の定めがある」者が 52.7％。
○「雇用者（役員を除く）」に占める「非正規の職員・従業員」の割合は 38.2％で、男性は 22.1％、女性は 57.5％となっており、男女共に上昇が続いている。

資料(2)　厚労省、若者の「使い捨て」全体の 82.0％　2013 年 12 月 17 日
厚労省　若者の「使い捨て」が疑われる企業等への重点監督の実施状況
・違反状況：4,189 事業場（全体の 82.0％）に何らかの労働基準関係法令違反
・違法な時間外労働があったもの：2,241 事業場（43.8％）
・賃金不払残業があったもの：1,221 事業場（23.9％）
・過重労働による健康障害防止措置が実施されていなかったもの：71 事業場（1.4％）

〔違反・問題等の主な事例〕
・長時間労働等により精神障害を発症したとする労災請求があった事業場で、その後、月 80 時間を超える時間外労働が認められた事例
・社員の 7 割に及ぶ係長職以上の者を管理監督者として取り扱い、割増賃金を支払っていなかった事例
・営業成績等により、基本給を減額していた事例
・月 100 時間を超える時間外労働が行われていたにもかかわらず、健康確保措置が講じられていなかった事例
・無料電話相談を契機とする監督指導時に、36 協定で定めた上限時間を超え、月 100 時間を超える時間外労働が行われていた事例
・労働時間が適正に把握できておらず、また、算入すべき手当を算入せずに割増賃金の単価を低く設定していた事例
・賃金が、約 1 年にわたる長期間支払われていなかったことについて指導し

たが、是正されない事例

資料(3) 「連合評価委員会」

2002年に、連合の笹森会長（当時）は、組織率の低下と非正規雇用の増大などに対して強い危機感から、「連合評価委員会」を設置した。
この委員会「報告」の中で、特徴的な点を紹介する。

1. 日本の労働組合組織の減少について

歯止めがかからない組織率低下20.7％（2001年当時）を受け止め、労働組合そのものが「労働者の代表性として疑問視される」と述べている。
その後、2013年から2014年の間に約半年かけて連合としてあらためて「過半数代表者のあり方に関する検討PT」が設置され、「2014-15政策制度の提言」資料(5)の中に「提言」されているが、具体性に乏しい。

2. 連合は組織化と格差是正の取り組みをこれからどのように取り組むのか？

「連合評価委員会」では、笹森会長が「企業別労働組合の呪縛から抜け出そう」と提起し、また、市民活動家イーデス・ハンソン氏は「労働組合は、内部は上下関係が強く、非民主主義的で保守的な側面がある」という指摘をしている。
中坊公平座長は、特に、企業別組合主義から脱却し、「すべての働く者が結集できる新組織戦略を」の中で、
「21世紀は、望むと望まざるとに関わらず、これまで以上に就業形態が多様化することが予想される。これまでのように正社員のみを主要な組織化対象とすることは不可能である。
幻想となりつつある既得権にしがみつこうとしても、組織を縮小させるばかりであり、自分の首を自分で締めるようなものだということを自覚するべきである。

多様性を包摂できない組織は滅ぶ運命にある。労働組合は、すべての働く者が結集できる組織でなければならないし、そうあってこそ、社会における存在意義も存在感も高まるのである。

多様な働く者を組織してゆくためには、次のような変革が必要となる。

第一に、活動スタイルや組合の文化・風土を変革し、多様な属性を持つ労働者が等しく組織運営に携わることのできる体制に、積極的に変えてゆくことが求められる。

第二に、これまで組織化が進んでこなかった、パート等非正規労働者、若者、女性、中小・地場産業労働者、サービス・ソフト産業労働者へは重点的にアプローチする必要がある。

第三に、今後、契約労働者、個人請負業者というかたちの雇用労働者以外の労働者が増加することが予想されるため、地域ユニオンやサイバーユニオンなどのような取り組みを強化する中で、雇用労働者以外の労働者も包摂できる組織のあり方を模索する必要がある。

第四に、若者、女性が生き生きと活躍できる組合活動でないと、将来性はない。かれらの意見を反映させるパイプを目に見えるかたちで太くすることが求められる。

第五に、若者については積極的に働きかける必要がある。まず、小学生、中学生、高校生、大学生といった若年者に対しては、労働組合、運動に対する理解を深められるよう、積極的にアピールする必要がある。そのためにも、地域との連携を重視し、多様な取り組み、教育活動を展開する必要がある。

第六に、若年労働者については、フリーター問題が顕在化しており、かれらの教育・訓練問題について、連合としても積極的に関与することは重要である。さらに企業はこれまでのように充実した教育訓練を行うことを放棄し、自己啓発を奨励し、即戦力保持者を重視する傾向にもあるため、ステップアップの仕組みを新たに組合が提供することもまた必要である。

第七に、雇用されることを前提にした労働運動だけでなく、雇用されなくなった時の労働運動への参加を保障することも必要である」と強調した。

連合の提言では、こうした指摘に対して、「労働組合の組織率を上げていくために、地方連合会という地域単位の連合で、非正規労働者、中小・地場

企業労働者の組織化に取り組む」と述べている。

資料(4)　労働者の代表性
　　　　JILPT（労働政策研究・研修機構）研究報告書№51　1994年2月
第1章　比較法的考察－欧米諸国の労使協議制
1　フランスの労使協議制
(2)　従業員代表委員

　　ア　従業員代表委員の選任義務がある事業場
　過去3年間に、継続又は継続した12カ月間、11人以上の労働者を使用したすべての事業場において、従業員代表委員を選任しなければならない。
　労働者数の算定方式は次の通りである。
(1)　雇用期間の定めのない労働者、家内労働者及び身体障害者を各一人と数え、
(2)　パート労働者については、事業場のパート労働者全員の総労働時間を事業場のフルタイム労働者の所定労働時間で割って人数を算出し、
(3)　雇用期間の定めのある労働者及び派遣労働者等の企業の労働者でその企業に使用される労働者については、過去12カ月につきパート労働者と同様の方式による。なお、その者の労働が他の労働者によって代替されている場合及び労働契約停止の場合は、労働者数から除外される。
　　労働者11人未満の事業場でも、協約により従業員代表委員を選任することができる。
　　任期満了前12カ月間に、継続又は断続した6カ月間、労働者数が11人であった事業場では、従業員代表委員の選挙は行われないことになるが、従業員代表委員の任期中に労働者数が11人を割った場合でも、従業員代表委員は廃止されない。

第3章　わが国の労使協議制の実務状況

イ　労使協議の委員
(ア)　現行法制の下での運用の在り方

　労使協議の委員についても、就業規則、労使慣行等による定め方によって決まってくるが、問題となるのは、従業員代表の選出方法である。
　これについては、基本的には従業員の過半数を代表する者とすることが自然であると考えられるが（パートタイマー等の非正規従業員の扱いをどうするかという問題もあるが、できる限り、これらの労働者の意見が反映されるようにすることが望ましいといえるだろう。）、その選出手続きについては、運用上労働者の自主的な意見が反映されるよう適切な定めをしておくことが妥当といえる。

資料(5)　「連合2014〜2015年度　運動方針」

14. 事業譲渡など、事業組織再編時における労働契約の承継、労働条件の維持、労働組合との協議の義務づけなど、労働者の権利保護をはかるための法制化に取り組む。
15. 集団的労使関係構築に向けて、労働者代表制の法制化の検討を進める。

資料(6)　労働組合は「組合員」のため？　「労働者」のため？

　　　　　　　　　　　　　　　JILPT　研究員　細川 良　2013年6月7日

　フランスでは、「代表的」労働組合が労働協約を締結すると、協約を締結した労組の組合員だけでなく、非組合員および他組合の組合員も含めたすべての労働者にその労働協約が適用されることとなる。……
　日本でも、労働組合法17条が定める一般的拘束力による拡張適用や、実務上、就業規則の変更を通じて非組合員にも実質的に適用が拡張されることがあるが、その点は措いておく。
　それでは、フランスではなぜ「代表的」労働組合が締結する労働協約は、組合員だけでなく、非組合員および他組合員にも適用されるのだろうか？
　……フランスの労働運動においては、労働組合とは「産業における集団的な利益」を代表する役割がある、言い換えれば、組合員のみならず、非組合

員も含めたすべての労働者の利益のために行動するものであると伝統的に考えられてきた。……

　労働組合が、「組合員」のために活動するものであるのか、（非組合員等も含めたすべての）「労働者」のために活動するものであるのか、という問いは、「組合員」のための活動が実質的に「労働者」のための活動となる状況下にあっては、それほど大した問題とはならないかもしれない。

　しかし、労働組合の組織率が低下し（＝労働者に占める「非組合員」の労働者がより多数派となる）、また雇用形態の多様化が進む時代にあっては、この問いは案外に重要な命題なのではないかと感じている。

資料(7)　フランスの労働者代表制と労使協議制

JILPT（労働政策研究・研修機構）No. 67　2010年3月

第2章　フランスの労働者代表制と労使協議制
(1)　独立行政法人　労働政策研究・研修機構
政労使三者構成の政策検討に係る制度・慣行に関する調査
　―ILO・仏・独・蘭・英・EU調査―

　労使交渉は、全国レベルで「代表性を持つ」と国が認めている5つの労働組合と、3つの使用者団体により行われる。……
1)　CGT の提案に基づき、6名の代表
2)　CFDT の提案に基づき、4名の代表
3)　CGT-FO の提案に基づき、4名の代表
4)　CFTC の提案に基づき、2名の代表
5)　CFE-CGC の提案に基づき、2名の代表

資料(8)　労組と労使協議機関の併存の現実

JILPT　立道 信吾　Discussion Paper 08-06

第5節　むすび
　労使協議制と労働組合の併存が労使自治によって幅広く実現できている状況とは何を意味しているのか。
　一つには、大企業における長期雇用の残存である。

……だが、一定規模以上の企業であり、……小零細企業では、疑問である。

対照的に、グローバル競争の中で勝ち抜く日本の大企業は、EU労使協議指令の結果が示唆するように、ローカルから超国家的空間に舞台を替えて、企業と労働者との長期的な関係を築き上げるかもしれない。

EUとは異なった、「企業競争力」頂上（社会、産業）からではなく、下からの労使協調、「善意に基づく信頼」などを背景に新しい労使関係がワールドワイドに広がる可能性もある。

資料(9)　フランス代表委員選挙　民間の企業及び公務員関係
㋐　民間の企業内労働者代表制度
　　労働条件決定システムの現状と方向性
　〜集団的発言機構の整備・強化に向けて〜（抜粋）

プロジェクト研究シリーズ　JILPT　2007.3

企業内組合活動に関する制度		法定従業員代表制度	
組合支部	組合代表委員	企業委員会	従業員代表委員
La section syndicale	Le délégue syndical	La comité d'entreprise	Le délégué du personnel
代表的労働組合がそれぞれ1つ設置することが可能	50人以上の企業で組合支部を設置している組合が指名	50人以上の企業で設置。委員は4年ごとに従業員選挙で選出	11人以上の事業所で設置。委員は4年ごとに従業員選挙で選出
組合費の徴収、組合文書の掲示、ビラ配布、定例会議の開催など	①企業主に対して組合を代表する任務（企業交渉、情報を受ける権利など）②企業内組合支部を推進する任務	①経済的・職業的領域における企業主の決定に先立って情報提供及び諮問を受ける②文化的活動等を管理運営する	賃金及びその他の労働条件に関する個別的な苦情処理

出所：労働政策研究・研修機構（2006c:26）（奥田作成）

1996年〜2002年（偶数年）の企業委員会選挙の結果
参加率低下：1967年の72%に対し、2002年には64.7%
＊2002年12月の労働審判所選挙の選挙人登録者は1,600万人。フランス労働者の3分の2は企業委員会を有しないことになる。

投票率及び得票数

	投票率				得票数	
	1996	1998	2000	2002	2000	2002
CFDT	21.5	21.7	22.9	22.1	417,200	426,139
CFE-CGC	5.8	5.8	5.7	5.6	103,234	108,232
CFTC	4.5	4.9	5.3	5.5	96,769	107,078
CGT	23.6	24.3	24.4	24.4	445,383	468,834
CGT-FO	12.1	12.1	12.4	12.4	226,228	239,285
上記以外の労働組合	7.3	7.0	7.4	8.4	134,901	162,925
非組合員	25.1	24.1	21.9	21.7	398,432	419,590
合計	100.0	100.0	100.0	100.0	1,822,147	1,932,083

出典は DARES

(イ) ルノー自動車の労使関係制度

2014年3月29日「フランス労働運動から学ぶべきもの」松村文人名古屋市立大学教授、社会運動ユニオニズム研究会講演から。

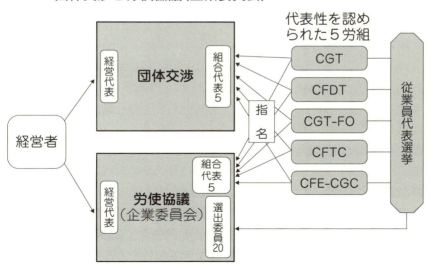

出所）松村 文人作成。
注）ルノーで代表性を認められてきたのは6組合であったが、現在は5組合。管理職のCFE-CGCと経営側に近かったCSLとの統合によるものと見られる（未確認）。

※この資料は、2014年3月29日にユニオニズム研究会で松村文人名古屋市立大学教授が講演した際に提供されたものである。松村教授は、2015年5月逝去。享年60歳。

(ウ) 公務員関係代表制度

2007自治労訪仏調査団報告書（君島訪仏調査団）2007年3月26日

フランスにおける公務員制度について

　自治労は、2007年に公務員制度改革対策の一環として、君島副委員長を団長としてフランスへ、また植本書記長を団長としてドイツへそれぞれ訪問し、調査交流を行った。

　このうち、フランスの訪問では、この冊子に直接関係するフランスの公務員制度に関わる労使協議機関のことが詳細に報告されているため、ここに一部掲載する。

Ⅱ　フランス地方公務員制度における人事当局・労働組合の関係

2．労使協議機関

　一般身分規程第3編に基づき、国家公務員制度をモデルに地方公務員についても労使協議機関を設けている。この機関は全国レベルと地方レベルに、それぞれ存在しており、地方公務員の人事管理に係わるテーマにおける諮問機関として位置付け、労使協議機関として機能している。

(1) 地方公務員制度高等評議会（CSFPT）

　全国レベルの協議機関であり、全国的な組合から選出された代表者、自治体の執行機関により選出された者と各20人で構成される。

　組合組織の代表議席は、全国レベルの組合又はその連合体で同数執行委員会の選挙に参加している者、それぞれ1名が選出され、残りの議席は選挙の得票数に応じ、比例配分される。組合の代表者は内務大臣より委員に任命される。

　評議会は諮問と提案の機能を持ち、決定を下す機関ではない。毎月定期的に開催され、内務大臣より、地方公務員制度に関する法案、身分規程に関する政令を提案され協議を行い、政府に意見を述べる。

　労使対話テーマとして日本の「管理運営事項」のような禁じられた事項は

なく、自治体の運営に関わることは、職員や勤務条件に影響することであり、協議しない方がメリットはないと協議機関の機能を高く評価している。

一方、組合側の意見としてFO（労働者の力・非共産党系・社会党系）は、労使協議の実態として、行政当局は組合を避けようとしていることを明らかにしたうえで、既存の協議機関を正しく運営することを求めている。

公務員関係代表委員選挙の結果については、下記の通り。

フランス代表委員選挙結果（公務員関係）

	国家公務員		地方公務員		病院公務員		合計	
登録者	2,022,863		940,929		722,764		3,686,556	
投票者数	1,479,191		622,435		439,744		2,541,370	
	得票数	得票率	得票数	得票率	得票数	得票率	得票数	得票率
FSU（国家公務員教育関係）	267,102	18.9%					267,102	18.9%
CGT（労働総同盟・共産党系）	230,495	16.3%	185,671	31.6%	138,797	33.0%	554,963	22.9%
UNSA（国家教育機関）	218,755	15.5%	56,402	9.6%	21,793	5.2%	296,950	12.3%
FO（労働者力非共産党社会党系）	193,151	13.7%	124,874	21.2%	94,089	22.3%	412,114	17.0%
CFDT（民主労働同盟社会党系）	179,868	12.8%	154,386	26.3%	101,273	24.1%	435,527	18.0%
CFTC（キリスト教労働者同盟保守中道系）	46,683	2.2%	35,690	6.1%	14,330	3.4%	96,703	3.3%
CGC（管理職同盟）	30,702	3.3%	6,960	1.2%	1,697	0.4%	39,359	2.3%
その他	243,433	17.3%	23,829	4.1%	49,499	11.5%	316,751	13.1%

首相府公務省 2005 年

資料(10)　「フランスにおける企業内従業員代表制度」

シルヴェーヌ・ロロム（抜粋）

JILPT 2013 年 1 月

1981 年 5 月、戦後初めて、社会党員であるフランソワ・ミッテランが大統領に就任した。就任後ただちに行われた結果の 1 つが、1982 年のオルー法の可決であった（当時の労働大臣の名前をとってオルー法と呼ばれる）。

1982年のオルー法改革は、従業員代表と団体交渉を強化することを目的としていたが、同じ従業員代表の仕組みを維持した。

　企業委員会は、より多くの権利を与えられた（ある一定の問題については専門家の援助を受ける権利、経営事項に関する職業訓練を受ける権利、よりよい情報提供を受けることなど）。

　企業グループ委員会や、衛生・安全・労働条件委員会などの代表の新しい制度も創設された。オルー法は、企業内に労働組合が存在する企業において、使用者が毎年、特定の問題について団体交渉に応じる義務についても導入した。

　実質賃金、実労働時間、労働時間編成についての交渉が義務付けられている。産業レベルでは、他の団体交渉義務も創設された。

　1996年まで、代表的組合は、労働協約について団体交渉を行う独占権を有していた。フランスの制度の中で最も重要な変化の1つは、労働組合以外の代表と労働協約を締結する選択肢を企業に与えたことである。

　このことは、企業内に労働組合が存在しない企業が、特に労働時間の問題に関し、労働協約について交渉を行うことを可能にするために必要であった。1996年以降、様々な制定法がこの問題を扱ってきた。一番最近のものが、2008年8月20日の社会民主主義改革の法律である。この法律は、フランスの労使関係制度に大きな変化をもたらしている。

　……

　労働組合は、選挙の第1回投票の候補者名簿の提出に関して現在もなお、独占権を有している。……

　第2回投票においては、立候補は自由である。このことは、被選挙権を満たすいかなる労働者も（労働組合による候補者のみならず）候補者になることができることを意味する。

　組合に所属していない候補者（※非組合員のこと）への投票は、全投票数の約5分の1から4分の1を占める。……

　パートタイム労働者は、選挙権を持ち、被選挙権者資格がある。……

　派遣労働者は、使用者は派遣元企業であり、法は、派遣先企業でなく派遣元企業内において、彼らの集団的権利を構築している。……

2005年、企業委員会（※代表委員のこと）における従業員の参加率（※投票した率）は、約62.2％であった。労働組合によるものでない（※非組合員）候補者リストは、23.5％確保して、従業員が100人未満の企業では、約50％確保した。

資料(11)　企業内労働者代表制度の現状と課題
　　　　　　　　　竹内（奥野）寿（立教大学准教授）　JILPT 2013年1月
Ⅱ　日本における企業内労働者代表制度の現状
　労働組合の組織率低下に関しては、いわゆる非正規労働者の割合が増大を続け、現在、約35％（2011年平均では、35.1％）に達しているものの、従来、企業別組合がいわゆる正社員を組織対象とし、非正規労働者を組織化する取り組みを十分行ってこなかったことにも、注意が払われる必要がある。
　非正規労働者の組織率そのものではないが、2010年時点で、パートタイム労働者の推定組織率は5.6％と、労働者全体の組織率に比べても相当程度低い水準にとどまっている。
Ⅲ　諸外国における企業内労働者代表制度
2　フランス
　フランスにおいては、産業別労働組合組織の下で、企業内においても、労働組合の代表（組合代表委員等）及び従業員代表（企業委員会、従業員代表委員）が併存する形での複雑な二元的な労働者代表のシステムが採られている。
　企業委員会は、従業員50人以上の企業で、設置が義務付けられている（従業員代表委員は、従業員10人以上の事業所で設置が義務付けられており、基本的に使用者に個別的、集団的な苦情を伝達する役割を担っている）。
　企業委員会は、議長を務める企業長と従業員により選出された代表からなる。設置の単位は、企業構造に適合させることが試みられており、事業所、企業、企業グループ等で委員会が設置されることとされている。設置義務遵守率は高く、企業委員会が設置されるべき企業のうち、80％以上の企業で設置されているという。
　委員は、原則として4年ごとに行われる選挙で選出される。満16歳以上

かつ3カ月以上当該企業に雇用されている従業員は、選挙権を有し、満18歳以上かつ1年以上当該企業に雇用されている従業員は、被選挙権を有する。

この条件を満たす限り、有期労働契約労働者、パートタイム労働者にも同じく権利が認められている。派遣労働者については、原則的に派遣元企業において、上記の要件を満たすことにより選挙権・被選挙権が認められるが、一定の場合には派遣先企業でも（派遣元企業または派遣先企業いずれか選択された企業で）選挙権・被選挙権が認められる場合がある。

選挙は秘密・直接投票により、候補者名簿に対する比例代表選挙で行われる。

労働組合には第1回投票における独占的な候補者名簿提出権限が認められており、委員の選出について強い関与が認められる（現実にも、企業委員会委員等が多くは組合員であるという）。また、代表的組合は、企業委員会に出席する自らの代表者を指名できる。

資料(12)　2014年労働組合組織率減少3年連続、過去最低17.5％

2014年　厚生労働省HPから

厚生労働省によると、2014年6月末の時点で労働組合に加入している人は、去年よりおよそ2万6,000人少ない984万9,000人で、労働者に占める割合を示す組織率は推定で17.5％となり、3年連続で過去最低を更新した。

これは統計が今の方式になった昭和28年以降で最も低い。

主な団体別では、連合が去年より2,000人多い684万6,000人、全労連は1万人減って81万7,000人、▽全労協は3,000人少ない12万2,000人。

資料(13)　会社分割に伴う労働契約の承継等に関する法律（平成12年法律第103号）

会社分割制度に関しては、労働者保護の観点から「会社分割に伴う労働契約の承継等に関する法律（平成12年法律第103号）」が制定されている。

会社分割制度においては、分割会社と承継会社等が締結または作成した分割契約等の定めに従って、分割会社の権利義務が承継会社等に承継されるが、労働契約の承継については労働者に与える影響が大きいため、労働契約承継

法に、下記事項が明記されている。
① 労働者及び労働組合への通知
② 労働契約の承継についての会社法の特例
③ 労働協約の承継についての会社法の特例
④ 会社分割にあたっての労働者の理解と協力を得る手続

資料⑭　フランス銀行理事会に労働者代表などが加わる　1936年から

伊東光晴　雑誌『世界』2015年3月号

　フランスの銀行は、1936年に人民戦線内閣によって、定款が変更され、理事会のメンバーに、経営者、私企業の代表や労働者、生活協同組合の代表が加わり、投票権が株主全体に拡大した。

資料⑮　フランスにおける集団的労使関係

ジュリアン・ムレ（ボルドー第4大学博士課程）
日本労働研究雑誌　2006年10月

Ⅰ　フランスにおける労働組合・組織化概観

　他の先進国と同様に、（フランスでは）組合組織率は一貫して、とりわけ1980年代以降、低下している。

　公務員を含めても、労働組合に加入している労働者は10％以下（2003年には8.2％）である。……

　こうした現象は、労働協約の規定で定める利益を享受するためには、必ずしも当該協約に署名した労働組合に加入している必要はないという、フランスの集団的労使関係システムの特徴に原因の一つがある。

　労働組合に加入していなくても、また労働協約に署名していない組合に加入していても、企業・職種に属するすべての労働者は当該労働協約上の規定の適用を受ける。

　この特徴は、組合加入のインセンティブにならないのは明らかであり、逆説的状況が生じている。

　すなわち、組織化率が約8％であるのに、90％の労働者が何らかの労働協約（全国、職種別、または企業協約）の適用下にある。さらに、利益を守る

ためにより有効な方法は何だと思うかという質問には、労働者は労働組合に頼む（26％）よりは経営側との直接対話（45％）を好む傾向にある。

　労働組合は利益保護において労働者に好まれている代表者というわけではない。

　……組織率低下という現象のもう一つの原因は、もはや労働組合は、職場あるいは職業レベルにおける唯一の労働者代表ではないという事実にもあるように思われる。第二次世界大戦後、さまざまな法律によりさまざまなタイプの代表制度が設立された。

　Ⅱ　フランスにおける企業内労働者代表制度
　従業員代表委員に要求を伝えることができるのは、正規従業員だけでなく、企業に属さない労働者や派遣労働者も可能である。……

　……企業又は事業所レベルという使用者の交渉相手が労働組合と限らないところでの協定で定められた規定を優先させることは、確かに労働組合の役割と影響力を小さくするものである。

資料(16)　集団的労使関係システムの再検討

　　　　　　　　　　　　JILPTコラム統括研究員　濱口 桂一郎
　　　　　　　　　　　　　　　　　　　（2014年1月31日掲載）

　近年、派遣法、解雇法制、非正規労働、ジョブ型正社員、労働時間規制など、労働法制をめぐる話題は目白押しです。わたくしも新聞テレビなどマスコミから解説を求められることがしばしばあります。

　そうした際に、これからの労働法制の課題は何でしょうか？　と聞かれると、わたくしは必ず、集団的労使関係システムの在り方をめぐる問題でしょう、と答えています。

　現時点では政労使いずれの側においても、集団的労使関係システムそれ自体は政策課題のアジェンダには挙げられていませんが、現在議論されている様々な課題の背後にはこの問題が影を潜めているのです。

　政府の研究会が提起しているのは非正規労働の均等処遇問題の関係です。たとえば「非正規雇用のビジョンに関する懇談会」が2012年3月にとりまとめた報告書は、「労働契約の締結等に当たって、個々の企業で、労働者と

使用者が、自主的な交渉の下で、対等の立場での合意に基づき、それぞれの実情を踏まえて適切に労働条件を決定できるよう、集団的労使関係システムが企業内の全ての労働者に効果的に機能する仕組みの整備が必要」と述べ、注釈として「集団的労使関係システムにおける労働者の代表として、ここでは、労働組合のほか、民主的に選出された従業員代表等を想定している」と書かれています。

また、2011年2月の「今後のパートタイム労働対策に関する研究会」報告書でも、「ドイツの事業所委員会やフランスの従業員代表制度を参考に、事業主、通常の労働者及びパートタイム労働者を構成員とし、パートタイム労働者の待遇等について協議することを目的とする労使委員会を設置することが適当ではないか」と、かなり踏み込みつつも、「ただし、日本では、一般的には労使委員会の枠組みは構築されていないことから、パートタイム労働者についてのみ同制度を構築することに関して検討が必要となろう」と述べています。

こうした問題意識を踏まえ、労働政策研究・研修機構は2011年11月から1年半にわたって「様々な雇用形態にある者を含む労働者全体の意見集約のための集団的労使関係法制に関する研究会」（座長：荒木尚志東大教授）を開催し、昨2013年7月に報告書を公表しました。

....

Q&A

　　労働組合と労働者代表制とは何が違うの？
　　「労・労対決」とはどのような意味？

Q1. 労働組合と労働者代表制とはどのように違いますか？
　　代表委員はどのように選出するのですか？

A1.
(1)　100％労働者を組織化（組合員化）していれば、労働組合の代表者が労働者の代表となりますが、すでに日本では、連合、全労連等異なったナシ

ョナルセンターを合わせても、組織率が17％にまで低減しており、労働組合代表が「職場の全ての労働者を代表している」とは言えない実態があります。

また、非正規労働者が、全労働者の4割を占めているにもかかわらず、4％程度しか組織化できていません。

(2) このため、フランスの労働者代表制を参考にした、非正規労働者、非組合員も含めて職場で働く労働者全員が投票した代表委員を選出し、使用者側と交渉するシステムが必要なのです。

これは、全国レベル、産業別レベル、及び企業単位でも行えるようなシステムでもあります。

(3) 選出には、あらかじめ使用者側が、職場の労働者全員（正規労働者、非正規労働者、非組合員）の資格者を確認し、名簿を作成して（労働者側もその内容を確認し）中央労働委員会、地方労働委員会等の公の機関に登録します。（日本では未定）

(4) 選挙権と被選挙権は、正規、非正規、非組合員にも与えられます。ただし、第1回投票は、労働組合に割り振りします。第2回投票は、比例投票をすべての資格者（登録された従業員）がおこないます。

※なお、非正規労働者の資格（票）のカウントや当選者の定数などの詳細については、第5章6の「フランスをモデルにした日本版の労働者代表制」を参考にしてください。

(5) フランスの場合、労働組合には、団体交渉と労働協約の交渉・締結の権限が与えられています。

一方、労働者代表制は、企業委員会（※日本では労使協議会などにあたる）において、企業経営、雇用、福利厚生、その他の労働条件に関わる事項について、情報を受ける権利、諮問を受ける権利が保障されています。また、苦情処理機関としても位置付けられています。

この区別は、だんだん微妙になって来ています。つまり、組合代表（日本では過半数組合）がいない企業が多くなり、特に従業員が200人以下の企業では、その傾向が強くなっています。このため、2008年に法改正し、労働組合（組合代表）がない場合、労働者代表が使用者に団交し、労働協

約を締結できるようになっています。
　　※この点は、ドイツも同じようなシステムになっています。ただし、日本では、過半数労働者代表が過半数労働組合に代わって行うことに無理があるという調査結果が出ています。

Q2.　最近よく聞く「労・労対立とか対決」とは、どのような意味ですか？

A2.　大きく分けて2つの意味があります。
(1)　同じ職場における正規社員（職員）と非正規労働者との関係です。
　　使用者にとって、人件費という一つのパイの中で、非正規労働者が増えれば、人件費が低く抑えられるため、その分だけ利潤に回せる。あるいは、正規社員・特に役員に賃金や報酬を回せるという思惑があります。
　　同時に、労働者同士の「分捕り合戦」のような状態を生み、労働者の分裂・不団結を生むという効果もあります。
　　正規と非正規労働者との間で、全く同じ仕事しているケースが多く、「同一労働、同一賃金」という原則が崩れています。また、雇われる側の正規と非正規との間で、賃金だけでなく健康保険、労災、年金、退職金などの点で、大きく格差・差別があります。

(2)　もう一つの意味は、**大企業　対　中小零細企業**
　　　　　　　あるいは、**委託元企業　対　委託先企業・子会社**
という委託・アウトソーシング（外部化）に関わる企業の在り方にともなう問題です。
　　また、アウトソーシングによって、出向した社員は、2割ほど賃金が切り下げられることが多いです。委託先で本採用された社員も、本工（派遣元）よりも賃金・手当などが2割以上低いことが多いです。

Q3.　労働組合自身に問題がある場合もあるのですか？

A3.　フランスの報告として、「多くの使用者が、自分にとって都合の良い

（労使協定を署名するための）相手方を必要としている」ことによって「不適切な労使関係」が起きることがあります。

　中には、新たな財政的手段、例えば、『組合小切手』を与えて、「自らの企業内に組合が存在するよう促す使用者もある」という報告があります。

　また、日本でも、第5章5でも触れていますが、過半数労働者代表の選出について、「会社側が指名している」というケースが28.2％もあるとの報告があります。

　つまり、使用者側にとって都合の良い「御用組合」「モノワカリの良い代表者」を育て、その役員に対して報酬や昇任等で「優遇する」ことは、多く見られます。

　「モノワカリの良い代表者」を「優遇」することによって、組合員全体の不満を抑え込むことができるからです。

　こうした状況では、「モノワカリの良い代表者」の指導に従わずに、使用者側にとって都合の悪い労働者は、排除され、「追い出し部屋」に配置されたり、遠方に長期「赴任」され、かつ何度も命じられ、最後には事業の縮小整理、事業譲渡の際には「余剰人員」として、優先的に指名されるケースが多く報告されています。

　もう一つ重要なことは、労働組合そのものの存在性・存在理由から起きることですが、「利益を求める・利害を調整する任意団体」の限界性があるということです。資本主義の初期段階のように、要求が仕事（雇用）とパン（賃金）ということに凝縮される段階から、労働者間でも要求が多様となり、利害対立さえ生まれます。このため、労働者代表には多様性が求められるようになります。

　「労働者よ団結せよ」というスローガンの下で行動をとるには、グローバル化の時代には、かつてない困難な課題があります。

Q4．労働組合と労働者代表制との関係はどうあるべきですか

A4．両者が「併存」するシステムを確立すべきでしょう。
　その理由は、

第5章　現行の労働組合と新たな労働者代表制の併存の法制化を

(1) 過半数労働組合が存在しても、そこに、半数近い非正規労働者が対象となっていない。あるいは、組合に入っているとしても、4％という現状であり、簡単に改善はできません。労働組合が「職場を代表する」と言っても、無理があるのです。

(2) 労働組合自身が、17％台の組織率であること。また、正規と非正規労働者を合わせると、半分以上を占める非組合員を、これ以上無視することは決して好ましいことではありません。

(3) 労働組合は、日常的に使用者側とやり取りし、団交権を持つなどの「優位性」はあります。労働者代表制は、コミュニケーションを図り、労働組合の持っている弱さをカバーする役割がありますが、現在はさらに発展しています。労働者代表委員が出席する「企業委員会」（※日本では、労使協議会などにあたる）に諮問しないで「解雇」手続きを行えば、フランスやドイツなどのように無効とすべきです。

(4) グローバル化によって、これまで、日本型資本主義とも言われた「終身雇用制度」をはじめとするシステムが崩壊し、アウトソーシング（外部化）が進み、簡単に海外に進出したり、M&A（合併・買収）によって、事業譲渡が進む時代になったのです。こうした時代背景を考えると、労働組合だけで対応するのには、限界があります。職場の声を反映させるために、労働組合の幹部だけに任せることは、民主主義的ではありません。

(5) フランスは、労働組合の組織率が10％を切っていても、大統領選挙に見られるように社会的影響を持っていることに学ぶ必要があります。

Q5. 日本の連合は、労働者代表制に反対しているのですか？

A5. いいえ、反対しているとは言えません。例えば、連合は、2006年6月に「労働者代表法案要綱案骨子案」を提案した事があります。

　この「骨子案」は、過半数労働組合であれば、それが使用者と団交や労働契約などの締結を行えばよいとされています。

　ところが、職場に過半数労働組合がない場合は、過半数を代表する労働者がそれに代わって（準じて）行うということが、労働契約法との関係で

定められているのですけれど、その実態が、「代表性」と言えるのかという問題があります。

現場の労働者全員が納得するものなのかという問題と、非正規労働者が4割以上働いているという職場の状況では、法制度上「改正」しなくて構わないのかという疑問が、この10〜15年以上（90年代後半から）続き、かつ、拡大しているのです。

しかも、この「骨子案」が廃案されたり、これに代わる案が出されていません。この「骨子案」の具体化が進んでいるのかと言えば、全くと言ってよいほど、組織的には進んでいません。

というよりも、この案について、労働組合の現場の役員のほとんどが、「骨子案を知らない」「討議したことは全くないし、討議したという労働組合の報告も聞いたことがない」「大会の資料にあったかもしれないが、誰も読んでいない」「非正規の労働者に、そもそも労働組合へ参加するように呼びかけるというよりも、今の組合活動を維持できるのか、次の活動家、担い手が見つからないので、組合の存立維持が心配だ」「決して、非正規労働者のことをいい加減に考えている労働組合役員はいない。自分の家族や親せき、友人、知人にいっぱいいるので、無関心なんてことはない。ただ、どうしたらよいのかわからない」

このような声がほとんどであったのです。

こうした労働組合や労働者側の弱さを、使用者側がつかんでいるからこそ、法の遵守（コンプライアンス）軽視、無視となり、「ブラック企業」が生まれることに繋がるのです。

むすびにかえて

　かつては「帝国主義」戦争もいとわなかった、資本主義の攻防は、グローバル化時代と言われている今日でも、国家の存亡を賭けた闘いとして繰り広げられている。

　アベノミクスはそうした資本主義の流れの中で提起されている。

　それは、日本版グローバリズムとして、明治以来の「究極的かつ決定的」な日本資本主義のあり方、生き延び方の選択でもある。

　換言すれば、小泉・安倍・竹中平蔵路線による、アメリカ型のグローバル化に完全に舵を切って、かつて日本では経験したことのない超競争・超格差社会を招こうとする戦略でもある。

　アベノミクスの３つの矢は、仮に４つ５つと増えたとしても、金融緩和でマネーを市場にあふれさせ、株が上がって名目的に賃金が上がっても、アウトソーシングの拡大、委託の拡大、事業譲渡、子会社化、M&A（合併・買収）を繰り返し、「雇用の流動化」を進めることに変わりはない。

　そして、「雇用の流動化」によって非正規雇用が増大することになる。また、「デフレ脱却」ができても、物価の上昇を招くことにより実質賃金が下がる。そのことによって、生活の向上は、期待できない。

　アウトソーシングやM&A（合併・買収）、事業譲渡、「雇用の流動化」という問題が、民間企業の分野だけでなく、公的分野においても全面的に展開される。例えば、20万人以上の都市に原則PFIが導入されることや、民間企業にコンセッション（事業運営権の譲渡）されること等によって、公共サービスが「儲かるプロジェクト事業」に変身する。結果として公務員の非公務員化も急速に進むことになることは、公務の分野におけるグローバル化とも言える。

　しかし、一人一人の公務員は「公務員はクビにならない」という意識が強く、結果として、労働組合もどのように対応してよいか整理できないのか、具体的な提起ができていない。国鉄や電電、郵政公社などの民営化や上場も、ヨソノ世界の問題であるかのように思っているように見える。

雇用の流動化によって生まれる「派遣社員」、「限定正社員」といった非正規雇用は、初めから人生が運命づけられ、這い上がることのできない「どん底」の世界にとどまる可能性が高くなる。

非正規雇用を正規雇用と切り離して「格差を拡大する」ことは、逆に「勝ち組」と言われる大企業正規社員や公務員を巻き込みながら、「底辺への競争」「負のスパイラル」といわれる運動に発展する。「同一労働、同一賃金」は大きく崩れる。

「同一労働、同一賃金」とは、賃金だけの問題ではなく、年金や健康保険、雇用保険、「転職」にともなう雇用保障や職業訓練なども含めた支援体制も一体でとらえなければならない。このことは、同時に「労使間の問題」の範囲を超えて、社会のルール、社会制度がどのように確立されなければならないかがあらためて問われる。

一方、アウトソーシング（外部化）による「雇用の流動化」は、「正規と非正規」だけではなく「非正規と非正規」「正規と正規」という形で、「労働者間の競争や対立」（労・労対立）が激しくなる。

こうした労働者対立があれば、労働者の声を使用者側に伝えることすら困難になってくる。このことが、労働組合自身のあり方、労働者代表制のあり方の問題に発展する。

特に17％台に組織率が下がっているにも関わらず、連合などが「過半数労働組合」「過半数労働者代表制」にこだわることは、職場に「労働者間の競争や対立」「非正規労働者に対する差別の助長」「労働者全体の雇用不安」を「おおい隠す」不本意な役割を果たす危険がある。

結果として、使用者側は残業ばかりか解雇までも「本人同意」で事を済ませてしまう。このため、「36協定」や「解雇の4要件」などは名ばかりの違法状態が拡大する。

日本の労働組合は、さらに10％台へと組織率が低下しないために、組合への加入をもっと働きかければよいという、数字上の問題や運動量の問題といったレベルではないところに来ている。もっと職場の声を反映するために、フランスやドイツに学びながら、既存の労働組合に加え、あらたな労働者代表制の併存を行うべきだろう。

労働者全体の４割を占める非正規労働者の声が反映できるシステムをつくることは、例え使用者側が認めなくとも、労働者側が自主的に先行してつくることはできる。職場の正規・非正規を問わない労働者の意見や要望を伝えるシステムやルールをつくることは、賃金や労働条件の改善の分野にとどまらない。

　こうした取り組みが行われれば、憲法改正に急ぐ自民党や経団連などの使用者にとっても大きな脅威となるであろう。なぜなら、労働者が「団結」する方向に進むからだ。

　今日の日本の「閉塞感」は、何から生まれたか？　少子高齢化や金融・経済の問題だけでなく、子どもの頃から「受験競争」を強いられ、働いても「成績評価主義」等によって、人との信頼関係が築き上げられないため、「希望」や「幸福感」が乏しくなっているからだ。友人や同僚の間での過度の「競争」に加え、自分の意見や要望を言う場が極めて限られている。

　労働者が使用者に対して意見や要望を言う場が与えられ、経験を積めば、企業内だけでなく、この日本社会のシステム、さらには世界の資本主義、グローバリゼーションに対しても、そのあり方を問うことにまで発展していくだろう。そこには閉塞感などなくなる。

　冒頭に述べたように、アベノミクスによって、日本の資本主義はアメリカ型のグローバル化に組み込まれて進んでいる。

　労働者側は、これに対して耳触りの良い「資本主義の終末論」や相変わらずの「資本主義崩壊期待論」に翻弄されるべきではない。EU（ヨーロッパ連合）の先進的取り組み、民主主義のあり方を学び、具体的な改革の取り組みを提起すべきではないだろうか。

　では、そのEU（欧州連合）がうまくいっているのかと言えば、ギリシャ問題に象徴されるように、失業、債務返済、ユーロ（通貨）危機、宗教、民族、人種、移民、難民問題など複雑な課題を抱えている。しかし、重要なことは、これらの問題に対して、国家・ナショナリズムを超えて、民主主義を拡大し「共同体」を目指しながら、解決を目指すところに大きな価値があり、アメリカ型グローバリズムと大きく異なるところだ。

　つまり、EUは、市場経済・資本主義を是として受け入れながらも、一方

でアメリカ型グローバリズム＝「利益拡大」「市場万能」「競争主義」「不平等・格差」という方向性に対して、これを規制して、「ガヴァナンス・統治性」「説明責任」「環境改善」「労働法制・システム改正」し、「公正」「平和」「自由」「平等」を共同体として確立することを目指している。

　ギリシャの問題を例にするならば、EUがなければ、赤字国債を30年間もの間、ギリシャ国民だけでなく独仏などの債権国に対してもだましてきたことを理由に、徹底的に「帝国主義国」的に収奪され続け、国家破産をするところであった。そのような事態を迎えることがないであろうと、スペイン、ポルトガル、アイルランドなどの先進例を見れば、理解できることだ。

　ところが、アベノミクス、竹中平蔵路線によるグローバル化は、こうしたEUの路線とは全く逆の方向に進んでいる。そこには民主主義と人間性を軽視し、強いものが勝ち抜く競争・弱肉強食社会が待っている。

　こうしたアベノミクスの現象をとらえて、日本の民主的な政党や労働組合は、「格差」に反対するものの、国のあり方、労働組合のあり方を含めてグローバリズムに対して根本的、具体的にどう対峙するのかがあいまいである。

　使用者は、非正規労働者に対して、その賃金や一般の労働条件について、改正派遣法以下に抑えさえすればよいのだと考える。残りの大きな課題の解雇について、「金銭解決すれば良い」のだと、一方的に進めるだろう。

　このため、非正規労働者に解雇の条件・理由について、ほとんど情報を伝えない＝「情報の非対称性」を大いに利用する。これに対して、正規中心の労働組合は、「同一労働・同一賃金」を掲げているものの、「ソトガワ」の問題としてとらえていると非正規労働者の多くが指摘している。

　従って、非正規雇用問題が「運の悪い一部の労働者」の問題として片づけられてはならない。日本の（資本主義）社会が今後どうあるべきなのか、という根本的問題が問われている。場当たり的な「人手不足による正規社員化」を求めることではない。

　非正規雇用問題は、労働とは何か、幸福とは何か、平和とは何かという社会の在り方という命題を提起している。

　そして、非正規雇用問題は、日本の労働者に対して、戦後というよりも明治時代からの日本資本主義の「総決算」と、21世紀以降に進む日本と世界

のグローバル化、社会システムのあり方をどのように決定づけるかという問題を突き付けている。

「非正規は正規を規定する」ことに対して、今こそ、未来が、世界がどうあるべきなのかをもっと戦略的に労働者側が示さなければならない。そして、それは安易なイデオロギーに振り回されることなく、米国型スタンダードではない、EU 型をモデルにした「社会制度」「法制度」をめざした具体的追求をすることではないのか。そうした運動によって反転攻勢する時が来るのではないか。

最後に、拙著「非正規は正規を規定する」を刊行するにあたって、早稲田大学清水敏教授、自治労中央本部君島一宇元副委員長（規制改革対策本部長）、地方自治総研菅原敏夫研究員、かつて法政大学生の時に出会った埼玉県富士見市役所 OB の松田武さん、東京都庁の労働組合運動をともにした古舘芳明元建設支部長、藤田和行元同書記長、鈴木繁元都庁職書記長、石井宗之建設支部元道路河川協議長、中林道孝建設支部元多摩地域協議会議長、都政新報社の佐々木保さんの皆様に約 2 年間もの長期にわたりお世話になったことに、心から感謝を申し上げて「むすび」にかえたい。

2015 年 11 月末日
石田　誠

石田　誠（いしだ　まこと）
1948年東京都生まれ。日本版TUPE（事業譲渡と雇用保護法案）研究会代表。早稲田大学社会科学部卒業。高校時代、偏差値偏向教育問題で生徒会活動し、日本私立中学高校連合会から表彰される。一方、個人的にベトナム戦争反対運動、当時全盛の毛沢東文化革命について文化祭などで批判発表。
PFI法（民間資金等による公共施設等の整備等の法律）1999年成立前にその特異性と問題点や「公務員の非公務員化」についての見解を、労働者側では全国で最初に発表。
パンフレット「指定管理者制度、PFI、地方独立行政法人等」「行政から公務員が追い出される？」（自治労都庁職）。「いまなぜ日本版TUPE（事業譲渡にともなう雇用保護法）か」（自治労東京都本部）代表執筆）。朝日新聞「私の視点」に「雇用保護の法的整備を図れ」寄稿。「公務員がクビになる日」執筆（都政新報社）。2009年　東京都建設局定年退職。現在、労働大学調査研究員、ボランティア学習支援活動（高校受験生対象英語国語社会）、趣味油彩。

アベノミクス・竹中平蔵路線による　非正規は正規を規定する

2015年12月25日　初版発行　　　　　定価：本体1,300円＋税

著　者　石田　誠　日本版TUPE（Transfer of Undertakings & Protection of Employment＝事業譲渡と雇用保護法案）研究会代表

イラスト　高木　直良　NPO法人建設政策研究所研究員

発 行 人　大橋　勲男

発 行 所　株式会社　都政新報社
　　　　　〒160-0023　東京都新宿区西新宿7-23-1　TSビル
　　　　　電話　03(5330)8788　FAX　03(5330)8904
　　　　　http://www.toseishimpo.co.jp/

印 刷 所　モリモト印刷株式会社

乱丁・落丁は送料小社負担にてお取替えいたします。
Ⓒ ISHIDA makoto, 2015　Printed in Japan
ISBN978-4-88614-230-6　C3036